JN075358

TOEIC® L&Rテスト 英文読解力の スタートライン

高橋基治・塚田幸光 著

*L & R means LISTENING AND READING.
TOEIC is a registered trademark of ETS.
This publication is not endorsed or approved by ETS.

スリーエーネットワーク

Copyright ©2021 Motoharu Takahashi, Yukihiro Tsukada

All rights reserved. No part of this publication may be reproduced, stored in a retrieval system, or transmitted in any form or by any means, electronic, mechanical, photocopying, recording, or otherwise, without the prior written permission of the Publisher.

Published by 3A Corporation
Trusty Kojimachi Bldg., 2F, 4, Kojimachi 3-Chome, Chiyoda-ku, Tokyo 102-0083, Japan

ISBN978-4-88319-879-5 C0082

First published 2021
Printed in Japan

はじめに

TOEIC対策本を次から次へと購入して，「問題やって答え合わせ」ばかりを繰り返していませんか？　思ったような結果が出ないという方は，ここらで一旦そのやり方をやめてみませんか？

たとえ何冊やろうとも，それは現時点での英語力をせっせと測定しているにすぎず，いくらやってもスコアアップにはあまりつながりません。努力している割にはなかなかスコアが上がらない原因はここにあったのかもしれません。

一度，腰を落ち着けてTOEIC英文とじっくり向き合い，もっと本質的なことを理解したほうが，結局は目標スコアにより早くより確実に到達すると言えます。

本書は，TOEIC L&Rのリーディングパート Part 5, 6, 7を対象に，「正しく英文の真意が汲み取れる力」と，「まとまった量の英文を効率よく読む力」をわかりやすく解説したものです。当たり前のことですが，ゆっくり読んで読めない，意味が取れないものを速く読んだら読める，ということはあり得ません。TOEIC英文の理解には，TOEICで使われる単語の知識や用法だけでなく，文法，構文，パラグラフ＆文章の成り立ちなどもきちんと押さえておく必要があります。特にTOEICでは文の前後関係をしっかり捉え，「なんとなく」や「あいまいに」ではなく，全体を正確に読み解ける力が要求されています。単に，問題を解いて，その解答・解説をさっと読むを繰り返すだけでは，残念ながらこの力はつきません。

本書は，長年大学でTOEICを教えてきたエキスパート陣による講義のエッセンスを，実況中継形式でぎゅっと1冊にまとめたものです。英文そのものの読み方の基本から始め，これでもか，とあらゆる角度からTOEIC英文の特徴を浮き彫りにしながら，まとまった英文の読みが体得できるように構成してあります。本書をしっかりと身につけた後には，TOEIC英文の「見え方」が違ってくるはずです。

「ゆっくり着実に（Slow and steady wins the race.）」が成功の方程式です。模試をやる前に，一度本書とじっくりつきあってみませんか？

2021年11月
著者を代表して　髙橋基治

学習の記録

読んだ日に，学習日を記入しましょう。

チャプター	セクション	日付
講義1	—	
講義2	例文1	
	例文2	
	例文3	
	例文4	
	例文5	
	例文6	
	例文7	
	例文8	
	例文9	
	例文10	
	例文11	
	例文12	
	例文13	
	例文14	
	例文15	
	例文16	
	例文17	
	例文18	
	例文19	
	例文20	
	例文21	
	例文22	
	例文23	
	例文24	
	例文25	

チャプター	セクション	日付
	例文26	
	例文27	
	例文28	
	例文29	
	例文30	
講義3	文書1	
	文書2	
	文書3	
	文書4	
講義4	シングル1	
	シングル2	
	シングル3	
	シングル4	
	シングル5	
	シングル6	
	シングル7	
	シングル8	
	シングル9	
	シングル10	
	ダブル1	
	ダブル2	
	トリプル1	
	トリプル2	
	トリプル3	
模試	—	

目次

この本の使い方

　この本では，TOEICのリーディングPart 5, 6, 7で出題されそうな英文を，1つ1つ講義形式で解説していきます。英文の数も，実際に出題される試験1回分の量になっています。本番の試験で通用する本物の英語力と，最後まで読み通せる持久力を身につけましょう。

1　この本の構成

　この本には4つの章に分かれた講義と，最後に模試があります。

講義 **1**　**英文理解に必要なこと**
　英文を読むために絶対はずせない品詞や文法のルールを学びます。

講義 **2**　**Part 5 英文を読み解けるようになるための講座**
　Part 5によく出るタイプの英文を1文ずつ読み解きます。　　　[30例文]

講義 **3**　**Part 6 英文を読み解けるようになるための講座**
　Part 6によく出るタイプの英語長文を1つずつ読んでいきます。　[4文書]

講義 **4**　**Part 7 英文を読み解けるようになるための講座**
　Part 7によく出るタイプの英語長文を1文ずつ詳しく読んでいきます。
　　　　　　[シングル10セット]　[ダブル2セット]　[トリプル3セット]

模試／解説
　これまで出てきた英文を使った問題にチャレンジ！
　実際の試験と同じ問題形式です。

2　各章の構成

講義 **1**

① 単語のはたらき ▶ ② 英文のしくみ ▶ ③ 単語と単語のまとまり ▶ ④ 単語の並べ方

講義 **2**

① レクチャー ▶ ② 単語をカタマリで見よう！ ▶ ③ 区切りながらキャッチ！ ▶ ④ 訳と語句の確認！

講義 **3** 講義 **4**

3 本書の特徴

　この本では，TOEICに出てくる英文に特化して，正確に読み解けるよう，「正解の探し方」というより「英文そのものの読み方」を授業さながらに講義しています。

「スキーマ」って何？

　本書でよく出てくるキーワードに「スキーマ」という言葉があります。これは「背景知識」を意味します。この知識がないと，ある英語の長文に出会ったときに，全体の具体的なイメージが持てません。本書では，TOEIC L&Rテストにあてはめて「スキーマ」という言葉を使っています。テストに出てくる英文が，どんな英文で，どのような「型」を持っていて，どう展開していくのか，を示します。例えば，「広告スキーマ」と言えば，広告に出てくる英文を読むのに必要な「型」と「展開」を以下のように示しています。

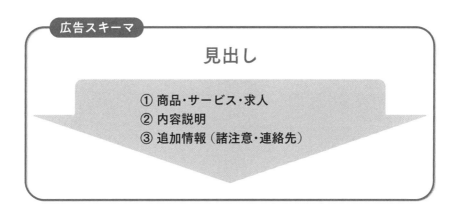

　このように，どんな商品なのかという説明から始まって，徐々に具体的な商品の特徴やメリットなどを挙げていくのです。広告の英文には，広告に特有の「型」と「展開」があります。TOEICに出題される長文のこのような「スキーマ」を本書では解説しています。

　最後に，英語の長文をただなんとなく読んでいる，あるいは制限時間内に全ての問題

が読み終わらないという方にこそ，この本で「英文の読み方」をぜひ学んでほしいと思います。英文の真意が汲み取れるようになるだけでなく，読解スピードも格段にあがるはずです。

　それでは，まずは品詞や文型といった文法の基礎講座から始めましょう。

　Are you ready? Let's begin!

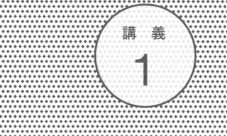

講　義

1

英文理解に
必要なこと

　最初にTOEIC攻略にあたって，英文がストレスなくきちんと読めるために絶対押さえておかなければいけない基本ルール，つまり**英語という言葉のしくみやルール，成り立ち**からお話ししていきます。ここで，**読みの基礎を丁寧に解説**しますので，何度もじっくり読み込んでください。ではまずは**“単語のはたらき”**に入る前に，一言。

　文というのは，どの言語も一定のルールに則り組み立てられています。そこで英語の文のルールをわかりやすくするために日本語を使って説明してみましょう。

---

　① <u>OL</u>たちが<u>ランチ</u>を<u>食べる</u>。
　　　　　↓
　② 丸の内の<u>OL</u>たちが，楽しそうに<u>ランチ</u>を<u>食べる</u>。
　　　　　↓
　③ 同じ会社の丸の内の<u>OL</u>たちが，部長が彼女らに薦めた<u>ランチ</u>を楽しそうに<u>食べる</u>。
　　　　　↓
　④ 同じ会社の丸の内の<u>OL</u>たちが，部長が彼女らに薦めた<u>ランチ</u>を楽しそうに<u>食べる</u>ことが<u>目撃</u>されている。

　英文の読解が苦手な人は④の文をみて，核となる**構造が①だとつかめない**人です。

　主語が<u>OL</u>たち，動詞が<u>食べる</u>，そして目的語が<u>ランチ</u>をという「主語(S)＋動詞(V)＋目的語(O)」の構造です。②は，「丸の内の」が名詞「<u>OL</u>たち」を，「楽しそうに」が動詞「<u>食べる</u>」を説明しています。③になると，「同じ会社の」という語句および，「ランチ」についての情報が付け加えられています。このあたりから，単語や語句同士の関係があやふやになってくる人も多いでしょう。そして，最後の④は，今までの文全体を「～のことが目撃されている」とさらに言葉を追加しています。

このように**中心となる文型**とそれに付随している単語や語句が，左から右に1語1語並んでいるのではなく，**意味のカタマリを保ちながら濃淡をつけて存在しています。英文を読んで「わかる」**には，このことに気づくことが大切なんです。単語が平坦に横並びになっているのではないということです。そのためには，これから説明する品詞，英文の構成要素，節，句，文型といった事項の理解が不可欠になります。ここがきちんとわからないままひたすらTOEICの問題集ばかりやっていませんか？　さあ，これから詳しく説明していきますので，じっくり腰を落ち着けて読み込んでください。

1 単語のはたらき

　単語には品詞といって，文中でどういう働きをするのかによって分類されたグループがあります。英語がちゃんと通じるために知っておかなくてはならないのが，品詞のルールです。スポーツの試合でもルールがなければ，試合になりませんね。それと同じです。ところで単語を見たときに品詞は？の問いに即座に答えられますか？　例えば，

customer（買い物客）　vehicle（乗り物）　instrument（楽器）

これらは**名詞**で人やものを表します。1語だけでなく，I bought a <u>new instrument</u>.（新しい楽器を購入した）のように2，3語のカタマリのときもあります。名詞は，英語では「動詞」と並んで超重要品詞です。この名詞，形を見ればある程度推測できます。単語のお尻の部分に注目するんです。例えば----tion系: destina<u>tion</u>（目的地），construc<u>tion</u>（建設）などなど。以下にその他の例を挙げますので，お尻を意識して書き写してみましょう。これをやると単語の見え方が違ってきますよ。

名詞:

---tion系

application（申し込み, 応募）, completion（完成, 達成）, termination（終了）

---ity系

possibility（可能性）, profitability（収益性）, responsibility（責任）

----ment系

enrollment（登録, 入会）, equipment（設備）, refreshment（飲食物）

---ence系

interference（妨害, 干渉）, reference（参照, 言及）, influence（影響）

---ing系

funding（資金, 基金）, setting（状況, 環境）, forwarding（発送）

では次はどうでしょう。

hold（つかむ）　agree（同意する）　stop（止まる）

これらは, そう, **動詞**で人の動作やものの動き, または状態を表します。品詞の中では最重要と言えます。というのも, **文の中心を担っていて**, 単語の配置を決定する権力を持っているんです。動詞にはbe動詞と一般動詞の2種類があります。前者は I <u>am</u> a secretary.（私は秘書です）, 後者は I <u>climb</u> the steps.（階段をのぼります）のような例です。そして一般動詞にはpark a car（車を止める）のように, **すぐ後ろに名詞を必要とするもの（他動詞）**と, listen（聴く）のように**その動詞だけで意味を表せるもの（自動詞）**があります。一般に自動詞は, listen to ~のように後ろに前置詞を伴って「動

詞＋前置詞」の形で，その後に名詞を取ります。

listen to a lecture（講義を聴く）

という具合です。なお，英語の動詞は自動詞，他動詞どちらか一方だけで
なく両方で使えることも多いんです。例えばwalk（歩く）は，I walk in the
woods.（森の中を歩きます）とも，I walk my dog.（犬を散歩させます）とも言
えます。前者が自動詞，後者が他動詞です。で，違いは？　そう，すぐ後ろ
に「〜を」にあたる目的語，つまり名詞があるかどうかです。後でも触れま
すが，目的語になれるのは名詞です。なので，すぐ後ろに名詞があれば他
動詞と覚えておきましょう。

動詞の活用

　動詞の変化について，原形とか，過去形，過去分詞形というのを覚えて
いるでしょうか？

　変化の仕方が規則的なもの（規則動詞）と，不規則なもの（不規則動詞）があ
りました。意外と忘れているのでここで一度整理しておきましょう。

規則動詞

●基本形は，一般動詞の場合，過去形・過去分詞にするには**語尾に「ed」**
をつけます。

原形	過去形	過去分詞
open	opened	opened

●eで終わる動詞

　動詞の語尾が「e」で終わる場合には，dだけをつけます。

原形	過去形	過去分詞
use	used	used

●子音＋yで終わる動詞

動詞の語尾が「子音＋y」で終わる場合は，yをiに変えてedをつけます。ちなみに子音とは「a,e,i,o,u」以外のものでしたね。なお「母音＋y」で終わった場合にはそのまま「ed」をつけます。「play」－「played」－「played」

原形	過去形	過去分詞
carry	carried	carried

●母音＋子音で終わる動詞

動詞の語尾が母音＋子音で終わる場合，最後の子音を重ねてedをつけます。

原形	過去形	過去分詞
drop	dropped	dropped
occur	occurred	occurred

不規則動詞

不規則動詞は名前とは裏腹に，一定の規則性があっていくつかのグループに分けることができます。おおまかには以下のグループになります。

●AAAグループ

原形,過去形,過去分詞形とも変化のないタイプ。一番覚えやすいですね。

原形	過去形	過去分詞
put	put	put

●ABAグループ

過去形の形だけを変えるタイプ。

原形	過去形	過去分詞
run	ran	run

●ABBグループ

過去形と過去分詞の形が同じタイプ。

原形	過去形	過去分詞
buy	bought	bought

●ABCグループ

原形, 過去形, 過去分詞の形がすべて違うタイプ。

原形	過去形	過去分詞
do	did	done

さて, 品詞の話に戻りましょう。次の単語はどうでしょう?

final（最終的な） economic（経済の） attractive（魅力的な）

これらは名詞に情報を加える形容詞です。形容詞の役目は, 「ものを説明する」ことです。「もの」というのは名詞のことなので, 形容詞とは「名詞をくわしく説明してあげるため」に存在しているんです。これ大事です。例えば, hat（帽子）だけだと今一つ漠然としています。ここにred hat（赤い帽子）, fashionable hat（おしゃれな帽子）のように形容詞を添えてあげれば, 俄然イメージがはっきりしてきませんか?　英語は説明したがりのことばですから, とにかく名詞だけぽつんと一人でいることはあまりありません。「ものを説明する」。これが形容詞の役目です。この「ものを説明する」の「説明する」を, 「修飾する」と言います。つまり, 「形容詞は名詞を修飾する」というのは「形容詞が名詞を説明している」という意味です。さて, やはり名詞同様, 形容詞も単語のお尻の部分に注目です。例えば, economic, organic（有機の）など-----icで終わっていたり, attractiveのように-----tive/iveで終わっているのが目印になります。以下に他の例を挙げますので, ここでもお尻を意識して書き写してみましょう。

形容詞：

-----able系

available（利用できる），reliable（信頼できる），noticeable（人目を引く）

-----ive系

competitive（競争力のある），defective（欠陥のある），effective（効果的な）

-----ful系

useful（役に立つ），resourceful（資源に富んだ），plentiful（豊富な, 十分な）

-----nal系

additional（追加の），optional（選択できる），professional（専門の）

-----ed系

certified（免許のある），skilled（熟達した），qualified（資格のある）

-----ing系

refreshing（目新しくておもしろい），challenging（やりがいのある），
promising（将来性のある）

　ところでTOEICで要注意の形容詞に，attached（添付された）のような
動詞の過去分詞形がもとになっているものがあります。見た目からはわか
りにくいですが，

attached file（添付されたファイル）

のように，名詞の前後に置かれて，その名詞を修飾します。つまり文中で
の役割は，これも形容詞なんです。よく動詞と間違える人がいますが，混

同しないように。一口に形容詞といってもこういう形もあるんだと覚えておきましょう。

そして最後に，sharply（急激に），fully（十分に）のような単語。これらは副詞です。副詞の働きは，簡単に言ってしまうと，「もの以外を説明することば」です。「もの」というのは，名詞のことでした。つまり，副詞とは「名詞以外の語（句）をくわしく説明する※」のが主な働きです。例えば，rise sharply（急激に上昇する）ならsharply（急激に）という副詞が，動詞rise（上がる，上昇する）に，「どのように」という情報を加えています。riseだけだと今一つ漠然としてますね。このように名詞に対して形容詞を使うのと同様に，副詞を使うことで，より詳しい情報を伝えることができるんです。他にも，副詞には「いつ」「どこ」「どれくらいの頻度で」などもありますが，とりあえず副詞は，「もの以外を修飾する（説明する）」と覚えておいてください。

形も語尾が -----ly で終わっているものがほとんどなので見極めやすいですね。

というわけでTOEIC英文の品詞については，ここで挙げた名詞，形容詞，動詞，そして副詞がまず押さえておきたい柱になります。ではなぜ英語でこの4つが重要なのか？

それは英文を構成している主要な要素だからです。品詞の概念がわかっていないと，単語と単語の組み合わせや並べ方，また，文のどこに単語を置けばいいのかなどが理解できません。そればかりか，自分で意味の通る文を組み立てることができないうえ，文字で読んでも正しく意味がとれません。

※動詞（これが一番多いです）や形容詞，副詞（同じ仲間も説明できるんです），そしてなんと文までも含まれます。とにかく副詞は守備範囲が広いんです。

英語は，母語の日本語のように意識せずとも勝手に身につくものではなく，使えるようになるには，どうしてもルールやしくみを意図的に学んでいく必要があります。それらをしっかり理解することで，いつでも必要なときに思い出せて，その知識をテコに難しい文でもそれなりに正しく解釈できるようになります。そのまず基礎の基礎が，品詞，そして中でもここで紹介した「4つの品詞」というわけです。どうか本書とじっくりつきあってルールを頭に記憶してしまいましょう。

　この柱の他に，

　a cloth **on the table**（テーブルの上の布）　wait **in line**（列になって待つ）

の赤字部分のように主に＜前置詞＋名詞＞の形で，前にある名詞や動詞に情報を加える前置詞や，a, an, theなど名詞の特定・不特定や数（1つなのか複数なのかなど）に関する情報を加える冠詞，そして，

　　　　　can　will　should　used to

といった話者の気持ちを動詞に加える助動詞，

　　　　and　but　or　when　because　although

など語句や文をつなげる働きをする接続詞なども，TOEIC英文を理解するうえではずせない品詞です。

　まずは単語を見たら即，品詞がわかる。そして文中での品詞同士の関係，特に，

1. 「形容詞は名詞を説明する(○ official announcement
　　公式の発表)」
2. 「副詞は原則として名詞を説明できない
　　(× officially announcement)」
3. 「副詞は名詞以外の品詞を説明する
　　(○ visit officially　公式に訪問する)」

という大前提となるルールをしっかりここで理解しましょう。ここがあやふやな人がけっこういますので。

　ところで，**品詞の見分けが大事**とあちこちでよく言われますが，なぜ文中での品詞の区別が大事なんでしょう。不思議に思ったことありませんか？

　実は，品詞の意識が身についてない人は「伊藤さんは仕事で来月海外に行くでしょう」を英語にしなさいと言われ，

Mr. Ito will go to abroad on business next month.

とやっちゃうんです。大学生でもけっこういますよ，こういう人。どこがおかしいかわかりますか？　**go to abroad**と即座に答えられた人は品詞が分かっている人です。これはなぜダメなのでしょう。これは**abroad**が副詞だとわかっていなくては説明できません。そして**前置詞の後には名詞か名詞のカタマリがくる**ということも知っている必要があります。とすると go to abroad はルール違反ということになり，正しい形は go abroad です。副詞は名詞以外はどれでも説明できるのでしたね。go home や stay home も全く同じです。この home は名詞の「家」ではなく，「家へ，家に」という副詞です。このように，品詞に触れずに説明，納得するのは難しいん

です。いいかげんな英文を書かないためにも品詞の理解は大切です。

　そして，もう一点触れておきたいことがあります。動詞の**自動詞と他動詞の違い**についてです。今一つよくわかっていない人が多いのでまたここでもう一回。自動詞と他動詞の違いを理解するうえでキーになるのは「目的語」です。目的語とは動詞の後に直接きて，日本語の「何を」「誰に」の部分にあたる言葉です。read a bookのa bookやI'll see you.のyouのように一般に名詞や代名詞が担当します。他動詞には目的語が必要で，この目的語があるかないかが決定的な要因になります。一方，自動詞は「目的語は不要」なため「主語＋動詞」だけで文を構成できます。

He talked on the cell phone.
彼は 話した　　携帯電話で

　これは，"on the cell phone（携帯電話で）"がなくても，"He talked.（彼は話した）"の2語だけでも文として成り立ちます。そして大事なのは自動詞の場合，後に名詞が続くときは，**「前置詞」を接着剤として使う**ということです。ここでは**on**がその役目をしていて，He talked←on→the cell phone.となります。

　まとめると，動詞が他動詞の時は，後ろに「〜を，〜に」にあたる目的語を直接取り，自動詞の時は「主語＋自動詞」だけで成立するが，後に名詞が続く場合には前置詞の助けが必要となり，「主語＋自動詞＋前置詞＋名詞」の形になる，ということです。

2 英文のしくみ

　単語を見て，品詞が意識できるようになったら，今度は**文の中での役割**について意識できるようになりましょう。英文には，主語，述語動詞（ここ

では動詞という用語を使います)，**補語，目的語，修飾語**というのがあります。一目で簡単にわかるよう，以下のように英語の頭文字でも表わします(主語ならsubject，動詞ならverb，補語はcomplement，目的語はobject，そして修飾語はmodifier)。

主語＝S　動詞＝V　補語＝C　目的語＝O　　修飾語＝M

　なんか日本語も聞き慣れないし，SだのVだのわかりにくそうに思えますが，この記号があればスッキリ見やすくなります。たったこれだけですので覚えてください。

主語＝Sとは，
　　　日本語の「〜は」「〜が」に相当する語で，文が何について述べるのかを示す。
　　　主語は，一番初めに出てくる名詞(または名詞のカタマリ)が基本。

動詞＝Vとは，
　　　日本語の「〜ます」「〜です」に相当する語で，主語がどうするのか，どういう状態なのかを表す。

補語＝Cとは，
　　　主語や目的語を補う語で，それらがどういうものかを説明する語。

目的語＝Oとは，
　　　動詞，中でも他動詞の後ろにきて，その動作の対象を表す語。

修飾語＝Mとは，
　　　名詞や形容詞，動詞，副詞などの意味を詳しく説明するためにつけられる語や語句。

ここで大事なのが，品詞との関係です。主語になれるのは？　補語になれるのは？　目的語は？　これらにすぐ答えられない場合は，わかっていないということです。ここでしっかり整理しておきましょう。

・主語 ➡ 　**名詞**
　　　　　　代名詞 が相当。

The sales clerk can......,　We sincerely apologize......
　　名詞　　　　　　　　　代名詞

....

・補語 ➡ 　主に　**名詞**
　　　　　　　　　形容詞 が相当。

> 主語
> Ms. Sanchez と
> イコールの
> 関係に

Ms. Sanchez is a leader in the marketing team.
　　　　　　　　　名詞

Gift wrapping is available at $5.00 per item.
　　　　　　　　形容詞

....

・目的語 ➡ 　主に　**名詞**　が相当。

The city received donations to build the new Opera house.
　　　　　　　　名詞

....

・修飾語 ➡ 　**副詞（句）**
　　　　　　　　〈前置詞＋名詞〉 などが相当。

Product developers at Ben Industries should have
excellent......　　　前置詞＋名詞

　要は，主語になれるのは名詞，補語になれるのは名詞，形容詞，目的語は名詞，そして修飾語には副詞や＜前置詞＋名詞＞がそれぞれ相当するということです。英文が理解できるためには，文中の構成要素（主語，目的語など）と品詞（名詞，動詞など）の関係がわかっていないとダメです。というのも，複

雑な文構造に出くわしたときに，ここが身についていれば正しい理解に到達することができるからです。逆を言うと，**TOEIC英文が読めない人は，ここがあいまい**なままきていることが原因です。今一度確認しておきましょう。

　ここでちょっと最後の修飾語について一言。**修飾語はぶっちゃけあってもなくてもかまいません。**つまり，

The man is putting a box on the desk.
（男性が箱を机の上に置いている）

のon the deskは＜前置詞＋名詞＞の形の修飾語で，これがなくても The man is putting a box.（男性が箱を置いている）だけで文として成立するということです。ところが，put a box（箱を置く）の目的語であるa box がないと，

The man is putting ＊ on the desk.

では何を置いているのかわからないため，舌足らずの不完全な文になってしまいます。**他動詞の場合，英語では必ず目的語を明言する**という約束事があります。ネイティブがこの文を聞くと，本来あるはずのところがすっぽり抜けていて，違和感を覚えます。

　このように英語という言語は，日本語と違い通常の文で主語や目的語が欠けると文脈が与えられても機能しなくなる反面，**修飾語はなくても構造的にも意味的にもそれほどたいした影響はない**んです。ではなぜ，わざわざ修飾語をくっつけるのか。

　そこは，**英語は説明したがりの言語**だからです。一言多いんです。相手の

立場に立って，これでもか，と言葉を足していく性格の持ち主だからです。
この点を心に留めておきましょう。

3 単語と単語のまとまり

　単語がつらなって作る意味のカタマリを，如何にすばやく処理できるか
はTOEIC英文理解にはとても重要です。このときキーになるのが，**節と
句の理解**です。読むスピードとも深く関わってくるので，絶対はずせません。英語ではそのまとまり方によって「節（せつ）」と「句（く）」と分けて区別
しています。前者が主語と動詞が入っている小さいまとまりで，後者が主
語と動詞が入っていない複数の語からなるものです。節や句というのは，
文の中では名詞や形容詞，そして副詞のはたらきをするので，今まで学ん
できた英文のルールと深く関係しています。ここをちゃんと押さえておき
ましょう。

> 節とは……主語と動詞が入っている小さいまとまり
>
> 句とは……主語と動詞が入っていない複数の語からなるもの

節：

　単語2語以上からなり，その中に主語と動詞＜S＋V＞を含んでいるもの
を節と呼びます。節の文中での役割は，以下のように名詞や形容詞，副詞
に相当します。この点も忘れてはいけないポイントです。

① 名詞のはたらきをする節

しつこいようですが
これ大事

　名詞は文の中では，**主語，補語，目的語に相当**します。以下の＿＿＿＿
がそれにあたります。いろいろな形態があるので，まずはどういうタイプ

があるのか感触をつかみましょう。

- What my boss asked me to do was very reasonable.

上司が私にするよう要求したことはとても理にかなっていました。

⇒ 関係代名詞what以下が主語になっている。

- My suggestion is that we hire more staff for our sales division.

営業課の人員をもっと採用してはどうでしょう。

⇒ that以下が補語になっている。

- I think (that) I'm overcharged for my lunch.

昼食で不当に高い値段を請求されていると思います。

⇒ that以下がthinkの目的語になっている。

- Do you know why the meeting was canceled?

なぜ会議がキャンセルされたのかご存知ですか?

⇒ why以下がknowの目的語になっている。

② 形容詞のはたらきをする節

他の形容詞と同じように,名詞を説明します。
関係代名詞と一緒に使われます。

buyは
文の動詞ではない

- Customers who buy from our Web site will receive a 10% discount.

私どものホームページからご購入のお客様には10%の割引をいたします。

⇒ 関係代名詞のwho以下が名詞customersを説明している。

- The microwave oven that I ordered arrived yesterday.

注文した電子レンジが昨日届いた。

orderedは
文の動詞ではない

⇒ 関係代名詞のthat以下が名詞microwave ovenを説明している。

③ 副詞のはたらきをする節

主に接続詞（when, because, so that, although, once, ifなど）と一緒に使われます。

When the new line of clothing was released, Sara was responsible for promoting it.

新しい衣類のラインアップが発表された時, サラが販売促進の担当でした。

⇒ Sara以下のメインとなる文に情報を加えるサブ的な役割で, 文中では副詞の働き。

句:
- - -
節とは違って単語2語以上のカタマリでも, 主語と動詞＜S＋V＞を含まないものを句と呼びます。節と句をちゃんと理解して, 英文を見たときに瞬時に見極められる力をつけることがTOEIC英文を正確に解釈する第一歩です。ではTOEICでよくみられる例を挙げてみましょう。

① 名詞のはたらきをする句

文の中では, 名詞節と同じように主語, 補語, 目的語に相当します。

Buying vegetables at your local farmers' markets is popular now.

地元の農産物市場で野菜を買うことが最近人気です。

⇒ 動名詞を使った句が主語になっているケース。

All you have to do is to provide feedback on a Web site.

ウェブサイトについてのフィードバック（意見）を提供してくれさえすればよいのです。

⇒ 不定詞を使った句が補語になっているケース。

I don't know who to ask for help about this new software.

この新しいソフトウエアについて誰に助けを求めてよいかわかりません。

⇒ 疑問詞を使った句が目的語になっているケース。＜疑問詞＋to不定詞＞で名詞句を作る。

Mr. Wendel is afraid of losing the election.

ウェンデル氏は落選するのではないかと心配しています。

⇒ 動名詞を使った句が前置詞の目的語になっているケース。

② 形容詞のはたらきをする句

名詞を説明しますが，不定詞，分詞（過去分詞，現在分詞），前置詞で始まるカタマリの形になります。

Please pass me something to write with.

何か書くための用具を取ってください。

⇒ 不定詞を使った句が直前の名詞something（もの）を説明。

Bak, Inc. is a pharmaceutical company founded in 1893.

Bak社は1893年に創業した製薬会社です。

⇒ found（創設する）の過去分詞foundedが名詞companyを説明。

Look at the girl on the horse.

馬に乗っている女の子を見て。

⇒ on the horseのような＜前置詞＋名詞＞も名詞girlを説明する形容詞句。

③ 副詞のはたらきをする句

主に不定詞，分詞構文の形になります。

He called a travel agent to reserve a hotel room.

彼はホテルの部屋を押さえてもらうために旅行代理店の店員に電話した。

⇒ 不定詞で目的を表している。この部分がなくても文としては成立する。

Noticing me, he waved his hand.

私に気づいて彼は手を振った。

⇒ 分詞構文（分詞を副詞のように使って情報を加える）で原因・理由を表す用法。

ここはBecause/Since he noticed me, に書き換えられます。分詞構文は主に書き言葉で使われ、少ない語数で引き締まった文を作ることができるのです。そのため、新聞やニュースなどで好んで用いられる傾向があります。いわば大人の用法。

ところで**TOEICに特徴的な句**として次のようなものがあります。

④「名詞＋名詞」のカタマリ

TOEICで頻繁にみられる形で、前の名詞が形容詞のような働きをして後ろの名詞を説明する形です。書き写してみましょう。

application process（申請手続き）, awards ceremony （授賞式）, banquet hall（宴会場）

---

budget plan （予算案）, company regulations（社則）, cost estimate （費用見積り）

---

detour sign（迂回標識）, expansion project（拡張計画）, expiration date（有効期限）

---

employee benefits（福利厚生）, evaluation method（評価法）

---

performance review（人事考課）, sales representative（営業担当）

---

hotel amenity（ホテル備品）, sales figures（売上高）

---

tourist attraction（観光名所）, keynote speech（基調演説）, interest rates（金利）

---

inspection manual（検査のマニュアル）, power failure（停電）, safety precautions（安全対策）

---

job opening（求人）, construction site（建設現場）, pay increase（昇給）

---

⑤「分詞が形容詞になったもの＋名詞」のカタマリ

　見た目は動詞の過去分詞形ですが，あまりに頻繁に使われるため，**形容詞**になったものを分詞形容詞と呼びます。これに名詞がついた形も

TOEIC英文ではよくお目にかかるのでここで書き写して慣れておいてください。

attached file（添付ファイル），skilled worker（熟練労働者）

---

experienced accountant（経験豊かな会計士），
detailed information（詳細情報）

---

expired food（賞味期限切れの食品），qualified applicant（適任の応募者）

---

unlimited access（無制限のアクセス），registered mail（書留郵便）

---

discontinued equipment（製造中止になった機器），
authorized user（許可を受けた利用者）

　これだけではなく，まだあります。TOEIC英文には3語のカタマリも登場してきます。何回か書き写して感触をつかみましょう。

⑥「副詞＋形容詞（分詞）＋名詞」のカタマリ

recently issued magazine（最近発売された雑誌）

---

newly elected governor（新しく選挙で選ばれた知事）

---

widely used equipment（広く使用されている機器）

---

frequently asked question（よく聞かれる質問）

---

highly recommended book（特にお薦めの本）

---

seriously damaged goods（ひどく損傷した商品）

　このように3語でひとつのカタマリとして処理できると読む労力，負担がぐっと減ります。1度このパターンに慣れると初めて出会うものでも容易に推測できるようになりますから，こういう構造で意味のカタマリが作られているんだということを知っておきましょう。では次はどうですか。

　　a fully equipped conference center with meeting rooms,
　　guest rooms and dining facility
　　（会議室，ゲストルーム，そして食堂などを完備したカンファレンスセンター）

　これでひとまとまりと認識できれば，より速く，より正確に英文が理解できますね。a fully equippedで，「十分に設備が整った」つまり「完備した」ということです。

　最後に，単語が意味のカタマリを作るときのクセ，つまり句や節の理解

ができると，ぐっと英文が見やすくなります。今後はこういう目を持って英文に接してください。

4 単語の並べ方

英語には動詞を中心に，文が意味を成すために必要な単語の並べ方があります。一番多いのは，

I sell vegetables.（野菜を販売しています）

のようなSVOつまり＜主語＋動詞＋目的語＞という形です。英語は語順で意味が決定することばです。この語順には5つの型があり，英文読解の基本になります。中学校や高等学校で学習しますが，日本語とは異なる英語の文構造を，いくつかのパターンで学習できるという大きなメリットがあるにもかかわらず，あまり詳しくやっていないようです。これがしっかり身について，分析的に英文を見ることができるようにならないと，いつまでたってもTOEICのリーディングセクションが苦手ということになってしまいます。では，次に詳しくその型を見ていきましょう。

① SV

主語 ＋ 動詞

英語は「～は」「～が」にあたる**主語**と「～する」「～である」にあたる**動詞**で「何がどうした」をまず初めに示すことばです。People gathered.なら，Peopleが主語，gatheredが動詞（gatherの過去形）。これで「人々が集まった」というれっきとした文なんです。何もついていない，いたってシンプルでスッキリとした最小限の形です。ただし通常は，英語は説明したがりなので，どんな人々なのか，どこに集まったのかといった情報を加えて，

Many people gathered around the city hall.

（たくさんの人が市役所の周りに集まった）

のようにmany, around the city hall という語や句をつけて，なるべく詳しくイメージを伝えようとします。

② **SVC**

主語 ＋ 動詞 ＋ 補語

「主語 ＋ 動詞」の後に続くものに**補語(C)**というのがあります。これは，主語がどのようなものかを説明するもの。例えばMr. Nash is.（×）だけだと「Mr. Nashは，である」で，Mr. Nashが何なのかよくわかりません。そこでそれを説明する役割が補語ということになります。すでに何度も出てきましたが，補語になれるのは主に**名詞，形容詞**です。なので

Mr. Nash is a consultant. や Mr. Nash is kind.

のようにして初めて文の体裁ができあがります。

③ **SVO**

主語 ＋ 動詞 ＋ 目的語

今度は動詞がbe動詞ではなく一般動詞（他動詞）の場合です。たとえばShe signed という「主語 ＋ 動詞」だけでは，「彼女はサインした」となり何にサインしたのかよくわかりません。「サインする」という行為の対象が必要です。

She signed a contract.

ならa contract（契約書）がその対象になり，これが**目的語(O)**ということになります。目的語は動詞のエネルギーを直接受けるため，ふつうはすぐ

後に置かれます。そして，目的語になれるのは主に**名詞**でした。もちろん
名詞といっても，名詞句や名詞節でもOKです。

④ SVO₁O₂

主語 ＋ 動詞 ＋ 目的語₁ ＋ 目的語₂

一般動詞(他動詞)の中には，**「誰かに何かを渡す」**のように2つの目的語
を続けて取る動詞(give, offer, send, pay, show, tellなど)があります。
「誰か」と人を表す**目的語₁(O₁)**と，「何か」にあたる**目的語₂ (O₂)** が動詞の
後に続きます。例えば，

I sent you an e-mail.（私はあなたにメールを送った）

ならyouが目的語₁に，an e-mailが目的語₂になります。そして，この型
を取る動詞には，もうひとつ**「誰かに何かをしてあげる」**というタイプもあ
ります(buy, get, find, leave, order, playなど)。

I ordered you a pizza.（私はあなたのためにピザを注文した）
Ms. Green left me a message.（グリーンさんが私に伝言を残した）

のようになります。なおTOEIC英文では，この2つが句や節になって長く
かつ複雑な場合もあり，見極めにてこずることがあります。その際は，目
的語を2つとる動詞は数が限られているので，動詞に注目して構造をつか
めば大丈夫です。

⑤ SVOC

主語 ＋ 動詞 ＋ 目的語 ＋ 補語

TOEIC受験者が一番苦手としている型かもしれません。「目的語＋補語」
の部分は，目的語が「どういう状態」なのかを補語で説明するという関係
です。つまり「○は C である」「○が C する」という意味になり，○＝Cの関

係が成り立つということなんです。例文で見てみましょう。

The board members elected Mr. Chew president.
（取締役会メンバーはMr.Chewを社長に選任した）

　動詞はelect「〜を選任する」です。Mr.Chewは**目的語(O)**。目的語は主に名詞の担当でした。ではその後のpresident（社長）は？これも名詞です。そこでSVO_1O_2と間違える人けっこういるんです。目的語になれるのは，主に名詞でしたので理屈的にはOK。ただ，違うんです。ここはMr. Chewとpresidentは同一人物ですね。つまりイコールの関係です。こういう時は「OはCである」のSVOCなんです。つまりpresidentは**補語(C)**ということ。ただ，安心してください。SVOCで多いのはCが形容詞の場合です。

I will keep your desk clean.
（あなたの机をきれいに保っておきます）

のようにOが your desk，Cが clean で「OはCである」，その状態をkeepするとなります。この型を取る動詞も数が限られていて，elect, keepの他にはcall, consider, find, make, leaveくらいしかありません。ですからこれらの動詞を見たら後ろに要注意です。

　さて，お気づきだと思いますが，すべてに「主語 + 動詞」があって，その後に補語や目的語がきていますね。でも，これだけではまだ伝えたいことが十分でない場合があります。そんな時さらに情報を付け足すために，**修飾語(=M)**というのを使うんです。

Ms. Evans is a receptionist at Duxton Hotel.

主語(S) 動詞(V) 補語(C) 修飾語(M)

（EvansさんはDuxton Hotelの受付です）

⇒ SVCに修飾語(M)の形。

We finished our project last month.

主語(S) 動詞(V) 目的語(O) 修飾語(M)

（私たちは先月，プロジェクトを終えました）

⇒ SVOに修飾語(M)の形。

　前にも触れましたが，**修飾語はなくても英文に影響を及ぼしません**が，より内容が具体的になるため，英語の性格からして**常に何らかの修飾語(句)をつけてきます。**

　ではTOEIC英文で見てみましょう。

① SV

The location of an interview changed today.
　　　　　　　S　　　　　　　　V
（今日インタビューの場所が変更になった）

⇒ 主語の部分がA of Bの形になっています。

The annual concert was held at the city hall.
　　　　S　　　　　　V
（毎年恒例のコンサートが市役所で開催された）

They are sitting next to each other.
　S　　　　V
（彼らは隣同士で座っている）

⇒ 受動態や進行形のbe動詞，完了形のhave(has)，助動詞なども動詞とみなします。

② SVC

The man is alone in the art gallery.
　　S 　V 　C
（男性が画廊に一人でいます）
⇒ in the art galleryは？　そうですね，前置詞で始まるカタマリなので修飾語(M)です。

Mr. Hogan will be available after the meeting.
　　S 　　V 　　C
（Hoganさんの予定は会議後は空いています）
⇒「助動詞will + be」で動詞と考えます。

To form a new project team seems difficult.
　　　　　　S 　　　　　　V 　　C
（新しいプロジェクトのチーム結成は難しそうだ）
⇒ feel, keep, remain, stay, grow, turn などもSVCの形をとれます。

The problem is that he cannot handle customer complaints.
　　S 　　　V 　　　　　　　　C
（問題は彼が顧客の苦情に対処することができないことだ）
⇒ このようにC（補語）に名詞節もくることがある。The fact is that …（実は~だ）やThe trouble is that …（困ったことに~だ）も同じ型。

③ SVO

He canceled his flight.
S 　V 　　O
（彼は飛行機をキャンセルした）

A shop worker is removing some items.
　　S 　　　　V 　　　O
（店員がいくつかの商品を片づけている）

Ms. Jones finished preparing a presentation.
　　　S　　　　V　　　　　　　O

（Jonesさんはプレゼンの準備を終えた）

⇒ 動名詞は名詞の働きがあるので目的語(O)として使えます。他にenjoy,

avoid（避ける）, practice, miss（しそこなう）なども目的語に動名詞をとる

動詞。

The applicant asked whether a position was still open.
　　　S　　　　　V　　　　　　　　　　O

（その応募者は職の空きがまだあるかどうかたずねた）

⇒ whetherに文をつなげて「～すべきかどうか」というのも名詞節なので

目的語(O)になれます。

④ SVO$_1$O$_2$

The sales clerk offered me a 20% discount.
　　　S　　　　　V　　O$_1$　　O$_2$

（その店員は私に20%の値引きをしてくれた）

Mr. Yamada taught me how to train new employees.
　　S　　　　V　　O$_1$　　　　　O$_2$

（山田さんはウェブで情報を取る方法を私に教えてくれた）

⇒ 目的語(O$_2$)には, 疑問詞に不定詞をつけて名詞の働きをするカタマリも

あります。

who/what/where/when to ～「誰を/何を/どこで/いつ～すべきか」も類

例。

My colleague bought me a beautiful scarf.
　　S　　　　　V　　O$_1$　　　O$_2$

（会社の同僚がきれいなスカーフを私に買ってきてくれた）

⑤ SVOC

My promotion to the management position made my family happy.
　S　　　　　　　　　　　　　　　　　 V　　 O　　　 C
（私が管理職に昇進したことは家族を喜ばせた）
⇒ 主語がmy family is happyという状態をmadeしたということ

In our last meeting, we made the point clear.
　　　　　　　　　　 S　 V　　 O　　 C
（前回の会議で我々はその点を明らかにした）

I found the new design software useless.
S　 V　　　　 O　　　　　　 C
（新しいデザイン用ソフトウエアが役立たないとわかった）

　ここでSVOCに関してちょっと質問です。以下の2つの文どう違うでしょう？

　　　　Please call me a taxi.　vs　Please call me taxi.

　前者がSVOOで後者がSVOCの形です。見た目はよく似ていますが，意味が全然違うんです。よーく見てください。最後のa taxiとtaxi。どちらも名詞ですが，冠詞があるときは「1台のタクシー」で「私のためにタクシーを1台呼んでください」ですが，冠詞がないと「私のことをタクシーと呼んでください」と自分の呼び方をお願いしている文になってしまいます。なので，宿泊先のホテルなどでフロントにPlease call me taxi.と言うと？？となる可能性も。たかが冠詞されど冠詞ですね。

　さて話を戻しましょう。ここでおわかりのように，英文はすべてではありませんが，この5文型のいずれかに落とし込むことができます。そして，正確に文意を解釈するには，なんとなく単語の意味を左から右に重ねるのではなく，これらの型を念頭に置いて処理していくのがコツです。文型は，

学習者が基本的な英文構造のエッセンスを効率よく身につけるための強力なツールなんです。いろいろな英文にあたりながら，この基本の型がどのような句や節から成り立っているのか一緒に理解することが，英文読解力の向上に大きく役立ちます。

講 義
2

Part 5
英文を読み解ける
ようになるための
講座

講義 1 では，読みの基礎を徹底的に解説しました。その知識を TOEIC 英文でさらにブラッシュアップします。ここでは，TOEIC L&R テストの PART 5 同様の短文を理解できるように，細かく講義していきます。

Plesta, Inc.'s new car navigation equipment comes with a range of entertainment features.

1 レクチャー

まず英文には，**主語とそれを受ける動詞があるのが原則**です。主語は「〜は（が）」に，動詞は「〜する，である」にあたるものです。これが英文の骨格になります。この文ではどれが主語（S）で動詞（V）かわかりますか？　決して，左から順番に単語の意味だけを足してなんとなく読まないことです。主語（S）と動詞（V）を意識して眺めてください。Plesta, Inc.'s new car navigation equipment が主語（S），comes が動詞（V）です。主語（S）が長いですが，この中でも意味の濃淡があって car navigation equipment（カーナビ設備）という名詞句が最も強く中心となるカタマリです。Plesta, Inc.'s new は，あくまでも形容詞のようにこのカタマリを説明しているだけです。このあたりも感じ取ってください。極端に言えば，英文としてはこの主語（S）と動詞（V）だけで立派に成立します。ただ，これだと何か物足りない，説明不足の感が否めません。そこで前置詞 with を使った前置詞句でさらに説明を加え文として座りをよくしています。

このように構造を意識して見られる人と，そうでない人とでは，学習が

進めば進むほど読解力に差がついてしまいます。特にTOEICリーディングパートのような複雑な英文構造を理解できるようになるためには，文型の学習意義は十分にあるという点を理解してください。

　もう1点大事なことがあります。動詞のcomeは自動詞でしょうか他動詞でしょうか？　もう一度整理しておきましょう。自動詞と他動詞の違いを理解するうえでキーになるのは「**目的語**」です。目的語とは動詞の後に直接きて，日本語の「何を」「誰に」の部分にあたる言葉です。read a bookのa bookやI'll see you.のyouのように一般に名詞や代名詞が担当します。この目的語があるかないかで判断できます。ここは前置詞withがきているので自動詞ということになります。自動詞は「目的語は不要」なので，後に名詞を続けたいときは，「**前置詞**」**を接着剤として使うの**でしたね。つまりこの文は「**S ＋ V ＋ M（修飾語）**」という形です。見抜けましたか？　I stroll along the river.（私は川に沿って散歩します）やHe's working on a document.（彼は書類の作業に取り組んでいる）と同じ構造になります。単語数は多いですが，英文としては一番シンプルな構造です。

　ところで動詞comeにsがついてcomesになっていますね。なぜだかわかりますか。こういう細かいところにも注意を向けないといけないのがTOEICです。時制の問いでもあります。主語が三人称単数で現在のときには，動詞にs（またはes）をつけるというルールがありましたね。三人称単数とは，I（私）⇒一人称とyou（あなた）⇒二人称以外の1人あるいは1つのものすべてのことです。ここは主語がcar navigation equipmentであり，equipment（設備，機器）は数えられない名詞で単数扱いだからです。同じような名詞にfurniture（家具）があります。家具には，机やイス，タンス，ベッドなどいろいろな物があり英語はそういう集合体をひっくるめて1つのもの，つまり単数と認識する言語なんです。equipmentにも同じ感覚が働きます。機器にもいろいろありますよね。このあたりも押さえておきましょう。

2 単語をカタマリで見よう！

余分な修飾語句（前置詞句，代名詞の所有格，関係詞節，不定詞句など）をそぎ落とし，**英文の骨格のみを示す**と以下のようになります。

Plesta, Inc.'s new **car navigation equipment comes** with a range of entertainment features.

主語（S）にあるcar navigation equipmentのように〈名詞 ＋ 名詞 ＋ 名詞〉という名詞3つが並んでいる形は，これで1つの意味を形成していて，TOEIC英文ではけっこう多いんです。次もよく目にする例です。

customer service representative（お客様サービス担当）

そして動詞comeは自動詞でした。ちなみにlookやsit，listenも自動詞です。よくI look the stars.（× 星を見る）とかI sit a chair.（× イスに座る），I like listening music.（× 音楽を聴くのが好き）のような英文を書く人がいますが，いずれも×ですね。look at，sit on，listen toと前置詞が必要になります。自動詞と他動詞の区別がちゃんとできていないと，「書く・話す」にも影響を与えます。動詞を覚えるときは文中でどちらで使われているか要チェックです。

with以下は修飾語（M）です。ここでは〈前置詞 ＋ 名詞句〉の形。修飾語＝Mとは，名詞や形容詞，動詞，副詞などの意味を詳しく説明するためにつけられる語や語句でした。ここでは動詞comeを説明しています。

3 区切りながらキャッチ！

　スラッシュは意味のカタマリの区切りとして入れていきます。一般には主語，目的語の後や不定詞，前置詞，接続詞，関係詞の前などに入れるといいでしょう。音読する際は，発音，意味を確認しながら1つのカタマリとして，スラッシュごとに頭から処理する感じで，何度も繰り返し行なうのがコツです。

Plesta, Inc.' s new car navigation equipment /	Plesta 社の新しいカーナビ設備は /
comes /	供給される /
with a range of entertainment features./	一連の娯楽機能とともに /

4 訳と語句の確認！

Plesta, Inc.'s new car navigation equipment comes with a range of entertainment features.

☐ equipment 名 設備
☐ come 動 （しばしば前置詞withと一緒に使われ）供給される，手に入る
　cf. come withで「…がついている」
☐ a range of 一連の…
☐ feature 名 機能

Plesta社の新しいカーナビ設備は一連の娯楽機能がついている。

Verplant County is exploring its options for disposing of household garbage in a greener way.

1 レクチャー

　この文を見て文型に落とし込んでみましょう。どの文型にあたるか気づけましたか？　骨格は「S+V+O」です。それにfor以下のM（修飾語）がくっついているという構造です。SVOは英語の文型で一番多い型と言われています。文型は動詞によって決まりますので，文中でどれが動詞なのか正確に見つけられることがとても重要です。言い換えると，動詞を正しく見極めることが幹であり，その後ろにくる構造がC，あるいはO，はたまたO¹O²，そしてOCというように，動詞から枝葉的に分かれていきます。

　さて本文は，主語（S）がVerplant County, 動詞（V）がis exploringで，現在進行形の形になっています。現在進行形は「be ＋ 動詞のing形」が基本の型で，今現在している最中の動作を表すときに使いましたね。主語がcountyと単数形なのでbeがisになり，動詞explore（〜を探索する，探す）にingがついた形です。この主語の数（単数）に動詞を合わせるところもきっちり見ていきましょう。たとえばThe managers is all over 50 years old.（部長は全員50歳以上です）。この文どこか変じゃないですか。そう，主語がmanagersと複数形なのでisではダメで，areあるいは過去の話ならwereです。このように動詞を主語の数に合わせることが英語では重要なルールになっています。

　ちょっとここでクイズです。【　　】内のどちらか正しい方を選んでください。

> ① The engineers of YM corporation _____ 【is / are】……
>
> ②The reduction in working hours _____
> 【have increased / has increased】……

　これは，よくTOEIC英文にみられる「the ＋ 名詞 ＋ 前置詞 ＋ 名詞（句）」が主語になったものです。この場合，前置詞の前の主語がメインでそれに動詞の数を合わせます。よって正解は ① are, ② has increasedです。こういうところも意識して見てください。ちなみに，中学生がどのくらい，英文の主語を把握しているかという調査があって，それによると，文を見て主語のカタマリ（名詞句）を正しく把握できるようになって中学を卒業してゆく生徒は，30％程度ということがわかったそうです※。なので，主語がちゃんとわかるというのは，とても難しいことであると同時に，できなくてもそうがっかりしなくてもいいんです。本書でトレーニングしてわかるようになればいいわけですから。

　では，元の英文に戻りましょう。この文の動詞exploreは他動詞なので，後ろに目的語つまり名詞 or 名詞句が必要になります。それが its options（それの選択肢）です。itsは代名詞itの所有格（それの）でVerplant Countyのことです。これで，「Verplant郡は選択肢を模索している」となります。これでも文としてOKですが，英語は説明したがりの言語なので，これだけでは何か物足らない。option ってどんな？　となるわけです。そこで前置詞forを使った前置詞句でさらに説明を加えるというパターンです。次の2「単語をカタマリで見よう！」でしっかり構造を頭に入れてください。

※金谷憲，小林美音，告かおり，贄田悠，羽山恵『中学英語いつ卒業？』（三省堂，2015年）より。

2 単語をカタマリで見よう！

Verplant County is exploring its **options** for disposing of household garbage in a greener way.

　動詞exploreは他動詞です。ですから後ろに目的語(O) its optionsが必要になります。ちなみにSVOで修飾語(M)のない文とある文を以下に挙げてみます。違いをつかんでください。

［修飾語（M）のない文］

　　They're entering a conference room.
　　彼らは会議室に入っていきます。

　　A shop worker is removing some items.
　　店員がいくつかの商品を片づけている。

［修飾語（M）のある文］

　　Shall I order a taxi **after the workshop**?
　　ワークショップ後にタクシーを呼びましょうか。

　　I was able to change my flight **with no penalty**.
　　私は違約金なしで飛行機を変更することができた。

　ところで, 元の英文に戻りますが, 構造上特に気をつけたいことが修飾語(M)の部分にあります。前置詞forの後を見てください。英文ルールでは, 前置詞の後は名詞あるいは名詞句がくることになっていました。disposeは動詞（ここでは自動詞）なので, このまま置くことはできません。そこで, 動名詞にする必要があります。そのためdisposingになっているのです。動名詞というのは, 文中では動詞のing形で, 「〜すること」とい

う意味の名詞的な働きをします。そして，このような前置詞の後にくるだけでなく，文の中で，主語になったり，目的語になったり，補語にもなれるんです。とにかく肝は，**前置詞の後ろに動詞を置くときは，動名詞にする。**これを忘れないでください。

3 区切りながらキャッチ！

Verplant County is exploring its options /	Verplant 郡は選択肢を模索している /
for disposing of household garbage /	家庭ごみを処理するための /
in a greener way. /	より環境に配慮した方法で /

音読の際は，Verplant County, exploring its options, disposing of household garbage, greener way のカタマリを意識する感じで，何度も繰り返しましょう。

4 訳と語句の確認！

Verplant County is exploring its options for disposing of household garbage in a greener way.

☐ explore **動** …を探索する・探す
☐ option **名** 選択肢
☐ dispose of …を処理する
☐ garbage **名** ごみ (= trash)
☐ greener < green **形** 環境に配慮した

Verplant郡はより環境に配慮した方法で家庭ごみを処理するための選択肢を模索している。

The VX-4 office printer was recalled by the manufacturer because the touch panel was not working properly.

1 レクチャー

　まず英文をピリオドまでさっと見てください。接続詞becauseに気がつきましたか？　接続詞の役目は文と文をつなげることです。

> ### 3種類の接続詞
>
> ① 文と文をつなぐ：and, but, orなど
> ② 文に他の文で情報を加える：when, althoughなど
> ③ 文に文を組み入れる：that*
>
> *たとえば I think that〜，It is true that〜，We suggest that〜など

　これらのうち①以外は主と従の関係にあり，ある文に別の文で情報を加えるパターンで「**接続詞 ＋ 文 ＋ 文**」か「**文 ＋ 接続詞 ＋ 文**」のどちらかの形をとります。ここは後者になります。ところでbecauseと同じ形をとる接続詞，他にどんなものがあるか言えますか？　if, when, while, since, although, once, until, before, afterなどなど。　たとえば次のような感じです。

While the park is open in August, you are not allowed to access certain areas.

8月に公園が開放されている間, 特定の区域に入ることはできません。

　接続詞whileのある文だけでは文として成り立たず, あくまでもサブ(従)として, 後ろのメイン(主)となる文に情報を加える働きをしているのが, この接続詞を使った文の特徴です。この後にもいろいろ出てきますので覚えておいてください。

　ここで, 注意したいのは since, until, before, afterです。前置詞の用法もあります。つまり,

　　(接続詞)You should go over your report before you submit it.
　　(前置詞)You should go over your report before submitting it.
　　　　　提出する前に報告書に目を通したほうがいいですよ。

の2通りの言い方ができるということです。大事なポイントなので覚えておきましょう。

　さて, 前半の文は「was + 過去分詞 + by」から受動態の文だとわかります。受動態は主語が「何かをされる」という意味を表すので, VX-4オフィス用プリンターが「リコールされた」ということです。誰がしたかを表すときにby「〜によって」が使われます。これはbyには「そば」という核となるイメージがあって, The VX-4 office printer was recalled「VX-4オフィス用プリンターがリコールされた」のは, by the manufacturer「メーカーのそばで」から, 「メーカーを通過, 経由して」に派生し, 「そこから出された動作や行為で」, つまり, 「メーカーによって」となったのです。The window was broken by Tom. なら, 「窓が壊された」「トムが近くにいたため関係がある」というイメージから「窓はトムによって壊

された」となったわけです。byは前置詞なので構造上は「M（修飾語）」の部分になります。

　ちなみにbecause以降の文はwork properly「適切に作動する」という「動詞 ＋ 副詞」が，過去進行形（過去のある時点でその動作が行われていたということ）で否定文になっている形です。このように副詞は名詞以外のどれにでも意味を付け加えることができ，「動詞 ＋ 副詞」の形も　TOEICに登場してきます。

　　rise sharply　急激に伸びる
　　exercise regularly　定期的に運動する
　　begin promptly　きっかりの時間に始まる

なども類例です。ひとカタマリで覚えておくと便利です。

2　単語をカタマリで見よう！

The VX-4 office printer was recalled by the manufacturer
because the touch panel was not working properly.

　because後の文も構造上は「S ＋ V ＋ 副詞」という第1文型で，否定形になっています。properlyは，ここでは前の動詞work「作動する」を説明している形です。副詞は語尾が-lyで終わるものがほとんどで，名詞以外に情報を加える働きがあります。

3 区切りながらキャッチ！

この文は以下のように区切るといいでしょう。音読の際は，office printer, recalled, manufacturer, because, touch panel, not working properlyを意識して，頭から処理する感じで，何度も繰り返しましょう。

The VX-4 office printer /	VX-4 オフィス用プリンターは /
was recalled /	リコールされた /
by the manufacturer /	そのメーカーに /
because the touch panel /	なぜならタッチパネルが /
was not working properly. /	正しく作動しなかった /

4 訳と語句の確認！

> **The VX-4 office printer was recalled by the manufacturer because the touch panel was not working properly.**

- □ recall 動 (欠陥商品)をリコールする・回収する
- □ manufacturer 名 製造会社，メーカー
- □ touch panel 名 タッチパネル
- □ work 動 (機械などが) 作動する・動く
- □ properly 副 きちんと

VX-4オフィス用プリンターは，タッチパネルが正しく作動しなかったためにメーカーによりリコールされた。

We measure the success of an online campaign by the number of people who respond to the advertisement.

1 レクチャー

　この文の型は？ 「S ＋ V ＋ O ＋ M」だと判断できましたか。目的語 (O) にあたる the success of an online campaign で1つの意味のカタマリをつくっていることにも気づいたでしょうか。このように目的語は，代名詞を除いて名詞1語だけというのはほとんどなく，**TOEIC英文では2語以上になっている場合が多い**です。ここは「冠詞 (the) ＋ 名詞 (success) ＋ of ＋ 名詞句 (an online campaign)」の形ですね。この型は主語でもよく使われます。英文を読めるということは，このように目的語や主語にあたる部分がどこからどこまでかを左から右に目を走らせながら判別できるということです。そしてその中でも中心となる語とそうでない語の濃淡も感じ取れて初めて意味が解釈できるということになります。「the ＋ 名詞 ＋ of ＋ 名詞句」で一番濃いのが the と of の間の名詞です。ここでは success です。この語を中心に他の語句が付随しているというイメージになります。文が複雑になると，こういうところでつまずく人が多いので，**意味のカタマリの特定と中心となる語 (句) の見極めができる**ようになりましょう。では，ここで of を使った名詞のカタマリが主語になっている例を挙げてみます。太字が中心となる語 (句) です。

　　The **launch** of the new cell phone network will be announced……
　　新しい携帯ネットワークの立ち上げは …… アナウンスされるでしょう。

The **initial shipment** of auto parts should arrive......

車両パーツの最初の発送は……着くはずです。

　主語のすぐ後に動詞がくればわかりやすいのですが，TOEIC英文はこんな風に中心となる名詞に色々説明をくっつけてくるんです。

　では，本文に戻りましょう。修飾語（M）にあたるby以下ですが，このbyは「そば」という核となるイメージがありましたね。動詞はmeasure「…を評価する」で，何を評価するかというと前に挙げた目的語である the success of an online campaignです。そして the number of people「人の数」のby「そば」でmeasure「評価する」わけです。そこから手段を表す「〜によって」に発展していきました。このように前置詞byの2つの意味は一見全然関係がなさそうで，核となるところではつながっているということも知っておきましょう。で，the number of people も先ほどと同じ「the ＋ 名詞 ＋ of ＋ 名詞」の形です。number「数」の方が中心となる語ですね。

　その後，形容詞節を作る関係代名詞whoを使ってpeopleの補足をしています。関係代名詞はその前にある名詞の説明をするときに使われ，普通は名詞のすぐ後に置かれます。

　TOEICでは，名詞が人の時はwho, whose, whom, 物のときはwhich, whose, thatが使われます。

関係代名詞は、単なる形容詞では表せない情報量や価値を
名詞に加えることができる。

説明される名詞が…
「人」のとき：who（主格），whose（所有格），who(m)（目的
格）
「物」のとき：which（主格／目的格），whose（所有格），
that（主格／目的格）

　whoは「で，その人々ってどんな人かと言うとね…」という意味合いで
す。TOEICでは，who（後ろに動詞がくるとき），whom（後ろに主語＋動詞がく
るとき），which か that（後ろに動詞，または主語 + 動詞がくるとき）がよく出て
きます。ここでちょっと関係代名詞の用法についてもう少し詳しく解説し
ます。以下を見てください。

I have two cousins who were born outside Japan.
私には日本国外で生まれたいとこが2人います。

I have two cousins, who were born outside Japan.
私には2人のいとこがいて，彼らは日本国外で生まれました。

　違いは？　そうカンマ「，」です。上は，「日本国外で生まれた」2人のい
とこに限定して，それ以外のいとこは除外しています。つまりtwo
cousins who were born outside Japan（日本国外で生まれた2人のいとこ）
の他にも「いとこ」がいる可能性があります。一方，下はtwo cousinsと
カンマ(,)でいったん文が区切られているため，そこで意味が完結していて
「いとこ」は2人だけということになります。そしてその後に「で，その2人
のいとこというのは」と情報を加えています。前者が限定，後者が補足説

明と言えます。なお，補足説明の場合，文字のときはカンマがあるのでわかりやすいですが，会話では普通カンマの部分に間（ポーズ）が置かれるので，それで判断できます。こういうことも知っておくとより深い理解が得られますね。ひょっとすると今後のTOEICでも，このあたりを狙った問題が出題される可能性もなきにしもあらずです。

最後に動詞respondを見てください。この動詞は自動詞なので前置詞toがついています。respond to 〜で「〜に反応する」という意味です。TOEIC必須語なのでtoを忘れずに。

●注意したい自動詞 ＋ 前置詞

agree with/on …と意見が一致する／…について意見が一致する
depend on …に頼る
result in/from …の結果になる／…の結果として生じる

自動詞は後ろに前置詞をとる。くれぐれも忘れないようにしましょう。

2 単語をカタマリで見よう！

We measure the success of an online campaign by the number of people who respond to the advertisement.

3 区切りながらキャッチ！

　この文は以下のように区切りましょう。 音読の際は，measure, success, online campaign, number, people, respond to, advertisementを意識して何度も繰り返しましょう。

We measure /	私たちは 評価します /
the success of an online campaign /	オンラインキャンペーンの成功を /
by the number of people /	人の数により /
who respond to the advertisement. /	広告に反応する /

4 訳と語句の確認！

We measure the success of an online campaign by the number of people who respond to the advertisement.

☐ measure 動 …を測る
☐ success 名 成功
☐ the number of …の数
☐ respond 動 反応する
☐ advertisement 名 広告

私たちは広告に反応する人の数によりオンラインキャンペーンが成功したかどうか評価します。

Oakler Hotels trains its staff to treat every guest as a family member.

1 レクチャー

　この文の動詞（V）は？　trainsだとすぐわかりましたか？　主語（S）は
Oakler Hotels。固有名詞なので，三人称単数現在よりtrainにsがつい
ています。ちなみにHotelsは複数ではなくホテルの名称という扱いです。
大文字になっていますね。間違えないように。で，この文，「S＋V＋O」
に不定詞がついた形で，最初に「S＋V＋O」すなわちOakler Hotels
trains its staff「Oaklerホテルは従業員を訓練します」と言っておいて，
その後に何の目的でと説明を加えたものです。不定詞を使って情報を足し
ているんです。話し手が何か足りないぞと感じ，それを埋め合わせて相手
に納得，理解をしてもらいやすいように説明を尽くす。そんな感覚です。
英語は親切なんです。なお目的を表す場合，本来はin order toですが，不
定詞だけというのはin orderの部分が省略された形とも言えます。このよ
うに**不定詞は名詞や形容詞のはたらきの他，目的を表す副詞**としても使わ
れます。副詞なので英文での役割は動詞のtrainを説明することです。次の
例文もまさにこのパターンです。

　　The shop owner sent a memo **to notify all part-timers**.
　　店の経営者はアルバイト全員に知らせるためにメモを送った。

　to notify all part-timers（アルバイト全員に知らせるために）が副詞句となっ
て「目的」を表し，動詞sentを説明しています。

He e-mailed the travel agent **to confirm his business trip**.
彼は出張を確認するために旅行代理店の店員にメールした。

　to confirm his business trip（出張を確認するために）が副詞句となって「目的」を表し，動詞e-mailedを説明しています。

　どうですか？　最初にSVOで「誰が何をどうした」と言っておいて，で，その目的は…という感じでto不定詞を使って説明という流れです。左からこの流れで文意を追うようにしましょう。ネイティブスピーカーも，同じような処理をしています。

　さて，英文解説を続けましょう。形容詞everyに注目です。この単語は，個々に注目して，それが集まってひとつの総体を作っているという風に見ているので，意識は単体に向いています。よって**後ろの名詞は単数形**になります。guestsじゃなくてguestになっていますね。またこの英文のas「〜として」は前置詞です。ですから後ろが名詞のカタマリ，名詞句になっています。asには接続詞や関係代名詞の用法もあるので注意が必要です。もう一度言います。後ろが名詞（句）のときは前置詞「〜として」と覚えておいてください。

2 単語をカタマリで見よう！

Oakler Hotels trains its **staff** to treat every guest as a family member.

3 区切りながらキャッチ！

音読の際は，train, staff, treat, every guest, family memberを意識して何度も繰り返しましょう。文が短いので，慣れてきたら区切りの範囲を広くしていき，guestとasの間で1回区切る程度で言ってみましょう。

Oakler Hotels /	Oakler ホテルは /
trains its staff /	従業員を訓練します /
to treat every guest /	すべての顧客を待遇するために /
as a family member. /	家族の一員として /

4 訳と語句の確認！

Oakler Hotels trains its staff to treat every guest as a family member.

☐ train 動 …を訓練する・教育する
☐ staff 名 スタッフ
☐ guest 名 客

Oaklerホテルはすべての顧客を家族の一員のように待遇するため，従業員を訓練します。

Once you have completed the safety questionnaire, please hand it to your section supervisor.

1 レクチャー

　まずこの文を見たときに，onceが2つの文をつないでいる接続詞だということに気づきましたか？　3でも出てきましたね。onceは「いったん〜したら」という意味です。you have completed the safety questionnaireはSVOの第3文型です。complete「完了する」が他動詞なので後ろに「〜を」にあたる目的語のthe safety questionnaireを従えているという形です。ちなみにこのcomplete(= finish)，TOEICの常連さんですが，形容詞で「完全な，全部揃っている」という意味もあって，the complete works of Haruki Murakami で「村上春樹全集」となります。

　前半の文はhave completedから「have ＋ 過去分詞」の現在完了形だとわかります。これはquestionnaire「アンケート」の記入が完了したら，つまり「書き終えたら」ということを言いたかったのでこの形を使っています。接続詞のonceと意味の整合性がとれていますね。なお現在完了は，基本的に過去の出来事が「今」に何らかの影響を及ぼしていて，「だから(今)…だ」という含みを持っています。つまりここも「アンケートの記入が完了した(だから今提出できる状態にある)」ということが暗にほのめかされているわけです。

　現在完了には次のような感覚が働いています。

I have brushed my teeth.

歯を磨いた　➡　だから今, 歯がきれい

I have cut my hand with paper.

紙で手を切った　➡　だからまだ切れていて痛い or 血が出ていて止まらない

Megan has arrived here.

メーガンがここに着いた　➡　だから今, 目に見えるところにいる

　さて本文に戻りましょう。後半のplease以下の文も第3文型で,「(Sこ
こではyouが省略) ＋ V ＋ O ＋ M(修飾語)」というパターンです。「動詞hand
＋ もの ＋ to ＋ 人」という形です。

　このあたりで, そろそろ文型を意識する感覚が身についてきたのではな
いかと思います。日本語とは根本的に異なる英語という言語の文構造を,
5つのパターンで解析できる利点は大きいと言えます。また, 英文を構造
的に理解することは, 言葉の本質を理解させてくれるだけでなく, 記憶に
長くとどまり忘れにくくさせてくれるという利点もあります。そして, 何
より単語をひとつひとつつなぎ合わせ, 適当に意味だけとっていては, い
つまでたっても読解力は伸びません。5文型はいったん理解すれば, いつ
でも必要なときに思い出せて, その知識をテコにどんな複雑な文でもそれ
なりに正しく解釈できるようになります。これほど心強い味方はいないわ
けです。慣れないうちは大変でしょうが, どうか本書でじっくり学んで,
骨太の英文読解力を身につけてください。

2 単語をカタマリで見よう！

Once you have completed the safety questionnaire, please **hand it to your section supervisor.**

3 区切りながらキャッチ！

　音読の際は，once, completed, safety questionnaire, hand, section supervisorを意識して何度も繰り返しましょう。文が短いので慣れてきたら，区切りの範囲を広くしていき，questionnaireで一回区切る程度で言ってみましょう。

Once you have completed /	いったん記入し終えたら /
the safety questionnaire, /	安全性についてのアンケートを /
please hand it /	手渡してください /
to your section supervisor. /	あなたの部署の上司に /

4 訳と語句の確認！

Once you have completed the safety questionnaire, please hand it to your section supervisor.

☐ complete 動 …を完了する
☐ safety questionnaire 安全性に関するアンケート
☐ hand 動 …を手渡す
☐ section supervisor 部署の上司

安全性についてのアンケートに記入したら，あなたの部署の上司にそれを
手渡してください。

Harriot Gym members can park their vehicles free of charge in the lot directly opposite the main doors.

. . . .

1 レクチャー

　この英文を文型に落とし込むと？　Harriot Gym members can park their vehiclesここまでがSVOで，これが柱になります。その後修飾語句が，free of charge, in the lot, directly opposite the main doorsと続いています。parkは助動詞の後にあるので動詞「(自動車など)を止める」だとわかりますね。動詞には自動詞と他動詞がありました。その見分け方は，**後ろに目的語(O)である名詞がきていれば他動詞。また「前置詞 + 名詞」が続いていれば自動詞。**たったこれだけです。ここはtheir vehicles「彼らの車」という名詞がきていますからparkは他動詞ということになります。

　free of charge「無料で」はこれで1つの意味を形成している熟語で，「無料で」→「駐車できる」という説明が成り立ちますので，動詞にかかる，つまり**副詞**の働きがあります。ちなみに「無料で」はfree of charge の他，for nothing, at no costに言い換え可能で，この3つ，TOEICでは，とっかえひっかえ目にします。特にPart 5やPart 7の英文で使われています。

　わかりづらいのが directly opposite the main doors です。この**oppositeは前置詞**で「〜と反対側にある」という意味。前置詞なので後ろにthe main doorsという名詞句がきています。そのoppositeを説明しているのが副詞のdirectly「正に，全く」です。directly oppositeで「真

向かいに」という意味になります。このdirectlyは後ろの前置詞を目立たせるという役割です。似たような例に

> the ceiling directly above my head
> 頭の真上の天井

というのがあります。副詞は原則，名詞以外に情報を加える働きがありましたね。ただ単語が並んでいるのではなくて，こんな風な関係性を持って，意味のカタマリごとに存在しているという感覚をつかんでください。

2 単語をカタマリで見よう！

Harriot Gym members can park their **vehicles** free of charge in the lot directly opposite the main doors.

3 区切りながらキャッチ！

音読の際，意味のカタマリを意識して，members, park, vehicles, free of charge, lot, directly opposite, doorsを強く読む感じで何度も繰り返しましょう。慣れてきたら，区切りの範囲を広くしていき，lotで1回区切る程度で言ってみましょう。

Harriot Gym members /	Harriot ジムの会員は /
can park their vehicles /	彼らの車を止められます /
free of charge /	無料で /
in the lot /	駐車場に /

4 訳と語句の確認！

> **Harriot Gym members can park their vehicles free of charge in the lot directly opposite the main doors.**

□ park 動（自動車など）を停める

□ vehicle 名 乗り物（自動車）

□ free of charge 無料で

□ in the lot 駐車場で

□ directly 副 正に

□ opposite ～と反対の

□ main door メインドア, 正面の扉

Harriotジムの会員は彼らの車を正面ドアの真向かいにある駐車場に無料で止められます。

Before each shift, delivery drivers must ensure their vehicle's back doors are locked and undamaged.

....

1 レクチャー

　出だしのbeforeは前置詞と接続詞という2つの顔を持っています。この文ではどちらかわかりますか？　後ろを見ればすぐ判断できます。**後ろが名詞（句）なら前置詞，文であれば接続詞**。ここはeach shiftと句なので前置詞だとわかります。after「〜の後」，until「〜まで」なども同じ使い方をします。

　さて，次の文を見ると，動詞がensure, are locked and undamagedといくつもあります。原則，1つの英文に主語と動詞は1つです。ポイントはensure「〜を確かめる，確実にする」という他動詞（ちなみにこの単語TOEICは大好きです）。この動詞は**後ろにthat節をとり，thatを省略する**ことが多々あります。というかほとんど省略されるので要注意です。つまりこの文はensure (that) their vehicle's back doors are locked and undamagedだったんです。よって「M（修飾語）にS＋V＋O」という形です。

　すぐに見抜けましたか？　このように目的語にthat節をとる動詞を知っておくと，すんなり構造がつかめるようになります。動詞の語法に関する知識とも言えます。英文理解のうえではとても大事なので，もし動詞が2つ以上出てくるようだったらこの形を疑ってみてください。そこで，同じ使い方をする動詞を次に挙げます。これらが文中にあったら**thatが省略されているかも**と疑ってみてください。

● 伝達タイプ

claim (that)	「〜ということを主張する」
state (that)	「〜ということを述べる」
show (that)	「〜ということを示す」
explain (that)	「〜ということを説明する」

● 思考・認識タイプ

realize (that)	「〜ということを認識する」
find (that)	「〜ということがわかる」
expect (that)	「〜ということを期待する, 思う」
notice (that)	「〜ということに気づく」

　文の最後のare lockedは「be ＋ 過去分詞」の形から受動態だとわかりますね。主語が人間ではなくドアなので,「する側」ではなく「ロックされている」と「される側」になっているからです。ここで次の文に注目してください。

　　A tree **is being planted.**
　　一本の木が植えられているところだ。

　is being plantedは, 進行形（is being）と受動態（be planted）が一緒に使われている「進行形の受動態」です。PART 1の写真問題で「進行形の受動態（〜されているところだ）」が正解になる場合は, 通常人が写っています。そしてこの形を使うときは「（いつもは違うけど）今一時的に」というニュアンスがあります。一方, A tree is planted.だと, 木が植えられた状態がずっと続いている感覚があります。

　次にTOEIC英文として使われそうな受動態の文ばかりを集めてみました。主語の「される側」を意識して, じっくり英文と向き合ってみてください。

The annual community concert **was held** at the city hall.
毎年恒例の地域のコンサートが市役所で開催された。

All Simon cosmetics **can be purchased** from our online store.
サイモン社の化粧品はすべてネットショップよりご購入いただけます。

The transaction records **have to be handled** carefully by qualified experts.
その取引記録は資格を持つ専門家によって注意深く取り扱われなければならない。

The contest set to take place at Apolo Theater on May 1 **has been canceled**.
アポロ劇場で5月1日に予定されていたコンテストは中止になりました。

By the time the manager visited the site, work **had** almost **been completed**.
部長が現場を訪れたときには，作業はほとんど完了していた。

2 単語をカタマリで見よう！

Before each shift, **delivery drivers must ensure** their **vehicle's back doors are locked and undamaged**.

　動詞ensureはthatを省略していきなり文がくるので，構造を見誤りやすいため注意しましょう。文が続くかもと用心してください。次の文もensureの後ろourから最後のmembersまでをひとかたまりで処理しましょう。

I'll work to ensure our customers' needs are fully addressed by our staff members.

私どものスタッフがお客様のニーズに十分対処できるよう努力するつもりです。

3 区切りながらキャッチ！

音読の際は，ensureで大きく一呼吸置く感じで，区切りごとに意味を意識しながら言ってみましょう。

Before each shift, /	それぞれの勤務時間の前に /
delivery drivers must ensure /	配送ドライバーは確かめないといけない /
their vehicle's back doors /	彼らの車の後ろのドアが /
are locked and undamaged. /	ロックされ傷がないことを /

4 訳と語句の確認！

> **Before each shift, delivery drivers must ensure their vehicle's back doors are locked and undamaged.**

☐ shift 名 (勤務の)シフト

☐ delivery driver 配送ドライバー

☐ ensure 動 …を確かめる

☐ vehicle 名 乗り物

☐ lock 動 …をロックする

☐ undamaged 傷がついていない

それぞれの勤務時間の前に，配送ドライバーは，彼らの車の後ろのドアがロックされ傷がないことを確かめないといけない。

Unless you have received permission from a team leader, employees are required to start work no later than 9:30 A.M.

1 レクチャー

　この英文を見て，何か気づきましたか？　6の英文と同じ構造ですね。unless「もし〜でないなら」(ifの反対の意味)という接続詞が2つの文をつないでいます。前半のyou have received permissionは「**SVO**」の**第3文型**です。receive「もらう」が他動詞なので後ろに目的語となるpermission「許可」を従えているという形です。ここも例文6同様「許可をもらってしまっている」という完了状態を表したかったので，have receivedと現在完了の形をとっています。「もしまだ許可をもらってないなら」ということで接続詞unlessと意味的なつながりがスムーズにいきますね。現在完了は，過去の出来事が今になんらかの影響を与えているときに使われるのでしたね。

　後半の文はTOEIC頻出の熟語be required to 〜「〜することを要求される」に気をつけましょう。requireはこのように受け身の形で後ろにto不定詞をとることができます。同じ「be + 過去分詞 + to不定詞」の形に次のようなものがあります。

be expected to 〜	「〜することが予想される」
be forced to 〜	「〜するよう強制される」
be encouraged to 〜	「〜するよう奨励される」

be requested to ～	「～するよう要請される」
be supposed to ～	「～することになっている」

　最後のno later than「～に遅れることなく」もTOEIC頻出熟語です。これらは単語1語1語で見るのではなくひとカタマリで処理するようにしましょう。no more than「わずか, ほんの～」も類例で, more than ～(～以上) もno(ない)ということでmore thanをnoと強く否定しています。そこから「わずか, ほんの」という数や量, 程度が少ないという意味になったと覚えると分かりやすいです。

　　I stayed in London no more than 5 days.
　　ロンドンにはわずか5日間<u>しか</u>滞在しなかった。

　　What he said was no more than a guess.
　　彼が言ったことは推測<u>にすぎな</u>かった。

　熟語(熟語とは「2つ以上の単語が結びついて, 1つの単語と同じ働きをする語句」のこと) が出てきたので, ここでTOEIC熟語についてもう少し詳しくみましょう。まずはPart 5(短文穴埋め問題)の形式を使って, 問題にチャレンジしてください。

We regret to inform you that the tickets for tonight's performance have been all ------- .
(A) tied up
(B) laid off
(C) lined up
(D) sold out
残念ながら, 今晩の公演チケットは, すべて売り切れになっております。

選択肢は熟語でも，［動詞 ＋ 副詞（前置詞）］の形ですので，厳密には「句動詞」に関する問題とも言えます。ポイントは文中の名詞tickets（チケット）です。この単語とこの文脈上相性がいいものを選ぶことになります。さらに出だしのWe regret to inform you that…「…をお知らせするのは残念です」もヒントになります。この文言からthat以下にはよくないこと，あるいはマイナスのことがくると予想できます。ticketsとの結びつきを考えれば，(A) (be) tied up「(電話，機械などが) 使用中の，(仕事などで) 身動きがとれない，(交通などが) 渋滞する」，(B) (be) laid off「解雇される」，(C) (be) lined up「並べられる，整列させられる」，(D) (be) sold out「(商品，切符などが) 売り切れる」の中で，一番しっくりくるのは(D)ですね。公演や試合などのticketと強い結びつきを持っているのが動詞句ではこのsell out「売り尽くす，売り切る」（TOEICではbe sold outの受け身の形で使われることが多い）です。よくテレビやラジオのコマーシャルにセットで登場してきます。なお，受け身ではなく，The concert tickets sold out so quickly.「コンサートチケットは瞬く間に売り切れた」のように能動形でも使われます。それではもう一問。

------- the national holiday, all government offices in Sedona will be closed this coming Thursday.
(A) In comparison to
(B) In observance of
(C) In exchange for
(D) In charge of
国民の休日を祝して，セドナにあるすべての行政施設は，今週木曜日は閉館となります。

　これは選択肢がいずれも前置詞で始まっているので，熟語の中でも群前置詞に関する問題とも言えます。ポイントは空欄すぐ後ろのthe national holiday（国民の休日）です。この語句と相性がいいものを選びます。(A) in comparison to「～と比較して」，(B) in observance of 「～を祝って」，

(C) in exchange for「〜と交換して」, (D) in charge of「〜を担当して」
の中で, 一番通りがいいのは(B)です。

　このように, 熟語の問題でも文中にある他の単語や語句との「結びつき」
の 知 識 があれば 正 解しやすいことがおわかりかと思います。 それでは
TOEICが好んで用いる句動詞と群前置詞の問題をもう少しやってみま
しょう。日本語訳を参考に, (　　　)の中に入るのにふさわしいと思う単語
を考えてみてください。(　　　)内はいずれも1語です。ヒントとして最初
の数文字を入れておきます。文全体の意味や, そこで使われている他の単
語, 語句などから考えてみてください。

---

① Please (fi　　　) (ou　　　) this application form.
この申し込み用紙にご記入ください。

② (I　　　) (ca　　　) (o　　　) emergency, call our hot line and
our experts will assist you.
緊急の際は, ホットラインにお電話いただければ専門家が対応いたします。

③ The plant manager will (g　　　) (ov　　　) the report in detail.
工場長はレポートをじっくりと検討するでしょう。

④ (Wi　　　) (reg　　　) (t　　　) your inquiry, I will ask the
person in charge and get back to you soon.
お問い合わせに関し, 担当者に聞いて, すぐ折り返しご連絡いたします。

　いかがでしょう。過去にこういった内容の文に何度か出会っている人で
あれば, すぐにピンときたかもしれません。では正解を記します。

① fill out

fill out(〜に必要事項を記入する)は，この文のようにform(用紙)との相性が抜群にいいです。記入する対象ですから当然と言えば当然です。用紙や書類があれば，fill outと覚えておきましょう。なおfill inを使うこともあります。こちらの場合は，用紙全体ではなく，空所に意識が向いていて「書き込む」といったニュアンスです。

② In case of

in case of(〜の場合)は通常後ろにemergencyやfireなど緊急事態に関する単語が来ます。TOEICでは，よくない状況を述べる時に登場してきます。

③ go over

TOEICでは，reportやdocumentと相性がいいのが，このgo over「(悪いところがないか)〜をよく調べる，見直す，点検する，チェックする」です。点検，チェックの対象になるようなものなので，engine(車のエンジン)やplan(計画)などとも相性がいいです。

④ With regard to

すぐ後ろの単語のinquiry(問い合わせ)や文全体から「〜について，関して」だと推測できます。実は「〜に関して」には，いろいろな言い方があります。aboutならよく使われますので誰でもピンときますが，書き言葉になるとas regards, in regard to, regarding, concerning, with/in reference toといろいろあります。

どうですか。実は熟語は単語と単語の相性(コロケーション)と深い関わりがあるということが認識できたのではないでしょうか。そういう意味で文脈のある文の中で覚えるのが効率的なんです。

コロケーションについて少し説明しておきます。コロケーションとは，単語と単語の結びつきやすさのことです。たとえばumbrella「傘」なら，日本語だと「傘をさす」や「傘をたたむ」ですが，英語ではopen an umbrella, close an umbrellaと言います。また「会議を開く」ならhold a meeting，「パーティーを開く」ならthrow a partyといった具合に，単語により，好んでくっつく相手が異なります。「動詞 ＋ 名詞」，「形容詞 ＋ 名詞」，「名詞 ＋ 名詞」などいろいろな組み合わせがあります。

2 単語をカタマリで見よう！

Unless you have received permission from a team leader, **employees are required to start work** no later than 9:30 A.M.

3 区切りながらキャッチ！

音読の際は，unlessからleaderまでを1つの大きな区切りと考えて，まずは小さい区切りごとに意味を意識しながら，そして慣れてきたら区切りの幅を広げて発音してみましょう。

Unless you have received permission /	もし許可を受けていないのなら /
from a team leader, /	チームリーダーからの /
employees are required to /	従業員は求められている /
start work no later than 9:30 A.M. /	午前9時30分より前に働き始めることが /

4 訳と語句の確認！

> **Unless you have received permission from a team leader, employees are required to start work no later than 9:30 A.M.**

- □ receive permission 許可を受ける
- □ team leader チームリーダー
- □ employee 名 従業員
- □ require 動 …を要求する
- □ no later than (時間) までには
- □ unless 接 もし…でなければ

もしチームリーダーの許可を受けていないのなら，従業員は午前9時30分より前に働き始めることが求められている。

Lakeland Medical Clinic's new online appointment system allows it to process patients more effectively.

....

1 レクチャー

　さてだいぶ英文の見方がわかってきたかなと思います。そこでこの文の動詞は？　すぐにallowsだと気づきましたか？　では主語は？　けっこう長いカタマリなので我慢して我慢してLakeland Medical Clinic's new online appointment system「Lakeland医院の新しいオンライン予約システム」まで一気に追えましたか。前にも指摘したとおり，主語のすぐ後に動詞がくれば分かりやすいですが，TOEIC英文はなんだかんだ中心となる名詞に語句をくっつけて長くすることがよくあります。ここはnew online appointment systemのほうが核となる部分になります。ちょっと話は逸れますが，その手の内をここでいくつか披露しましょう。

① 関係代名詞（who, which / that）をくっつける

Applicants who have graduated from the prestigious schools *will be considered....*
有名校を卒業した応募者は…を考慮されるでしょう。

② 分詞（–ing, –ed）をくっつける

The new office building constructed near the station last
month *is expected to....*

先月駅の近くに建設された新しいオフィスビルは…と見込まれている。

③ 同格 のthatをくっつける

The idea / truth / fact that... という形で，thatの前の名詞を説明するときに使われます。that以下には完全な文がきて，これで「〜ということ」の意で，前の名詞とイコールの関係を表しているんです。ちなみにこのthatは品詞でいうと接続詞になります。

The news that work on the project was proceeding without
delay *was released.*

プロジェクトの作業が遅れなく進んでいるというニュースが発表された。

イタリックで表したそれぞれの文の主語となる名詞（句）と，それを受ける動詞の距離を感じてください。太字の部分はあくまでも主語を説明しているにすぎません。こうした文を見ると，主語と動詞を読み間違える人がけっこういます。**主語にはいろいろ飾りがつく**。覚えておきましょう。

さて本文に戻ります。動詞allow「〜を許可する」は，この文のように人間以外に「もの」や「こと」を主語にして，「S + allow + O + to不定詞」の形をよく取ります（この意味では，allow thatと後ろにthat節はとれないので注意）。この文の目的語Oのitは，Lakeland Medical Clinicを受けています。

His company rules didn't allow him to receive any gifts.

彼の会社の規則が彼にいかなる贈り物も受け取ることを許可しなかった。

→ 彼の会社の規則によりいかなる贈り物も彼は受け取れなかった。

日本語訳を見てわかるように，直訳するとわかりにくくなるので，通常

allowを使ったこの形は「Sによって（Sのおかげで）〇は～できる」のように
処理します。なので，この英文も「Lakeland医院の新しいオンライン予
約システムのおかげで，より効率的に患者への対応ができる」となります。
同じようなタイプの動詞にcause, enableがあり，どちらも「S + cause/
enable + 〇 + to不定詞」で，前者が「〇に～させる（…が原因で〇は～する）」，
後者が「〇が～することを可能にする（…で〇は～できる）」という具合です。

The typhoon caused the airport to close until weather
conditions improved.
台風が原因で，天候が改善するまで空港は閉鎖になった。

The Internet enables us to communicate with people around
the world.
インターネットのおかげで，世界中の人々とコミュニケーションをとること
ができる。

このように，**動詞の用法つまり，ある動詞がどういった形をとるのかを
知っている**と英文読解の際の労力が少なくて済みます。例えば，TOEIC
の常連さんであるremind「～に思い出させる」。これなども「S + remind
+ 人 + of/that」（人に～を／ということを思い出させる）の形で使われるので，
文中にremindを見つけたら，ofあるいはthat節が後ろのどこかにくる
ぞと，予測しながら英文を読み進めていくことです。たとえば，

This song in the 1980's reminds me and a good friend from
college of good old days.

という文なら，me and a good friend from collegeが目的語で
remindとofの間に挟まれているという構造です。意味は，「この80年代
の曲を聴くと私と大学時代の友人は古きよき日々を思い出します」となり

ます。これ筆者がよく洋楽を聞いて「この曲懐かしい」と言いたいときに
使うセリフです。

　ちなみに，remindの他，TOEICはビジネス文書が多いことから，告
知動詞と呼ばれる「人に何かを伝達する」動詞が非常によく出現します。
特に，remindのほか，convince「～に確信させる」，notify/inform「～
に通知する，知らせる」はどれも同じ型をとる兄弟分なので，まとめて覚
えておきましょう。

2 単語をカタマリで見よう！

Lakeland Medical Clinic's **new online appointment system
allows it to process patients** more effectively.

　簡単なHe makes me happy.のようなSVOC文型のときは問題なく
【OはCだ】のように関係を意識して理解できるのにCの部分がto不定詞
になった途端SVOCの型を忘れてしまう人がいます。応用が利かないタ
イプですね。Cの位置にはto不定詞も使える。つまり目的語OとCである
to不定詞の間には「主語と述語の関係」があるということをここでしっか
り確認してください。たとえばallow you to take notesなら，「あなた
がメモをとることを許可する」なので，youとtake notesは主語・述語の
関係になります。

3 区切りながらキャッチ！

　主語にあたる部分が長いので，単語1語1語に目を走らせるのではなく，スラッシュまでのカタマリを1つと認識しながら発音してみましょう。

Lakeland Medical Clinic's /	Lakeland 医院の /
new online appointment system /	新しいオンライン予約システムは /
allows it to process patients /	医院が患者に対応することを許します /
more effectively. /	より効率的に /

---

4 訳と語句の確認！

> **Lakeland Medical Clinic's new online appointment system allows it to process patients more effectively.**

- ☐ medical clinic 医院
- ☐ appointment **名** 予約
- ☐ allow X to *do* X が…できるようにする，X が…するのを許す
- ☐ effectively **副** 効果的に，効率的に

Lakeland医院の新しいオンライン予約システムのおかげで，より効率的に患者に対応することができる。

Berry Bottle Foods was forced to take drastic action after failing a routine hygiene inspection.

....

1 レクチャー

　この英文を見て何かピンときましたか？　例文9の「be + 過去分詞 + to不定詞」の形です。be forced to ~で「~するよう強制される」であり，時制がwasで過去なので，主語のBerry Bottle Foodsが，to不定詞のことをするよう「強制されていた」ということです。after以下，**前置詞の後ろに動詞を持って来たいときは動名詞にする**のがルールでしたね。そこでfail「~に落第する」がfailingになっているわけです。その後ろは，以下の図のように形容詞routineが，名詞句hygiene inspectionを説明していますが，ここはこの3語が1つの名詞句としてのカタマリをつくり，failingの目的語になっています。その証拠にroutineの前に冠詞のaがありますね。冠詞（a/an/the）の後ろには名詞あるいは名詞句がくるというルールがあります。こういうところも見逃さないようにしましょう。

a +（routine〈形容詞〉 + hygiene inspection〈名詞句〉）
冠詞　　　　　　　　　　　　　　　　名詞句

　さて，ここでは単語同士の相性，例文9でも取り上げたコロケーションに注目してみます。TOEICのリーディングパートでは押さえておくべき点でもあります。例えば名詞action「行動」と相性がいい動詞との組み合わせはtake action「行動をとる」，call for action「行動を求める」，put ~ into action「~を行動に移す」があります。形容詞ならstrong「断

固たる」, immediate「迅速な」, legal「法的な」, direct「直接的な」などがあります。

◎ actionと相性のいい動詞
　　take　call for　put...into

◎ actionと相性のいい形容詞
　　strong　immediate　legal　direct

　つまり, take drastic action「思い切った行動をとる」のように意味のカタマリを構成している1つにコロケーションが重要な役割を果たしていると言えます。単語1語1語を見るのではなく, コロケーションを1つの意味のカタマリで処理できれば, 少ないエネルギーで, 速く英文を理解することが可能になります。

　では「動詞 ＋ 名詞」の他の組み合わせも見てみましょう。空所に当てはめるのに最も適切なものを1つ選んでください。

Ms. Lim suggests that every member of the project attend the upcoming ------- and submit a feedback report to her.
(A) plan
(B) division
(C) resignation
(D) workshop
Limさんは, プロジェクトすべてのメンバーが, 近々予定している……に参加して, 評価レポートを提出するよう提案しています。

　選択肢にはいずれも意味の異なる名詞が並んでいます。ポイントは文中

の動詞attend（〜に参加する）です。この単語とこの文脈上相性がいいものを選ぶことになります。参加する対象ですから，(A) plan「計画，プラン」，(B) division「部署，分割」，(C) resignation「辞職，辞職願い」，(D) workshop「研修会」の中で，一番しっくりくるのは(D)ですね。attend the workshop（研修会に参加する）は，特にTOEICのような国際ビジネスの現場を問題の素材としているテストでは，かなり頻繁に登場するペアです。この他，動詞attendとの結びつきで言えば，meeting, ceremony, seminarなどの名詞もTOEICでは仲のいいお友達ということになります。逆に，名詞workshopとの結びつきはどうでしょうか。hold（〜を催す，開催する），organize（〜を組織する），participate in（〜に参加する），take part in（〜に参加する）といった動詞や熟語と相性がいいようです。

　では，ここで次の2つの文を見てください。

　　① Can you reserve a hotel for me?
　　② Can you book a hotel for me?
　　私の代わりにホテルの予約を取ってくれますか？

reserve, bookどちらも「予約する」という意味ですが，reserve はroomやtableと一緒に使われるのが普通で，reserve a hotel（×）とは言いません。よって正しくは，reserve a hotel room（○）になります。book a hotelは問題ありません。これもコロケーションが関係しています。

　コロケーションといえば，ちょっと思い出したことがあります。次の例文の下線部に注目してください。

　I met Mr. Takahashi at a business function last month.

functionという単語がbusinessといっしょに使われると，「(改まった)行事，祝宴」の意味になると知っていれば，business function ＝「ビジネスの行事(祝宴)」だと瞬時に理解できます。そして，「先月ビジネスの行事(祝宴)で高橋氏に会った」という正確な解釈が可能になります。ところが，businessとの関係性を無視し，機械的にfunction ＝「機能」とだけ覚えていたら，「ビジネスの機能」と誤った解釈をしてしまいます。もちろん，文脈があればそれを修正し，正しい意味にたどりつくことはできるかもしれません。しかし，それには時間と労力をかなり割くことになります。1秒たりとも時間を無駄にできないTOEICテストでは，できれば避けたいところです。

このように，TOEICでは，ただ単語を単体で覚えるよりは，いっしょによく使われる仲間の単語同士(＝コロケーション)を意識して覚えることが重要で，これは英文の聞き取りや読解にも役に立ちます。

2 単語をカタマリで見よう！

Berry Bottle Foods was forced to take drastic action
after failing a routine hygiene inspection.

3 区切りながらキャッチ！

まずはゆっくり区切りごとに意味を考えながら音読して，慣れてきたら区切りの間隔を徐々に広げて，一息でBerryからactionまで発音できるところまでいきましょう。

Berry Bottle Foods /	Berry Bottle 食品は /
was forced to /	強いられた /
take drastic action /	思い切った行動を起こす /
after failing a routine hygiene inspection. /	定期的な衛生検査で不合格になった後に /

4 訳と語句の確認！

Berry Bottle Foods was forced to take drastic action after failing a routine hygiene inspection.

☐ be forced to *do* …させられる

☐ take action 行動を起こす

☐ drastic 形 徹底的な，思い切った

☐ fail 動 …に落第する

☐ routine 名 日常的な，決まった

☐ hygiene inspection 衛生検査，点検

Berry Bottle食品は定期的な衛生検査で不合格になった後に思い切った行動を起こす事を強いられた。

To ensure your package is delivered promptly, kindly specify a date and time period you are likely to be at home.

....

1 レクチャー

　文頭がto不定詞で始まっています。ここで復習です。to不定詞は文中では3つの働きがありました。覚えていますか？　名詞の働きをする**名詞的用法**，形容詞の働きをする**形容詞的用法**，そして副詞の働きをする**副詞的用法**です。不定詞が苦手な人は，これらの品詞（名詞・形容詞・副詞）の役割が文中でもあるということがよくわかっていないようです。to不定詞を文中で見つけたら，**品詞として意識してみる**ようにしてください。

　さて，本題です。この文ですが，いきなりto不定詞で始まっています。こういう時は2通りのパターンがあるので注意してください。1つは名詞（〜すること）として，もう1つは副詞（〜するために）としての働きです。

名詞の場合
To attend a training session is necessary.
トレーニングセッションに出席することが必要です。

副詞の場合
To attend a training session, you need to go to the head office.
トレーニングセッションに出席するために，本社に行く必要があります。

to不定詞は「これから何かを行う」という未来志向。そのため「これからトレーニングセッションに出席する」ことが意図されている。

違いは？　そうです，名詞の場合はto不定詞のカタマリの後に動詞（ここではis）が，副詞の場合はカンマ(,)があります。そしてその後に文がきています。**カンマを目印にすると見分けがつけやすいです。**なおこの場合，
You need to go to the head office to attend a training session.
の下線部が文頭に出てきた形でもあります。英語は強調したいときにそれを文頭に出します。ちなみに副詞は「名詞以外を修飾する」だったので，こここの「トレーニングセッションに出席するために」は「動詞のカタマリ need to go（行く必要がある）」を説明しています。

　これがわかれば，本文はpromptly, とカンマ(,)がありますので，後者の副詞としての用法だとわかります。「小包が確実に速やかに配達されるように」という意味。とりあえずto不定詞が文頭にある文を見たら，後に続くものによく注意してどちらかを見極めましょう。

　次にこの文で気をつけなければいけないのは例文8（☞P.70）にも出てきた動詞ensure「〜を確かめる，確実にする」の用法です。覚えていますか？この動詞が現れるときはthatがかなりの確率で省略されるのでしたね。つまりここはensure (that) your package is delivered promptlyだということに気づく必要があります。ここがわからないと構造を見誤ってしまいます。英文読解が苦手な人はこういうところでつまずく傾向にあります。動詞の語法も大切です。特にthat節を目的語にとる動詞のうち省略が起こりやすいものは要注意です。8に戻って再度確認してください。

　後半の文は Kindly + V + O + (when)+ you are likely to be at home. という形。副詞のkindlyが動詞specifyを説明していて，a date and time periodという名詞句がspecifyの目的語（O）になり，またその後に関係副詞（時を表すwhen）が省略されている構造になっています。

関係副詞

> 時間を表す名詞を限定したり、情報を追加するときはwhen。基本はthe day(time) when ……という形が多い。またthatで置き換えることも可能。その他、場所ならwhere、理由はwhy、方法・手段の時はhowになる。

　関係詞には関係代名詞(who, whose, whom, which, that)、関係副詞(where, when, why, how)などがありますが、文中での働きはどちらも同じで直前の名詞を限定したり、情報を追加で補足する(この用法を持つ関係副詞はwhenとwhereだけで、「, when」「, where」のように関係代名詞と同じでカンマと一緒に使われます)ときに使われます。「日付と時間帯、**でどんな日付と時間帯かというと、**あなたが家に居そうな」という具合です。詳しくは例文4(☞ P.55)をもう一度読み直してください。

　関係詞が出てきたついでにTOEICで度々登場する「複合関係詞(= 疑問詞＋-ever)」にも少し触れておきましょう。関係代名詞や関係副詞にeverがついたwhoever(誰でも～する人)、whatever(何でも～するもの)のような語のことで、文の主語や目的語として使えます。

　Whoever attends the event is encouraged to wear a T-shirt.
　イベントに参加する人は誰でも、Tシャツを着るよう勧められる。
　⇒　名詞節で文の主語。

　We're going to hire whoever you recommend.
　誰でもあなたが推薦する人を採用する予定です。
　⇒　名詞節で文の目的語。

　関係詞節の中で、主語や目的語として使われている例です。whoever = anyone whoに置き換えることもできます。

2 単語をカタマリで見よう！

To ensure your package is delivered promptly, kindly **specify a date and time period** you are likely to be at home.

　Kindly + V + O 〜の箇所は，命令文で主語が省略された形です。英語のルールとして原則どの文にも主語はあると考えられるので，ここも本来ならKindly (you) specify a date and time period …ということですが，youは目の前の相手に対して言う必要がないため通常は省略されます。

3 区切りながらキャッチ！

　ensureの後が1つの意味のカタマリなので，ここで一呼吸置いて発音しましょう。

To ensure /	確実にするため /
your package is delivered promptly, /	あなたの小包が速やかに配達されることを /
kindly specify a date and time period /	日付と時間帯を指定してください /
you are likely to be at home. /	あなたが家にいる見込みの /

4 訳と語句の確認！

> **To ensure your package is delivered promptly, kindly specify a date and time period you are likely to be at home.**

- ☐ ensure **動** …を確実にする
- ☐ package **名** 小包
- ☐ deliver **動** …を配達する
- ☐ promptly **副** 速やかに
- ☐ kindly **副** どうぞ
- ☐ specify **動** …を特定する
- ☐ time period 時間帯
- ☐ be likely to *do* …しそうである

あなたの小包が確実に速やかに配達されるように，あなたが家にいる見込みの日付と時間帯を指定してください。

Thanks to being featured on national television, toy manufacturer Xebibo, Inc. reported exceptionally good sales figures.

....

1 レクチャー

この文は「**前置詞句, S (toy manufacturer Xebibo, Inc.) + V (reported) + O (good sales figures)**」という構造で, ○の部分は「例外的にいい売り上げの数字」とすると意味が通るので, 副詞のexceptionally（例外的に）が後ろの形容詞goodを説明しているという形です。出だしのThanks to は前置詞のような働きがあります。なので, 後ろは名詞（句）, すなわち動名詞のbeingにする必要があります。このあたりはもう何度も出ているので大丈夫ですね。

同じ前置詞の働きがあるものにdue to（～のために）, according to（～によると）, in spite of（～にもかかわらず）があり, TOEIC頻出の御三家です。

Due to recent cuts in budget, ...
最近の予算カットのため

According to the updated information, ...
更新された情報によると

In spite of inclement weather, ...
悪天候にもかかわらず

余談ですが，会話でよく耳にするThank you.。この文型は？　これは主語のIが省略された形なのでI thank you.からSVOの第3文型と思う人もいるかもしれません。でもこれ実際はあまり意味がないんです。こういう**定型表現**と**文型は分けて**考えましょう。文型はあくまで文中の動詞の型を知り，外国語として英語を学習している人が英語を正しく読んだり，書いたりするためのものです。別れのあいさつのGoodbyeを，もともとはGod be with you.「神があなたとともにいますように，神のご加護がありますように」から，第1文型だと言ったところで，意味がないことと同じです。

　余談ついでに，文型に関して忘れてはいけないのは，それぞれの文が第何文型かと形のみを中心に考えないようにすることです。英文を読んで意味を解釈する際，日本語と英語とでは単語の並べ方が異なることを理解するのに5文型が役に立つというだけです。英語はその基本構造がS（主語），そしてV（動詞）ときて，その後にC，あるいはO，はたまたO₁O₂などが枝葉的に分かれる言語でした。これを理解するために文型があるんです。第何文型かを言い当てることよりも，その文の主語にあたる部分がどれで，動詞がどれ，また目的語はあるのかを見ましょう。目的語があるなら，その目的語が名詞句なのか，to不定詞なのか，はたまたthat節なのかを判断します。その判断材料として文型の知識を活用しているにすぎないということを心得ておいてください。

　もっと言うと，文を見て第何文型かを言えるより，主語がどれで，動詞がどれ，補語，目的語，修飾語がどれかをきちんと区別できる。こっちのほうが英文理解には大切なんです。

2 単語をカタマリで見よう！

Thanks to being featured on national television, **toy manufacturer Xebibo, Inc. reported** exceptionally **good sales figures**.

3 区切りながらキャッチ！

　まずはゆっくり区切りごとに意味を考えながら音読して，慣れてきたら区切りの間隔を徐々に広げて，一息でThanks toからtelevisionまで，そして一呼吸置いて，一息でtoy manufacturerから最後まで発音できるところまでいきましょう。

Thanks to being featured /	特集されたおかげで /
on national television, /	テレビの全国放送で /
toy manufacturer Xebibo, Inc. reported /	おもちゃメーカーの Xebibo 社は公表した /
exceptionally good sales figures./	きわめて好調な売上額を /

4 訳と語句の確認！

Thanks to being featured on national television, toy manufacturer Xebibo, Inc. reported exceptionally good sales figures.

☐ feature 動 …を特集する
☐ national 形 全国向けの

□ toy manufacturer おもちゃメーカー

□ report 動 …を公表する

□ sales figures 売上数, 販売数

□ exceptionally 副 例外的に

テレビの全国放送で特集されたおかげで, おもちゃメーカーのXebibo社はきわめて好調な売上額を報告した。

Dates when the factory is closed for maintenance can be found in the orientation pack that was given to you yesterday.

1 レクチャー

　まず目に飛び込んでくるのは文中にあるwhen。これは疑問詞の「いつ」とは違った働きをするもので，例文12（☞P.91）で出てきた**関係副詞**です。覚えていますか？　関係副詞のwhenは，直前の名詞dates「日にち」を指して，「その日にちはいつかと言うとね」という意味で，**節を導いて情報を限定したり追加したりする働きがある**のでしたね。忘れた人は再度12に戻って確認してください。そうすることで記憶が定着していきますから。とするとこの文の構造は？

> 「主語（Dates） ＋ 関係詞節（when the factory is closed for maintenance） ＋ 助動詞（can） ＋ 動詞（be found） ＋ 前置詞句 ＋ 関係代名詞節」

　ということで，要はDates can be found in ~.といった「S ＋ V ＋ M」という文型としてはいたってシンプルなものです。ただ，それを複雑にしているのが，「関係副詞(when)」，「受動態(be found, was given)」，「関係代名詞(that)」という3つの文法項目が盛り込まれているからです。

> **関係代名詞とは…**
>
> 関係副詞と同じように関係詞の仲間で, 直前にある名詞を限定したり, 新たな情報を補足的に追加したりするときに用いる。名詞が物のときは which（主格/目的格）, whose（所有格）, that（主格/目的格）が使われる。

　これらを踏まえて, 頭から解釈していくと「日にち」→「その日にちはいつかというと」→「工場がメンテナンスで閉鎖される」→「それがわかります」→「オリエンテーション資料で」→「どんな資料かというと」→「昨日あなた（たち）に渡した」という具合です。このように受動態の「can be found」や「be given to ＋ 人」は能動的に変換すると意味が通りやすくなります。

　以前も触れましたが, **英語は主語に相当する名詞（句）に色々説明をくっつけたがる**性格をしています。例文10（☞P.81）で紹介したものの他に, 関係副詞も仲間になります。ここでもう少し関係副詞を使った例を見ておきましょう。

●関係副詞の例文

① The town **where I used to live** was developed into a tourist attraction.

　私が昔住んでいた町は観光名所になりました。

② Mr. Kim wants to know the reason **why you haven't responded to his e-mail yet**.

　キム氏はなぜあなたがまだ彼のメールに返答していないのか知りたがっています。

①は名詞townを，②は名詞reasonをそれぞれ限定しています。関係副詞のwhereは，通常場所を表す名詞のときに使われますが，case（場合），situation（状況），point（点）など「場合」や「状況」のときでも使われます。一方，whyはもっぱらthe reasonとのコンビで使われるのが普通です。いずれにしろ関係副詞は後ろにS＋Vを含む完全な文がくることも覚えておきましょう。

　ところで，TOEIC英文というのは，国際ビジネスで目にする英文（単語，フレーズ，文法，構造など）とは言うものの，あくまでも一般的に公共の場で遭遇する平均的な偏りのない文体です。そのため内容理解において，専門的な知識を必要とするものは出題されません。つまり，新聞や雑誌，広告といった類の文と同じで，字面さえ拾えれば内容も「一応は理解できる」もので，扱うテーマも，物理学や宇宙工学などの専門書のものとは異なっています。

　ただ，文法を一通り学習して理解できればTOEIC英文をすらすらと読みこなせるかというと事はそう簡単ではありません。

　TOEICのPart 6，7に出てくる長い文章は，それを構成している1つの文の中だけでもいくつかの文法項目（例えば，関係代名詞，分詞，現在完了など）が組み合わされていて，単独の文法項目を知っているだけでは不十分です。文法項目同士の関係性を「断片的」ではなく，組み合わされた形で識別，理解できるようにする必要があります。すらすら読めるようになるには，文法項目が組み合わさった文の解析力，語彙力，話題についての背景知識など総合的な力が要求されます。

　なお，コトバによるコミュニケーションでは文字通り表面上の意味をすくっただけでは，真の意味を理解したことにならない場面が多くあります。話されたこと，書かれたことを手がかりに，文脈に関連づけて，話され

ていないことや書かれていないことを推論により導かなければならないことも多々あります。近年のTOEICは，このあたりを問う設問の数が，リスニング，リーディングパートの両方において増えてきています。この力をつけるためにも，1文1文をきちんと正確に読み解く力は不可欠と言えるでしょう。

2 単語をカタマリで見よう！

Dates when the factory is closed for maintenance **can be found** in the orientation pack that was given to you yesterday.

3 区切りながらキャッチ！

　まずはゆっくり区切りごとに意味を考えながら音読して，慣れてきたら区切りの間隔を徐々に広げて，一息でcan be foundまで，その後もinからyesterdayまで発音できるところまでいきましょう。

Dates when the factory is closed for maintenance /	その工場がメンテナンスのために閉鎖される日は /
can be found /	わかります /
in the orientation pack /	オリエンテーション資料で /
that was given to you yesterday. /	昨日あなた（たち）に渡した /

4 訳と語句の確認！

Dates when the factory is closed for maintenance can be found in the orientation pack that was given to you yesterday.

☐ factory 名 工場
☐ close 動 …を閉める
☐ maintenance 名 メンテナンス

その工場がメンテナンスのために閉鎖される日は，昨日あなた（たち）に渡したオリエンテーション資料を見ればわかります。

If you have any questions about the product, please wait until the demonstration is over.

....

1 レクチャー

ぱっと文全体を見渡して，接続詞 if で文と文がつながっている構造だと察知できたでしょうか。しかも前半のif節の文は質疑応答の前に使う定型文です。このように**ビジネスシーンで使われる表現には決まった定型のものが多く**あるので，1つの意味のカタマリとして処理できるようにすると読解スピードが一気にあがります。たとえば，

Thank you very much for your quick reply.
迅速なご返信ありがとうございます。

I hope this e-mail finds you well.
お元気でお過ごしのことと思います。
　= I hope you are doing well.

I would appreciate it if you could send me an estimate of the cost.
費用の見積りを送っていただけるとありがたいです。

We apologize for any inconvenience this has caused you.
お客様にご不便をおかけしましたことを深くお詫び申し上げます。

Please feel free to contact me if you have any further questions.
さらにご質問などございましたら，ご遠慮なくお問い合わせください。

Please contact us at your earliest convenience.
ご都合の良い時にご連絡いただけますと幸いです。

などはTOEICでもよく目にします。国際ビジネスの場でも頻繁に見聞きする決まり文句でもあるので，自分が実際に使っている状況をイメージして，何度も声に出したり書いたりして体に覚えこませてしまいましょう。いざというとき役に立つはずです。

　さて，本文に戻りましょう。後半は接続詞untilによって2つの文がつながった形です。untilは，前置詞としても使われます。見分け方はもういいですね。**後ろに文が来れば接続詞，名詞（句）が来れば前置詞**。これは鉄板ルールなので絶対忘れないように。

　なおthe demonstration is over.「実演が終わる」のoverですが，これは副詞です。この文の中での役割は，be動詞があるのでSVCのC，つまり補語に相当します。ところで補語になれるのは？　そう，形容詞か名詞でした。基本的に，副詞はなれません。ところが副詞でも，

School is <u>out</u>.
学校は休みです。

The blinds of the room were <u>down</u>.
部屋のブラインドは下りていた。

のような場合は補語として機能することがあります。

ちなみに余談ですが,pleaseをつければ丁寧になるとよく聞きます。が,丁寧どころかその反対の意味になってしまうこともあります。特に人に何かものを頼む「**依頼 (request)**」のときは要注意。というのも,依頼目的で使われるpleaseには,絶対に実行してほしいという含みがあって,

> **Please** send me your latest catalogue.
> 最新のカタログを送ってください。

なら,受け取り手は,相手が真剣に商品の購入を検討していると解して,カタログ発送を実行しなければという心理的な負担を負うことになります。また,

> **Please** reply to me by next week.
> 来週までにご返事をください。

なら,先程も述べた絶対に実行してほしいという含みから,相手が返事を出したくないような時には,逆に失礼になってしまいます。つまり,pleaseを使ってしまったばかりに,かえって丁寧さを失ってしまうことになるのです。使う相手や状況によっては,「命令・指示」になってしまうんです。そのため,通常は依頼のときには

> Could you...?
> I was wondering if you could....
> I'd appreciate it if you could....

などを使うはずです。これが,社会人が使う大人の英語なんです。頭の片隅に置いておきましょう。

2 単語をカタマリで見よう！

If you have any questions about the product, please **wait until the demonstration is over**.

3 区切りながらキャッチ！

　慣れてきたら，出だしのIfからproductまで一気に，ワンテンポ置いて，その後のpleaseからoverまでひとかたまりで発音するようにしましょう。

If you have any questions /	何か質問のある場合は /
about the product, /	その製品について /
please wait /	お待ちになってください /
until the demonstration is over. /	実演が終わるまで /

4 訳と語句の確認！

> **If you have any questions about the product, please wait until the demonstration is over.**

☐ product 名 製品

☐ wait 動 待つ

☐ until …まで（ずっと）

☐ demonstration 名 デモンストレーション，実演

その製品について何か質問のある場合は，実演が終わるまでお待ちになってください。

コラム①

なかなかPart 7でスコアが取れない, 伸びない人の原因

　ここではPart 7のスコアの伸び悩みの原因について考えてみたいと思います。

　中学・高校での基礎もちゃんと身についていて, かなりの英語力もあるし, TOEICの出題傾向も十分熟知しているにもかかわらず, リーディングパート, とりわけPart 7の読解問題で思うようにスコアが取れない学習者がいます。Part 5の文法・語彙問題ではそこそこのスコアが取れるのに, 読解問題でつまずいているという人たちです。

　一般に英文理解には, 語彙, 文法, 構文, 背景知識など様々な要因が関わっていると考えられています。もちろん英文の文意を解釈していくには英語力が必要ですが, それらの文意をつなぎ合わせて, 全体の意味（gist）を捉えたり, 先の展開を予測（prediction）したり, あるいは暗にほのめかしていることを推測（inference）したりといった能力は, 英語力だけの問題ではありません。母語である日本語の能力が深く関わっているという仮説があります。言語閾値仮説（Linguistic Threshold Hypothesis）と呼ばれるものです。これを日本人英語学習者のケースに当てはめると, 英語力がある一定のレベル（閾値）に達すると, 母語での読解力が英語の読解力に転移する可能性がある, というものです。もちろん個人により程度の差がありますので, 全員そうなるとは言えませんが, これを支持するデータもあります。

長年TOEICを指導してきて，Part 7（読解問題）でなかなかスコアが取れないという人は，ひょっとしてこの点が原因の1つではないか，と筆者は感じています。

　そこでその1つの解決策として，問題，設問，選択肢すべて日本語でTOEICのPart 7をやってみることです。本番のTOEIC試験と同様に時間制限を設けて，日本語訳を読んで日本語の設問に答えてみるのです。母語なので全設問を通常の半分の2分を目安に必ず時間を測ってチャレンジしてみてください。

　母語の日本語でやってみて，表面的な理解ではなく深い読みが必要な推論問題などで正解選びに難を覚えたり，間違えてしまうようであれば，どうやらスコアが取れない理由は単なる英語力の問題ではないと考えられます。意外とこの点が盲点になっているのではないでしょうか。そこで，ここは一度発想を転換させて，日本語だけで大量のTOEIC問題をこなすことをお勧めします。母語でTOEICタイプの推論問題に強くなれば，英語への転移が期待できるかもしれないからです。一度試してみる価値はあるでしょう。

Forklift truck drivers must use caution when operating inside the warehouse, as staff is often walking in the corridors.

1 レクチャー

　この文は，「文 ＋ 接続詞（as）＋ 文」が大きな枠で，最初の文がさらに「文 ＋ 接続詞（when）＋ 文」の形になっています。**時を表す接続詞whenは，主となる文と従となる文の主語が同じ場合，従となる文の＜主語＋be動詞＞を省略**することができます。つまりここは，

> Forklift truck drivers must use caution **when** (*they are*) operating…

がオリジナルの形です。似たような特徴を持っている接続詞にwhile, though, ifなどがあります。

◎「主語 ＋ be 動詞」が省略できる接続詞

　　　when　　while　　though　　if

　TOEICの英文でも時々見かけますので，ここに挙げた接続詞の後が動詞のing形になっている場合はこのタイプを疑ってください。

　そして，もう1つの接続詞asですが，asは文中では，前置詞，接続詞，

副詞，関係代名詞などいろいろな働きがあり，「～として」「～するとき」「同じくらい」「～のように」など様々な意味を持っていてわかりにくい単語の1つです。苦手にしている人も多いでしょう。じつは，一見バラバラに見えますが，核となる1つのイメージで捉えるとすっきり理解できます。そのイメージとは，2つを並べて「対等」「等価」の関係で見るということです。たとえば，

◉前置詞の as

We treat him **as** a guest.

彼をお客様としてもてなす。

himはa guestと「同じ」つまり同等のものとみなしています。

◉接続詞の as

I met Tom **as** I was entering the building.

建物に入るときにトムに会った。

「トムに会った」と「私が建物に入った」という出来事が過去の同じ時に発生したことを表しています。

◉副詞の as

She is **as** shy as I am.

彼女は私と同じく恥ずかしがり屋だ。

「彼女」と「私」が「恥ずかしがりやという点」で対等。

◉関係代名詞の as

You have the same TOEIC textbook **as** I bought yesterday.

私が昨日買ったのと同じTOEIC本をあなたは持っている。

「あなたの持ってるTOEIC本」と「私が昨日買ったTOEIC本」が同じ出版社の同じ本ということですね。

こう考えると，asもすっきり理解できますね。では，本文はどうでしょう？　「フォークリフト（トラック）の運転手が倉庫内で操作する時に注意を払う」と「従業員がよくその通路を歩いている」の2つの行為を対等に並べてその関係を述べています。文脈から後者が前者の原因・理由になっています。そして，意味的にasは直接的な理由というよりは，付加的，補足的なニュアンスがあります。この辺が，主張の根拠を示して内容を正当化するbecauseや，相手もわかっていることを言う際の状況説明に使われるsinceとは異なっています。

最後に助動詞mustについても触れておきましょう。mustは話し手の態度を表すときに用い，2つの意味があります。「強い圧力がかけられ他に選択肢がない」という主観的な気持ちから「行動」についての場合は「〜しなければならない」に，「推測」の場合は，「そう推測する以外に選択肢がない」ので「〜に違いない」という意味になります。

2 単語をカタマリで見よう！

Forklift truck drivers must use caution when operating inside the warehouse, **as staff is** often **walking** in the corridors.

3 区切りながらキャッチ！

音読の際は，スラッシュを意識して何度も繰り返しましょう。慣れてきたら，区切りの範囲を広くしていき，接続詞asの前で一回区切る程度で言ってみましょう。

Forklift truck drivers /	フォークリフトの運転手は /
must use caution /	注意を払わないといけません /
when operating inside the warehouse, /	倉庫内で操作する時 /
as staff is often walking in the corridors. /	従業員がよくその通路を歩いているから /

4 訳と語句の確認！

Forklift truck drivers must use caution when operating inside the warehouse, as staff is often walking in the corridors.

☐ truck driver トラックの運転手

☐ caution 名 注意

    cf. cautious 形 用心深い　caution 動（人）に注意する

      cautiously 副 注意深く

☐ operate 動 機械などを操作する

☐ inside 前 …の内側で

☐ warehouse 名 倉庫

☐ corridor 名 廊下

フォークリフト（トラック）の運転手は，倉庫内で操作する時には注意を払わないといけません。というのも従業員がよくその通路を歩いているからです。

Client contact details should be printed and kept safe in case there is a problem with the computer systems.

· ·

1 レクチャー

　まず「文 ＋ in case ＋ 文」になっていることに気づいてください。in case「もしも～の場合，～だといけないから」の役割は？　そう，接続詞です。そして前半の文は，主語(S)がClient contact details「顧客の連絡先」で，その後に助動詞should + be + printed and kept「印刷されて保管されるべき」と受動態の形が続いています。safeは形容詞で，keptがどんな状態かを説明していると考えます。ここは，

> Client contact details should be printed and **they should be kept** safe.

のthey should beが省略された形だと見抜けましたか。

　ここで，主と従の関係にある文どうしをつなぐ接続詞を整理しておきます。

時を表す：when（…するときに）, while（…する間に）, before（…する前に）, after（…した後に）, since（…して以来）, until（…するまでずっと）, as（…するときに, …しながら）, as soon as（…するとすぐに）

原因・理由を表す（…なので, …だから）：because, since, as, now that（今はもう…だから）

条件・譲歩を表す：if（もし…ならば）, unless（…の場合を除いて）, although（…にもかかわらず）, even though（…にもかかわらず）, even if（たとえ…でも）, as long as（…しさえすれば）, in case（…の場合は）

目的を表す：so that（…するように）

　これらの接続詞は，TOEICリーディングパートで頻出しています。つまり**接続詞がすぐに判別できる**ことは，TOEIC英文の理解に不可欠と言えます。

　そしてこれらに加えて，見た目では全然接続詞に見えないのに，実は接続詞，なんていうのが2つほどあります。providedとgiven thatです。どう見ても「？」ですが，TOEICで時々出てくるので侮れません。

◉provided (that)「もし～なら」

　よくifと同じ意味だと説明されます。場合によってはon condition that「～という条件で」という意味でも使われます。古くからある語で，分詞構文だったit being provided thatのit, being, thatが省略されprovidedだけが残り，接続詞として使われるようになったものです。少

し堅く響きますが，今日でも普通に使われTOEICでもちょくちょく見かけます。つまりビジネスでもこういう単語が使えると格式が出せます。なお，かつてはthatを伴っていましたが，今ではほとんど省かれます。

> Items can be exchanged **provided (that)** they are returned within one week.
> 1週間以内に戻していただければ，商品は交換できます。

●given that「〜を考慮にいれると」「〜と考えると」

動詞giveの過去分詞形ですが，文頭で用いられGiven thatと後ろにthat節を伴うと接続詞として使われます。実際，過去TOEIC Part 5の問題で出題されたこともあります。これも最初は分詞構文だったit being given the fact thatのit, being, the factが省略され，given thatが残って接続詞として使われるようになったものです。

> **Given that** Tom had two weeks to write the report, he hasn't made much progress.
> トムには報告書を書くのに2週間あったことを考えると，あまり進んでいない。

またgivenだけだと前置詞としての働きにもなります。その場合はconsidering「〜を考慮にいれると」に置き換えられます。

> **Given** the economic situation, we won't have a pay raise.
> 経済状況を考えると，昇給は期待できそうにない。

一見するとどちらも堅そうで使いにくそうですが，こういう表現が適時使えるようになると，英文ライティングに幅が出ますし，相手からも一目置かれるようになります。TOEIC英文をただ読む対象としてだけでなく，

自分でも書けるかという視点で見るようにしましょう。というのも文法の
テストというのは，実は，英文がきちんと書ける能力も同時に測定してい
るからなんです。**英語は各技能が表裏一体**になっているということです。
ではここで，TOEICに出題されそうな英文を使って，実際にどれくらい
書く力があるのかを測ってみたいと思います。いくつかのタイプの問題を
用意しました。指示に従って挑戦してみてください。(正解 ☞ P.122)

【　　】内の単語・語句を日本語に合うよう正しい語順に並べ替え
てみてください。なお，必要に応じて小文字を大文字に変えてくだ
さい。

1. いつもながら，ご支援を続けていただき，ありがとうございま
す。
【for, as always, continued support, thank you, your】.

---

2. パリに出張しますので，別の日にしていただけますか。
【is it possible, as I will be leaving, to reschedule, on a
business trip to Paris】?

---

3. 当社は現在，2年以上の経験がある営業部員を募集しております。
We are now【two years, seeking, sales representatives,
with at least, of experience】.

---

4. この問題を解決するために，何かしていただければありがたく思います。
Anything【to resolve this problem, you can do, will be greatly appreciated】.

5. 私たちがおかけしたご迷惑に対し心から謝罪させていただきます。
Please accept our【that we have caused you, for the inconveniences, sincere apology】.

6. 保証は，本製品が本来の目的で使用された場合に限り有効となります。
The warranty is【for its, the product is used, valid, only if, intended purpose】.

いかがですか。困難なくすらすらと正しい語順が頭に浮かんできたでしょうか。

　一般にTOEIC学習というのは，テストの性格上，与えられた選択肢の中から正解を導き出すための解答能力を高めていく作業だと言えます。その目的にしても，あくまでスコア獲得の技能習得に大方の関心が向けられているように思います。しかし，せっかくTOEICテストと向き合う機会を得たのですから，単なるスコア狙いの対策で終わってしまうのは実にもったいない気がします。問題自体はとてもよくできていて，実務の現場

講義1 講義2 講義3 講義4 模試 解説

Part 5 英文を読み解けるようになるための講座

で即，活かせるようなものばかりです。ぜひトレーニング素材として運用能力にまで高めることをお勧めします。それには，今回のように**意味のカタマリを正しい語順でつなげていく**という視点から英文と向き合うことです。これは**きちんとした英文が書ける**かということとイコールだからです。

　では最後に本文の助動詞shouldについても一言。shouldはshallの過去形です。今ではその意識が薄れ「〜するべきだ」という現在形の意味で使われています。shallには「〜することを負う」→「本来なら〜することが当然」という意味があり，そこからこの過去形であるshouldは「本来なら〜することが当然であった（まだそうしていない）」というニュアンスになり，「義務（〜するべきだ）」や「提案・助言（〜したほうがいい）」という意味が生まれました。

2 単語をカタマリで見よう！

Client contact details should be printed and kept safe in case there is a problem with the computer systems.

　助動詞shouldには「義務（〜するべきだ）/提案・助言（〜したほうがいい）」という意味の他に，もう1つ「〜のはずだ」という意味もあります。これは「予測」としてshouldが使われた場合で，「本来なら〜することが当然」から「〜のはずだ」となるわけです。似たような意味のmustと比較すると以下のような違いがあります。

●話し手の確信

He must be in Okinawa.
彼は沖縄にいるに違いない。

●当然そう思うが，必ずしもそうじゃないかもというニュアンス

He should be in Okinawa.

彼は沖縄にいるはずだ。

3 区切りながらキャッチ！

音読の際は，スラッシュを意識して何度も繰り返した後，区切りの範囲を広くしていき，接続詞in caseの前で1回区切る程度で言ってみましょう。

Client contact details /	顧客の連絡先は /
should be printed and kept safe /	印刷して安全に保管するべきだ /
in case there is a problem /	問題が起きた場合にそなえて /
with the computer systems. /	コンピューターシステムに /

4 訳と語句の確認！

> **Client contact details should be printed and kept safe in case there is a problem with the computer systems.**

□ contact details 連絡先

□ in case …の場合にそなえて，…だといけないから

コンピューターシステムに問題がある場合にそなえて，顧客の連絡先は印刷して安全に保管するべきです。

1. As always, thank you for your continued support.
2. As I will be leaving on a business trip to Paris, is it possible to reschedule?
   （別解）Is it possible to reschedule, as I will be leaving on a business trip to Paris?
3. We are now seeking sales representatives with at least two years of experience.
4. Anything you can do to resolve this problem will be greatly appreciated.
5. Please accept our sincere apology for the inconveniences that we have caused you.
6. The warranty is valid only if the product is used for its intended purpose.

Flooding in the basement last night did not damage the data servers, as they had been moved upstairs well in advance.

....

1 レクチャー

　文の大枠は何度も出てきている「文 + 接続詞（as）+ 文」の形ですね。前半の文は

Flooding in the basement last night damaged the data servers.
　　　　　　　S　　　　　　　　　　　　　　V　　　　　O

の否定形です。

　主語（S）で核となるのがFloodingです。このfloodingは「洪水, 氾濫」という名詞です。見た目から動名詞とも考えられますが, そうすると主語の部分が「地下が洪水になることは～損害を与えなかった」と意味が通りにくくなります。よって, ここは**名詞**の「洪水」と考えるのが妥当です。

　ちなみに動詞のing形で始まる文は, 動名詞（名詞）か分詞構文（副詞）の場合が多いです。動名詞なら「～すること」という意味で, 分詞構文なら「～なので, ～のときに, ～にもかかわらず, ～ならば」と文脈によって意味が変わります。この2つ, 見分け方は意外と簡単。**動詞のing形のカタマリの最後にカンマ(,)があるかないかで判断できます。カンマがあれば分詞構文, なければ動名詞**です。

Eating vegetables every day, **I'm** in good shape.

毎日野菜を食べているので，体調がいいです。

▼

Eating vegetables every day **is** good for your health.

毎日野菜を食べることは健康にいいです。

▼

　ところでなぜ分詞構文のような，文脈を考えないと意味があいまいではっきりしない構文を英語では使うのか。考えたことありますか？　理由があるんです。分詞構文は，次のように接続詞を使って表現することもできます。

Working as a secretary, I always came to the office before 6:00 A.M.

↓

When I was working as a secretary, I always came to the office before 6:00 A.M.

　なぜ接続詞でもＯＫなのに，わざわざ分詞構文を使うのか。接続詞を使うと，whenのある文と，その後に続く文の論理的な関係が一目瞭然ではっきりします。「秘書として働いていた時」「いつも6時前にオフィスに来ていた」と2つの事柄に切れ目がでますね。ところが分詞構文だと，この切れ目感がなく，2つの事柄がゆるやかにつながっている感じが出せます。つまりぶつ切りのような感覚ではなく，スムーズに主と従の関係がつながっていて，文学的な匂いがかもし出せるのです。よってより洗練された大人の雰囲気になります。どんな意味かは文脈や常識により，読み手の判断に

任せるところも大人の余裕ですね。こういう理由から，この曖昧性が残っているところも実は分詞構文の持ち味でもあるんです。表現の幅を広げるため自らも使えるようになりたいものです。

　では例文18に戻りましょう。接続詞のasは例文16（☞P.111）同様，「昨夜の地下の浸水でデータ・サーバーは損害を受けなかった」と「それらはあらかじめ上の階に移動させていた」という2つの出来事を並べて，文脈から両者の関連を述べたものです。そして，ここは「データ・サーバーは損害を受けなかった」「あらかじめ上の階に移動させていた」から原因・理由の関係が成り立つので「〜なので」という意味に解釈できます。ただし気をつけたいのは時間的に「過去のある時にこうしたから，その後（同じ過去）でこうだった」のようにズレがあるので，前半が過去形，後半がその前のこと（大過去），つまり過去完了形になっているということです。このように過去の中で，**前後の時間的区別をつけ，「〜した時には，もうすでに〜してしまっていた」という気持ちを表したい時に過去完了形**を使います。ここは，「地下のデータ・サーバーが損害を受けなかったその時には，もうすでに上の階に移動させてしまっていた」ということになります。よく過去形と過去完了形の違いがわからないと言う人がいますが，ここでしっかり違いを理解しておきましょう。

　最後のwell in advance「十分前もって［時間の余裕を持って］」ですが，これはin advance「前もって，事前に」という熟語に，副詞well「十分に」がついた形でよくセットで使われます。

2 単語をカタマリで見よう！

Flooding in the basement last night **did not damage the data servers, as they had been moved** upstairs well in advance.

3 区切りながらキャッチ！

　音読の際，スラッシュの意味のカタマリを意識して，Flooding, damage, the data servers, moved upstairs, in advanceを強く読む感じで何度も繰り返しましょう。

Flooding in the basement last night /	昨夜の地下の浸水は /
did not damage the data servers, /	データ・サーバーに損害を与えなかった /
as they had been moved upstairs /	上の階に移動させていたので /
well in advance. /	あらかじめ /

4 訳と語句の確認！

> **Flooding in the basement last night did not damage the data servers, as they had been moved upstairs well in advance.**

☐ flooding **名** 洪水，氾濫

□ basement 名 地下

□ damage 動 …に損害を与える

□ in advance 前もって

昨夜の地下の浸水ではデータ・サーバーは損害を受けなかった。それらは
あらかじめ上の階に移動させていたからだ。

Rather than keep unsold products in storage, Pennydown Stores decided to sell them to customers at a huge discount.

1 レクチャー

　出だしのRather than keep unsold products in storage,はちょっと見かけない形です。実はこのrather than「〜よりもむしろ…」は，2つの文をつなげる接続詞の役割を果たしていて，前後の文が対比の関係になっています。rather thanにはこのように接続詞的な働きがあり，文頭にきて後ろに動詞の原形をとることができるのです。構造的にはRather than (they) + V(keep) + O(unsold products) + in storage「売れ残りの製品を倉庫に保管するよりもむしろ」という形。

---

rather than

本文のような動詞の原形のほか, rather than to keep unsold products …, rather than keeping unsold products …のようにto不定詞や動名詞が続くこともあります。

　ところで動詞keepの目的語になっているunsold products「売れ残り製品」のunsoldに注目してください。動詞sell（売れる）に否定辞un−がついてそれが過去分詞形になったものです。これが形容詞化して，unsold「売れなかった，売れ残りの」という意味になりました（※現在, 動詞unsellは「売れない」という意味ではなく，「〜を信じないように説得する」という意味で使われます）。**完全に形容詞化して後ろの名詞を説明する**形になっています。こういうのを**分詞形容詞**と呼んでいます。見た目から文の動詞だと勘違い

しやすいので要注意です。TOEICはこの分詞形容詞がお好きなようで，けっこう出てきます。unsoldと同じような例を挙げてみます。

affiliated store　提携店

attached file　添付ファイル

registered mail　書留郵便

accomplished technician　熟達した技師

experienced dentist　経験豊かな歯科医

authorized user　許可を受けた利用者

renowned architect　有名な建築家

appointed president　任命された社長

detailed information　詳細情報

skilled worker　熟練工

discontinued appliances　製造中止になった器具

limited space　限られた空間

qualified applicant　適任の応募者

unlimited access　無制限のアクセス

unprecedented scale　前例のない規模

valued customer　大切なお客様

expired food　賞味期限切れの食品

　実は，このうち半分は講義1の「3 単語と単語のまとまり」「句」の「⑤分詞が形容詞になったもの＋名詞のカタマリ」で一度学習したものなんです（☞ P.29）。どれくらい覚えていましたか？　もちろん分詞形容詞はここに挙げた過去分詞タイプだけでなく，−ing型の現在分詞でも同様の例（the remaining time「残り時間」，the following year「翌年」など）がありますが，圧倒的に過去分詞の形が多いです。今後は，こういう意識を持って「分詞 ＋ 名詞」の組み合わせに注意して見てください。

後半の文は，S (Pennydown Stores) + V (decided) + O (to sell them)に，2つの修飾語（M）がついている形です。

　さて，ここでちょっと余談です。問題集との付き合い方について一言。TOEIC受験をする多くの皆さんは問題集を買って勉強するはずです。ところが，せっかく問題集を購入しても，途中までやって新しい問題集に手を出す，あるいはせいぜい1回やってそれで終わり，という人がけっこういるのではないでしょうか。実はこれは過去の学習で身についた知識の確認作業をしているだけで，そこから先の実力アップにはなかなかつながっていきません。要は，その問題集の中身をしっかり意図的・意識的に自分の中に取り込む必要があります。解いた問題で，間違えたもの，勘で適当に選んだものは，解説をしっかり読んで理解したうえで，正解の根拠がきちんと言えるようになるまで何度も「繰り返し見直す」ことが大切です。ここまでやっている人は案外少ないものです。そして正解が瞬時に頭に浮かんでくるまで，1冊をとことんやりつくすことです。こうすることで初めて実力がつき，スコアアップという形になって表れてきます。TOEIC受験者の多くは，問題集を正しく使い切れていません。一度，自分と問題集との向き合い方を振り返ってみてください。

2 単語をカタマリで見よう！

Rather than keep unsold products in storage,
Pennydown Stores decided to sell them to customers
at a huge discount.

3 区切りながらキャッチ！

　音読の際は，Ratherからstorageまでを1つの大きな区切りと考えて，まずは小さい区切りごとに意味を意識しながら，そして慣れてきたら区切りの範囲を広げて発音してみましょう。

Rather than /	～よりも /
keep unsold products in storage, /	売れていない製品を倉庫に保管する /
Pennydown Stores /	Pennydown 商店は（むしろ）/
decided to sell them /	販売することを決定した /
to customers /	顧客に /
at a huge discount. /	大幅に値下げして /

4 訳と語句の確認！

**Rather than keep unsold products in storage,
Pennydown Stores decided to sell them to
customers at a huge discount.**

☐ unsold 形 売れていない，売れ残りの
☐ product 名 製品
☐ in storage 倉庫に
☐ customer 名 客
☐ huge discount 大幅値下げ

Pennydown商店は売れていない製品を倉庫に保管することをせず，それらを大幅に値下げして顧客に販売することを決定した。

CEO Wang will speak to the plant managers directly to hear their ideas on increasing productivity.

1 レクチャー

　この文はS (CEO Wang) + 助動詞will + V (speak to) + O (the plant managers) + M (修飾語)とシンプルな形です。ただ, 動詞speak が自動詞なので後ろに前置詞のtoを伴っていることに気をつけましょう。speak to「～に話しかける」で1つのカタマリです。自動詞と他動詞の区別もう大丈夫ですね。ここでもう1回見直しておきましょう。

　自動詞と他動詞は「**目的語**」があるかないかが決定的な違いでした。目的語とは動詞の後に直接きて, 日本語の「何を」「誰に」にあたる言葉です。read a bookのa bookや I'll see you.のyouのように一般に名詞や代名詞が担当します。自動詞は後ろに名詞(句)が続くときは, 「前置詞」を接着剤として使うという決まりがありました。思い出しましたか?　おさらいすると, 動詞が他動詞の時は, 後ろに「～を, ～に」にあたる目的語である名詞(句)を直接とり, 自動詞の時は前置詞の助けが必要となり, 「主語＋自動詞＋前置詞＋名詞」の形になる, ということでしたね。

　さて, 本題に戻りましょう。本文中の副詞directly「じかに, 直接に」は, どのように話しかけるのか, つまり動詞speak toを説明しています。副詞の位置は, speak directly to the plant managersのように動詞の直後の場合も多いですが, このように離れた位置にあることもあります。

　文末にある不定詞は目的を表す場合が多かったですね。ここのto hear ... productivityもまさにそれで，このカタマリも動詞speak toを説明しています。つまり

speak to
directly「直接」
to hear 〜「〜を聞くために」

という関係です。

　最後にonの後ろのincreasingは？　そう前置詞の後ろにくる動詞のing形は動名詞でしたね。

動名詞

　名詞の扱いなので，文中では主語になったり，目的語になったり，この例文のように前置詞の後ろに置かれたりします。どの位置にくるかしっかり頭に入れておきましょう。

主語：Updating our report will be done every month.
目的語：We should avoid working overtime.
前置詞の目的語：We expressed an interest in opening a new store in Taiwan.

　よく「動詞 + ing」の形を見ると，①進行形，②(現在)分詞とこの動名詞を混同する人が少なからずいます。もう一度整理しておきましょう。**進行形は必ず「be + 動詞ing」でbe動詞とセットで使われます。**一方，**現在分詞は文中では形容詞の役割があるので必ず前か後ろに名詞があるはずです。**

① 進行形

A man **is loading** a piece of furniture into a truck.

男性が家具1点をトラックに載せている。

② 現在分詞

Employees **wishing** to receive more information are advised to contact Mr. Choi.

もっと情報を受け取りたい従業員はChoiさんに連絡してください。

　ちなみに，前置詞onは「上に」ではなく，「接触」を表します。何かに触れていればonです。たまたま地球の重力が作用して，机などに置いたら「上に」になっただけで，触れていることには違いありません。「うつ伏せで寝る」も英語ではsleep on my stomachと言いますから。さて，この「接触」感から，固定の意味が生まれ，そこから特定の意味に発展しました。これがI wrote a book <u>on</u> Japan.という具合に話題やテーマを表すon「〜に関して」となります。「日本のテーマに接してそこから離れない，それを専門に」といった感じです。I wrote a book <u>about</u> Japan.もほぼ同じですが，aboutだとその話題の周辺も含むあれこれといったニュアンスです。

2 単語をカタマリで見よう！

CEO Wang will speak to the plant managers directly to hear their ideas on increasing productivity.

3 区切りながらキャッチ！

directlyまでが1つの意味のカタマリなので，ここで一呼吸置いて発音しましょう。

CEO Wang /	CEO の Wang 氏は /
will speak to the plant managers directly /	工場長たちに直接話をするつもりです /
to hear their ideas /	考えを聞くために /
on increasing productivity. /	生産性を上げることについて /

4 訳と語句の確認！

CEO Wang will speak to the plant managers directly to hear their ideas on increasing productivity.

☐ speak to …に話しかける

☐ plant manager 工場長，工場管理者

☐ directly 副 直接的に，直に

　　 cf. direct 動 …に指示する　direction 名 指示，方向

☐ increase 動 …を増やす

☐ productivity 名 生産性

CEOのWang氏は生産性を上げることに関して，工場長たちの考えを聞くため，直接彼らに話をするつもりだ。

Trantor Restaurant Group plans to expand its network of outlets across China over the next five years.

. . . .

1 レクチャー

　構造をざっくり見るとS (Trantor Restaurant Group) + V(plans) + O (to expand its network of outlets) + M(修飾語;across ~) という形です。目的語（O）の部分は「名詞のカタマリ」で名詞句を構成しているパターンですね。すぐに気がつきましたか？

　ところで動詞planのような, **これからのことを意味する未来志向的な動詞**(decide, intend, agree, hopeなど)は, 後ろにto不定詞を目的語としてとります。TOEICでよく見かける語に次のようなものがあります。

decide

I decided to withdraw from the negotiations.
交渉から手を引くことを決心した。

intend

I intend to reschedule my flight.
フライトを変更するつもりだ。

agree

U.S. and Japan agreed to negotiate a Free Trade Agreement.
米国と日本は自由貿易協定を結ぶことに合意した。

　いずれも**これからのことと関係がある**単語ばかりです。こうやって単語を同じ志向があるグループでまとめて覚えるのも記憶の定着に役立ちます。なんらかの関連性を持たせて覚えるというのも1つの手です。

　さて，ここでちょっと話が変わります。これまで文中で使われている単語の品詞が区別できることが大切だと再三強調してきました。文型との関係で主語になれるのは？　目的語になれるのは？　また形容詞の役割は？文中で形容詞として使われるものにどんなものがありました？　副詞って何？　といった具合です。というのも，品詞の意識が身についてないと「キムさんは海外に行った」をMr. Kim went to abroad.とやっちゃうんです。Mr. Kim went abroad. が正解ですが，これを説明するのにabroadの品詞に触れないわけにはいきません。abroadは副詞です。よって動詞を説明してgo abroadとするのが正しい言い方です。前置詞toの後は名詞がくるので置くことができないんです。ちなみにこれ講義1にも出てきましたが，覚えてますか？

　また，She seems tired. とShe seems like an accountant. を比べたときに，後者のlikeが前置詞であることを理解するにはtiredとan accountant の品詞の違い（前者が形容詞，後者が名詞）がわからなければなりません。こんな調子で単語の意味だけでなく，品詞もわかるということが英文理解と深く関わってきます。これからも品詞を意識して英文を見るようにしてください。品詞を制するものが英文理解を制する!! とも言えます。

2 単語をカタマリで見よう!

Trantor Restaurant Group plans to expand its **network of outlets** across China over the next five years.

　文の後半にacrossとoverという前置詞が2つ出てきます。acrossは「平面を横切って向こう側へ」というイメージです。移動の経路に意識が向きます。ここから発展して「〜と交差して」「〜の至るところに」と意味が拡張していきました。expand its network of outlets across Chinaなら,「中国大陸を平面に横切りながら系列店舗のネットワークがさぁーと広がっていく」という感覚です。一方overは,「弧を描いて対象物を覆っている」イメージです。そこから「何かを越える」,「上を移動する」,「何かの向こうの方へ」という意味になります。そして,over the next five yearsやover the Christmas holidaysのように後ろに「期間」がくるときは,「ある期間にわたって」という意味が生まれました。over the weekend「週末の間」もそうですね。週末の土日を越えて覆っている感覚です。

3 区切りながらキャッチ!

　スラッシュのカタマリを意識しつつoutletsまでが1つの大きな区切りなので,そこでワンテンポ置いて発音してみましょう。

Trantor Restaurant Group /	Trantor レストラングループは /
plans to expand its network of outlets /	系列店舗のネットワークの拡大を計画している /
across China /	中国各地に /

4 訳と語句の確認！

> **Trantor Restaurant Group plans to expand its network of outlets across China over the next five years.**

☐ plan to *do* …する予定だ，…するつもりだ

☐ expand 動 …を拡大する

☐ outlet 名 系列小売店

☐ across 前 …にわたって，…じゅう

☐ over the next five years 今後5年にわたって

Trantorレストラングループは今後の5年間に中国の各地でその系列店舗のネットワークを拡大することを計画している。

After receiving four bids, the contract to build Westlaw City Council's new swimming pool is under consideration.

·····

1 レクチャー

　出だしのafterは例文8 (☞ P.70) でやったbeforeと同じで，前置詞と接続詞という2つの顔を持っています。さて，ここはどちらかわかりますか？後ろを見ればすぐ判断できるのでしたね。覚えていますか？　**後ろが句なら前置詞，文であれば接続詞**。ここは文と判断できる**主語と動詞**がないので，句だとわかります。なのでこのafterは前置詞。そして，例文2 (☞ P.46)，11 (☞ P.86)，13 (☞ P.96) でもやった，**前置詞の後ろに動詞を置きたいときは動名詞にする**というルールから，receive「～を受ける」がreceivingになっているわけです。こういう風になぜそうなのかの理由を説明できて初めて，どんな単語が出てきても正しく英文を見極めることができるようになります。

　ここで復習です。先ほど例文20 (☞ P.132) でも説明しましたが，文中に「動詞 + ing」があるとき，次の4つのパターンがあります。これらの区別がつきますか？

① 進行形
② 動名詞
③ (現在) 分詞
④ 分詞構文

もう一度整理しておきましょう。

進行形は「be ＋ 動詞ing」の形をしていて，かならず前にbe動詞と呼ばれるbe, is, am, are, was, wereのいずれかがあり，動作や状態が進行していることを意味します。動名詞は，主語，補語，目的語になるほか，上にも出てきた前置詞の後にも置かれます。分詞は形容詞の役割があるので，前か後ろに名詞があるはずです。そして最後に分詞構文。これは例文18(☞ P.123)でも説明しましたが，動詞のing形で始まる文になることが多く，「〜なので，〜のときに，〜にもかかわらず，〜ならば」と文脈によって意味が変わり，動詞のing形のカタマリの最後にカンマ(,)があるのが特徴でした。

ではクイズです。以下の英文中にある「動詞 ＋ ing」は先ほどの①〜④のどれにあたるでしょう？

☞ P.123

---

1. Look at the woman <u>watering</u> a potted plant.
   鉢植えに水をやっている女性を見なさい。

2. <u>Having</u> the flu, I wasn't able to attend the urgent meeting.
   インフルエンザだったので緊急会議に出席できませんでした。

3. My part-time job was <u>mowing</u> the grass.
   私のバイトは芝を刈ることでした。

4. Some people are <u>watching</u> a demonstration.
   人々は実演を見ています。

正解は，1が③分詞で，直前にある名詞womanを説明しています。2はカンマがあるので④分詞構文。3は紛らわしいですが，②動名詞がSVCのCつまり補語になったものです。Cになれるのは形容詞か名詞でしたね。

なので動名詞も名詞と考えられるのでOKなわけです。これを進行形としてしまうと「私のバイトが芝生を刈っていた」となり意味がおかしくなってしまいます。4は，今，まさに目の前で起こっていることをwatchしているので①進行形です。この4つをきちんと形や文意から区別できるようにしましょう。

進行形

動作や状態の始まりと終わりが意識され，その途中にあることを示しています。そのため，その時していることにフォーカスがあたり，普段どうしているかについては関心がありません。また，進行形には動きや変化が感じ取れるのも特徴です。

本文に戻ります。カンマの後の文は長いですが，骨格はthe contract is under consideration.「契約は検討中になっている」というSVCの極めて単純な構造です。あくまでもto build Westlaw City Council's new swimming poolという不定詞が主語のthe contractを説明しているだけです。to不定詞 は文中では3つの働きがありました。例文12（☞P.91）でも触れましたが，すぐにどんなものだったか言えますか？　**名詞の働きをする名詞的用法**，**形容詞の働きをする形容詞的用法**，そして**副詞の働きをする副詞的用法**でした。ここは？　そう，直前の名詞contract「契約」を説明しているので形容詞的用法ですね。もう一度言います。不定詞が苦手な人は，文中でこの3つの品詞（名詞・形容詞・副詞）の役割があるということが意識できない，あるいは意識しない人です。to不定詞を文中で見つけたら，品詞として見るよう心がけましょう。

to不定詞

toが元々方向を示す前置詞toからきているので，to以下の動詞を含む動作や状態のことを指し示しているわけです。そして３つある用法は便宜上そう呼んでいるだけで，感覚としてはその前にある情報に，さらに補足で説明を詳しく追加している感じです。

　最後のunder consideration は，「前置詞 ＋ 名詞」の熟語です。他にTOEICでよくみられる類例を挙げておきます。

in bulk　大量に

in advance　前もって

in stock　在庫がある

on leave　休暇中で

on time　時間通りに

by dispatch　速達で

by chance　偶然に

under warranty　保証期間中で

under consideration

本来はC（補語）になれるのは，形容詞か名詞。ここでは「前置詞＋名詞」になっています。これを5文型以外の前置詞句として扱う考え方（第6～第8文型）もありますが，ここでは従来の5文型の考え方を採用し，C（補語）としています。この文では，under considerationでひとつの形容詞句として扱っています。

2 単語をカタマリで見よう！

After receiving four bids, **the contract** to build Westlaw City Council's new swimming pool **is under consideration**.

3 区切りながらキャッチ！

　スラッシュのカタマリを意識しつつ，bids, poolまでが1つの大きな区切りなので，そこで気持ちワンテンポ置いて発音してみましょう。

After receiving four bids, /	4件の入札を受けた後/
the contract to build Westlaw City Council's new swimming pool /	Westlaw市議会の新スイミングプール建設のための契約は/
is under consideration. /	検討中である/

4 訳と語句の確認！

> **After receiving four bids, the contract to build Westlaw City Council's new swimming pool is under consideration.**

- □ bid 名 入札；努力，試み
- □ contract 名 契約
- □ under consideration 検討中，考え中

4件の入札を受けた後，Westlaw市議会の新スイミングプール建設のための契約は検討中になっている。

Employees are asked not to recharge their company-issued mobile devices overnight due to the risk of fire.

1 レクチャー

　出だしのEmployees are asked to ~は例文9(☞ P.74)でもやった「**be + 過去分詞 + to不定詞**」の形ですね。ただしnotの位置に注目です。askedではなく，後ろの**to不定詞を否定**しています。「従業員は〜しないように頼まれて／求められている」ということです。このようにnotは直後の語句を否定する位置にも置かれます。こういうところも適当に流すのではなく，きっちり意識してください。でないと文の意味が変わってしまいます。この型をよくとる動詞にtell, adviseなどがあります。

> Mr. Yamada told me <u>not</u> to get out of the North Exit.
> 山田さんは私に北口から出ないように言った。

> Sam advised me <u>not</u> to go to the job interview without a tie.
> サムは私にノーネクタイで就職面接に行かないようアドバイスしてくれた。

---

notの位置

不定詞の否定だけでなくTOEICでは動名詞の否定もあります。

I regret not getting the receipts when I was on a business trip.
出張の際，レシートをもらわなかったことを後悔している。

ちょっと余談ですが，notの位置についてもう少しお話ししましょう。TOEIC英文とも関係があるので。次の2つの文を見てください。

　　① Not all the people are for my proposal.
　　② All the people are not for my proposal.

　①は「すべての人が私の提案に賛成というわけではない」という意味で，部分否定になります。これはNot allのように「not + すべて (all, every)」の形で「全部とはいえない」つまり「そうじゃない人もいる」ということを意味します。他に「not + 副詞 (alwaysいつも，necessarily必ずしも)」なども同じ仲間です。一方，②はnotが後ろのfor my proposalだけを否定するので，「すべての人が私の提案に賛成ではない」だと思うかもしれませんが，実はこれも「すべて」を意味するallがあるので，①と同じ意味になるんです。ただし，notは後ろにくるものを否定するという大原則があるので，適切な文だとは言えません。英語圏の作文の授業では赤で直されるタイプの文だと言えるでしょう。

　余談ついでに，次の文の違いはわかりますか？

　　① I think he can't meet the deadline.
　　② I don't think he can meet the deadline.

どちらも「彼が締め切りに間に合わせることができるとは思いません」ということです。では，どちらを使いますか？　普通は②を使います。①は，直接meet the deadlineを否定しているので，「彼ができない」ということを断定している強い感じがします。②は，notからmeet the deadlineまで距離がある分，控え目に響きます。否定語のnotを使うときはその位置に注意ですね。

さて，例題の英文に戻りましょう。recharge「〜を充電しなおす」は他動詞で，後ろに目的語にあたる名詞句their company-issued mobile devicesを伴っている形です。ここの単語間のつながりがわかりますか？ company-issued「会社で出された」が形容詞として名詞句のmobile devices「携帯機器」を説明している形です。左から1語1語見るのではなく，意味のカタマリでどの部分がどこにかかっているのかを見極めながら処理してください。

そして，overnightという単語です。ここでの品詞は何だと思いますか？ 実はこれ**副詞**で動詞rechargeを説明しています。「夜通し充電する」ということなんです。stay overnightと言えば？ そう「夜通し滞在する」→「一泊する」，keep overnightなら「（食物などが）一晩持つ」という意味になります。類似の例でabroad「海外へ」という単語があります。これも副詞なので「海外へ行く」ならgo to abroadは英語的におかしい。前置詞の後ろは名詞（句）ですから。正解はgo abroadです。例文21（☞ P.136）でやりました。「留学する」ならstudy abroad。

文中での各単語の品詞としての役割は意味理解に重要なので，最初のうちは常に単語の意味だけでなく品詞にも気を遣ってください。そのうちだんだん慣れてきて意識しなくてもわかるようになりますから。

最後にdue to。これは文中では**前置詞**として機能します。例文13（☞ P.96）でもやりました。なので**後ろには名詞（句）が来ます**。ここではthe risk of fireという名詞句ですね。

ちなみにTOEIC頻出の類似の前置詞である，because of，owing to，on account ofはいずれも「〜のために」という理由の意味を表し，due toと同じです。また「〜にもかかわらず」ならdespite，in spite of，regardless of，これらもいずれも同じ意味で使われます。とにかく

2語，3語のものもありますが，いずれも文中では前置詞の役割を果たす んだと認識できることが大切です。

2 単語をカタマリで見よう！

Employees are asked not to recharge their **company-issued mobile devices** overnight due to the risk of fire.

3 区切りながらキャッチ！

　まずはゆっくり区切りごとに音読してみましょう。特に2つ目のnot～ overnightは語数が多いですが，途中の息継ぎなしで一気に発音できるま で繰り返しましょう。声に出さずに黙読している時も，頭の中では音読し ていると言われています。声に出して一回で処理できる量が多いほど黙読 時にもそれが反映されると考えられます。

Employees are asked /	従業員は求められている /
not to recharge their company-issued mobile devices overnight /	会社が支給した携帯機器を夜通しでは充電しないように /
due to the risk of fire. /	火事の恐れがあるため /

4 訳と語句の確認！

Employees are asked not to recharge their company-issued mobile devices overnight due to the risk of fire.

☐ employee **名** 従業員

☐ recharge **動** …を充電しなおす

☐ company-issued **形** 会社から出された

☐ mobile devices 携帯機器

☐ overnight 一晩じゅう

☐ due to …の理由で

☐ risk **名** 危険性，リスク

火事の恐れがあるため，会社が支給した携帯機器を夜通しでは充電しないように従業員は求められている。

Ryder Gym is extending its opening hours in an attempt to satisfy its growing number of members.

....

1 レクチャー

この英文の骨格はRyder Gym is extending its opening hoursの「S＋V＋O」です。それにMである「in an attempt to不定詞」がついているという構造です。見抜けましたか？

ところで動詞のextendに注目です。この単語「～を拡大する，延ばす，（招待状などを）出す，述べる」などの意味があってTOEICでは頻繁に目にするため，ぜひこの4つの意味を押さえておきましょう。

extend my business
事業を拡大する

extend my stay for two more days
宿泊をもう2日間延ばす

extend an invitation to my client
顧客に招待状を出す

extend my appreciation to Mr. McDonald
マクドナルド氏に感謝の言葉を述べる

例文21（☞ P.136）で出てきた動詞expand「～を拡大する，拡張する」と意味がよく似ています。**どう違うのでしょうか？**　一言で言えば，感覚的にはextendは「横に伸びていく感じ」でexpandは「四方に広く広がっていく感じ」と言えます。伸びていく方向が違っています。このように意味が似ていてつづりが紛らわしい単語のペアは，たとえば，他に次のようなものがあります。

•continual vs continuous 　「連続的な」
前者は，長期間続いていて，時に途切れることもありますが，後者は途切れることなく続いている。

•institute vs institution 　「機関」
前者は研究機関で，後者は協会，団体を主に指す。

これらはTOEICでも狙われますので，きちんと区別できるようにしておきましょう。

extendの目的語になっているits opening hoursのopening ですが，これは「開くこと，開けること」という名詞で「**名詞 ＋ 名詞**」の形です。例文18（☞ P.123）で出てきたfloodingも名詞でしたね。覚えてますか？

そしてもう一つ，この文にはTOEICでよくお目にかかる動詞があります。そうsatisfy「～を満足させる」です。大事なのはこの単語を知っているだけで満足していてはダメだということです。必ず派生語も押さえておくことです。名詞形ならsatisfaction「満足」，形容詞形ならsatisfactory「満足のいく」，副詞形ならsatisfactorily「満足して，十分に」といった具合です。語尾に注目しましょう。一気に語彙数が増えるだけでなく，他の単語にもけっこう当てはめて使えるからです。（☞ P.11　講義1「1 単語のはたらき」）

語尾が-fyで終わるTOEIC頻出動詞の仲間
specify「〜を特定する」, notify「〜に通知する」,
clarify「〜を明確にする」, verify「〜を本当だと証明する」,
modify「〜を修正する」, qualify「〜に資格を与える」,
diversify「〜を多様化する」など

　ここまでやるかどうかが, スコアとも関係してきます。語彙の広さ・深さもTOEICスコアと高い相関があるので, こうやって語彙数を増やしておくことです。長年にわたる指導経験から, スコアが低い人はこのあたりのツメが甘いことが多いです。逆に, 高スコアの人はこういうことをめんどくさがらずにやっている人が多いのも事実です。**もうひと手間かけられるかどうか**, このあたりが語彙を効率的に増やせるかどうか勝負の分かれ目になりそうです。

　ところで, 動詞について一言。前にも触れましたが, 日本人英語学習者が英文を目の前にして, 文の意味を読み解く際に手がかりとなるのは文型に基づいた語順になります。単語の意味がわかることも大事ですが, 文意を正しく解釈するには文型に基づいた語順ははずせません。英語の文型は動詞によって決まりますから, 言い換えれば, 基本文型の学習というのは**動詞の用法の学習**とも言えます。そのため文中のどれが動詞か判別できて, 用法に関してその持ち味や癖を知っていることがかなり重要になってきます。動詞の性質に関心を持つ。このことを念頭に置いて英文に接してください。

動詞の用法

たとえば，TOEICによく出るaskは「to不定詞」と「that節」の両方取ることができます。

Mr. Smith **asked** Tom **to go** home.
Mr. Smith **asked** Tom **that he (should) go** home.

この2つ，ニュアンスが違います。上は，トムに直接要求した感じで，下は間接的に人を介して要求した感じになります。それぞれの主節の動詞askと補部の動詞goの距離を見てください。間に入っている単語が多いほど，直接的な感じが和らぎます。

またTOEIC頻出のsuggest（提案する）ですがこの単語，以下のようには使えません。

I suggest her to go home early. (✖)

というのも「to不定詞」には，直接求める強制感があるため，「相手に…してはどうかと考えやプランを持ち出す」という意味の，押し付け感のないsuggestとは相性が悪いからなんです。そのためthat節あるいは動名詞と仲がいいわけです。

　最後のits growing numberのgrowing はどうでしょう？　先ほど出てきたopeningと似ていますね。代名詞itの所有格であるitsの後ろには名詞（句）がくる。ここまでは同じです。ただここは「**形容詞 ＋ 名詞**」という形なんです。このgrowing「増えている，成長している」は形容詞です。なので分詞と考えてもいいです。では，openingとの違いは何でしょう？　growingには，イキイキとした動きや躍動感が感じられ，まだgrowという動詞のそのものの感じが残っています。一方，openingのほうは，動きが弱まって抽象度が上がり「開くこと」と動詞の味が抜け，ほとんど「開いている状態」という感覚です。そのため名詞の性格を帯びていると言えます。

というわけで，名詞句を形成している「動詞ing ＋ 名詞」を見つけたら，「名詞 ＋ 名詞」なのか「形容詞 ＋ 名詞」なのかそれほど神経質になる必要はありませんが，ちょっぴり気にしてみてください。より英文を身近に感じることができるはずです。

2 単語をカタマリで見よう！

Ryder Gym is extending its **opening hours** in an attempt to satisfy its growing number of members.

　in an attempt toのtoは「to不定詞」となり，似た使い方にin an effort to「～しようと努力して」があります。この両者に共通しているのは，その前の名詞attempt「試み，企て」，effort「努力」が，これから先の未来を暗示させる単語であることなので未来志向の「to不定詞」と相性がいいと考えられます。

3 区切りながらキャッチ！

　まずはゆっくり区切りごとに音読して，慣れてきたらhoursまで一息で，少し間をおいて残りも最後まで一息で一気に発音してみましょう。

Ryder Gym /	Ryder ジムは /
is extending its opening hours /	営業時間を延長している /
in an attempt to satisfy its growing number of members. /	増え続けている会員の需要を満足させようと /

4 訳と語句の確認！

> **Ryder Gym is extending its opening hours in an attempt to satisfy its growing number of members.**

☐ extend 動 …を延長する

☐ opening hours 開店時間

☐ in an attempt to *do* …しようとして

☐ satisfy 動 …を満足させる

Ryderジムは増え続けている会員の需要を満足させようとして営業時間を延長している。

Forms to request refunds of travel expenses can be obtained from the accounts section on the third floor.

1 レクチャー

　主語のForms to request refunds of travel expenses がどのように成り立っているか，その考え方については，すでに例文12 (☞ P.91)，22 (☞ P.140) でも触れました。忘れてしまった人はもう一度読み返しましょう。こうすることで記憶の深いところに定着していきますから。これは直前の名詞forms「用紙」を説明する「to不定詞」の**形容詞的用法**ですね。ところで，このように**名詞を説明する形容詞として使われる**ものには他にどんなものがあったか覚えていますか？　ここで再度確認です。

① 前置詞＋名詞（句）

Your **order from our online store** has just been received.
私どものオンラインストアでのお客様のご注文を受領いたしました。

The **forms for child-care leave** must be handed in by the end of June.
育児休暇の申請用紙は6月末までに提出しなければなりません。

② 現在分詞

〈名詞の前から説明〉

She put a **burning** candle on the table.

彼女は<u>火がついている</u>ろうそくをテーブルの上に置いた。

〈名詞の後ろから説明〉

The **woman** <u>locking up</u> the office is my new secretary.

オフィスを<u>施錠している</u>女性は私の新しい秘書です。

③ 過去分詞

〈名詞の前から説明〉

He repaired the **broken** window of a barn.

彼は納屋の<u>壊れた</u>窓を修理した。

〈名詞の後ろから説明〉

Discount rates <u>listed</u> in this brochure do not include tax.

このパンフレットに<u>掲載されている</u>割引価格には税金は含まれません。

　ちなみに名詞formには他に「作法，好調」という意味もあってbe in formの形で，He's in good form. と言えば，文脈によって「彼は行儀作法がいい」「彼は好調である」という意味になります。TOEICリーディングの**語彙問題**ではこういう**第二義的，三義的な意味が問われる**ことがよくあります。こんな単語にこんな意味があったなんて，というのを狙ってくるんです。そこでここでいくつかご紹介します。**今後出題される可能性大**ですよ。

こんな意味知ってた？　TOEIC要注意語

　厳密には同義語でなくても，文脈に合わせた言い換えはTOEICによく出ます。

【名詞】

I'd like to check the **status** of my application.

× 地位 →「状況 = condition」

申し込み状況を確認させていただきたいと思います。

A **party** of tourists will visit Kamakura next week.

× パーティー →「集団 = group」

旅行団は来週鎌倉を訪問するでしょう。

Mr. Yamada has a great **chance** of getting promoted.

× 機会 →「可能性 = possibility」

Yamadaさんには昇進の可能性がかなりある。

The **idea** is to cut down on expenses.

× 考え →「狙い，目的 = purpose」

目的はコスト削減です。

Ms. Kim handled the problem in her own **fashion**.

× ファッション →「やり方，方法 = way」

Kimさんは自分のやり方で問題を処理した。

I attended a family **function** last week.

× 機能 →「会合，集まり = gathering」

先週親戚の集まりに行った。

Product **literature** is now available.

× 文学 → 「パンフレット = brochure」

商品カタログが現在入手できます。

I have some **reservations** about the investment opportunity.

× 予約 → 「疑念, 疑義 = doubt」

その投資のチャンスに多少の疑念を抱いている。

【動詞】

Why don't we **throw** a party tonight?

× 〜を投げる → 「〜を開催する = hold」

今夜パーティーを開きませんか。

Can you tell me who I will **report to**?

× 報告する → 「指示を仰ぐ = reach 連絡する」

私はだれの指示を仰げばいいのか教えてくれませんか。

The magician's tricks always **engage** the interest of audience.

× 従事する → 「(興味など) を引く = attract」

その手品師の仕掛けはいつも観客の興味を引いている。

The health center is asked to **check** the spread of the disease.

× =〜をチェックする → 「〜を阻止する = stop」

医療センターは病気のまん延を食い止めるよう求められている。

I was asked to **produce** my driver's license.

× 〜を生産する → 「〜を見せる = show」

運転免許証の呈示を求められた。

I have to **allow** that I was wrong about you.

× 〜を許す →「〜を認める = admit」

正直に言うと，あなたのことを誤解していた。

We should **employ** our time more effectively.

× 〜を雇う →「〜を使う = use」

時間はもっと有効に使うべきだ。

Our sales team will **pitch** the new vacuum cleaner on TV.

× 〜を投げる →「〜を宣伝する = advertise」

営業部は掃除機の新製品をテレビで宣伝する予定だ。

　さて，本文に戻りましょう。助動詞 can の後ろがなぜ be obtained「手に入れられる」と受け身形になるのか。主語をよく見てください。forms「用紙」は，「する」側か「される」側かで考えると，人間じゃないので「手に入れる」側ではなく「手に入れられる」側ですね。よって「be ＋ 過去分詞」の受け身となります。このあたりの感覚も身につけるようにしましょう。

2 単語をカタマリで見よう！

Forms to request refunds of travel expenses **can be obtained** from the accounts section on the third floor.

3 区切りながらキャッチ！

　出だしの Forms 〜 expenses まで一息で一気に発音してみましょう。

慣れてきたら，obtainedまでで一呼吸置いて，残りを区切らず一息で発音してみましょう。

Forms to request refunds of travel expenses /	旅費払い戻しの請求のための用紙は /
can be obtained /	入手できる /
from the accounts section /	会計課から /
on the third floor. /	3 階の /

4 訳と語句の確認！

Forms to request refunds of travel expenses can be obtained from the accounts section on the third floor.

☐ form **名** 用紙

☐ request **動** …を要求する

☐ refund **名** 返金

☐ travel expenses 旅行代金

☐ obtain **動** …を得る

☐ accounts section 会計課

旅費払い戻しの請求のための用紙は，3 階の会計課からもらえる。

Nallister College is proud that over 90% of its business school students find employment within six months of graduating.

....

1 レクチャー

　そろそろ英文を見て構造がある程度きちんと，とれるようになってきたのではないでしょうか。最後は接触した量がものを言いますので日々英文を身近に置いて目にするよう努めてください。違和感なく，「すっと」英文の意味がとれたとき，量が質に変わったと言えます。それを目指してあきらめず頑張りましょう。

　さてこの英文の骨格はNallister College is proud that ... で，「S＋V＋C＋that節」という，形容詞（C）の後ろにthat節がくる構造になっています。この形容詞proud「誇りとする」のように後ろにthat節がくるTOEIC常連の形容詞に次のようなものがあります。

① concerned 「心配な」

Ken was **concerned that** he might miss his flight.
Kenは飛行機に乗り遅れはしないかと心配だった。

② aware 「気づいて」

I was **aware that** the meeting had already begun.
会議がすでに始まっていたことに気づいていた。

③ certain 「確信して」

I am **certain that** I can contribute to the project.
そのプロジェクトに貢献できると確信しています。

　こういったthat節と相性のいい形容詞もぜひ知っておいてください。

　さて，that節の中は，S (over 90% of its business school students) + V (find) + O (employment) + M (修飾語) という形です。ところで前置詞 over は，なぜ over 90% で「90%以上」になるのか。over には，「円弧のように上を覆う」というイメージがあり，そこから「ある基準を超えて」つまり「90%を超えて」となります。over the weekend も週末を覆っている感じで，「週末の期間にわたって」→「週末の間中」ということです。例文 21（☞ P.136）でもやりました。

　次に find の目的語になっている名詞 employment に注目です。冠詞の an がなく複数形にもなっていないので，これは数えられない名詞。**英語は名詞が数えられるか数えられないかにとてもうるさい言語です。**数えられない名詞は，形や区切り，仕切りのない抽象的なものとして捉えているので，日本語の「雇用」に近い感覚です。ちなみに job は a job や jobs のように，数えられます。これは一つひとつの業務や，職を意味し，英語では形や区切りのあるものと認識しています。一方，work は数えられません。働くという作業や労働(activity)のほうに意識が向いているからです。このように，名詞を見たとき，数えられるか数えられないか，といった視点も持つようにしましょう。会話でペットの話をしていて，I like dogs.「犬派です」と言うつもりが，I like dog.「犬肉が好きです」なんてことになっちゃいますから。これを機に名詞の数にも敏感になってください。

数えられるか数えられないか

たとえばeconomyという単語。「経済」だということは誰でも知っています。ただこのときこれが数えられない名詞で使われているということまではなかなか意識していないでしょう。これがan economyとなると？実は，「経済組織としての国」という意味になるんです。democracy「民主主義」も同様に，a democracyと数えられるものと捉えると「民主主義国家」になります。

　最後に，文末のof graduatingのgraduatingを文法的にどう説明しますか？　graduate「卒業する」という動詞があります。例文22（☞ P.140）でもやった，前置詞の後ろに動詞を持って来たいときは動名詞にするというルールがありましたね。覚えていますか。そのためgraduatingになっていると考えられます。動名詞は，主語，補語，目的語になるほか，このように前置詞の後にも置かれます。今一度思い出してください。

2 単語をカタマリで見よう！

Nallister College is proud that over 90% of its business school students **find employment** within six months of graduating.

3 区切りながらキャッチ！

　まずはゆっくり区切りごとに音読して，慣れてきたら proud, employmentの2か所で一呼吸置いて，スラスラ発音できるようにしましょう。

Nallister College is proud /	Nallister 大学は誇りにしている /
that over 90% of its business school students /	ビジネススクールの学生の 90％以上が /
find employment /	仕事を見つける /
within six months of graduating. /	卒業後半年以内に /

4 訳と語句の確認！

Nallister College is proud that over 90% of its business school students find employment within six months of graduating.

☐ proud **動** 誇りに思う
☐ business school ビジネススクール
☐ employment **名** 雇用　**動** employ …を雇用する
☐ graduate **動** 卒業する

Nallister大学は付属のビジネススクールの学生の90％以上が卒業後半年以内に仕事を見つけることを誇りにしている。

Online stock brokerages are soon due to overtake traditional brokerages in the number of transactions they process per day.

1 レクチャー

　主語と動詞はすぐ見つけられますね。主語(S) = Online stock brokeragesで，動詞(V)がareです。その後は？　実はdueは「〜することになっている，予定である」という意味の形容詞。そして後ろにto不定詞が続く形で，英文の骨格は「S + V + C + to不定詞」です。to不定詞は未来志向なので，まさにこれからのことを表すdueと相性はぴったりですね。この場合の「be due to不定詞」は，「be expected to不定詞」に置き換えることができます。なお，前置詞句のdue to「〜が原因で，〜のために」と見た目はよく似ていますが，構造が全く違うので混同しないようにしましょう。

　動詞overtakeは，「〜に追いつく，上回る」の意。例文21(☞ P.136)，26(☞ P.162)にも出てきたoverには，「円弧のように上を覆う」というイメージから，「越える」というニュアンスがあります。そこからovertakeで「越えて取る」→「〜を上回る」という意味です。TOEIC常連語のovercomeなら「乗り越えてやって来る」→「〜を克服する」，overlookなら「対象物の上を通過して見る」→「〜を見渡す，見おろす，見過ごす」，overseeは「(物事がうまく進むよう)上から全体を眺めて見る」→「〜を監督する」となります。このように関連付けると記憶しやすくなりますね。その後にくる前置詞句in the number ofは，「〜の数において」の意。

　最後の，transactions they processは，関係代名詞のthatが省略されている形だとすぐにわかりましたか。例文4（☞ P.55）でも出てきましたが，関係代名詞というのは，その前にある名詞を限定したり，説明を付け足すときに使われ，その名詞（ここではtransactions）が人以外のものの場合はwhichかthat（後ろに動詞，または主語 + 動詞がくるとき）が使われます。そして省略されることが往々にしてあるため，ここも本来はtransactions (which / that) they processとなります。

　さて，TOEICの文法問題では，単に問題が解けるかだけではなく，きちんとした英文が書けるかどうかを測る面も持ち合わせていると以前お話ししました。つまり，語彙や文法，文構造を英語のルールに則り組み立てられる力があるかどうかも試されているのです。ここで，ちょっとその力を測ってみましょうか。次の【　　】内の語句を並べ替えて意味の通る文にしてみてください。4問中2問以上できれば合格です。

---

① 【miss, flight, I hope, your, don't, connecting, you】

→ _____

② 【the market, to launch, based on, a new product, was】

→ The decision _____
research.

③ 【more enjoyable, it, our staff, a guest feedback form, leave, your stay, make】

→ To help _____, please fill out

_____ and _____

at the front desk.

④ 【issued, forces, those who, a cancellation of the concert, tickets, weather, have purchased】

　　→ If bad _____, full refunds will

　　　be _____ to _____.

（正解　☞ P.170）

　いかがですか？　いずれもTOEICのリーディングパートで目にするような英文ばかりです。また，本講座で学習してきたポイントも含まれています。①は分詞，②はto不定詞の形容詞的用法，③はto不定詞の副詞的用法，動詞help，makeの語法（help＋O＋原形，make＋O＋C），そして④は接続詞if（If＋S＋V[現在時制]，S＋will＋V……）の用法です。出来がよくなくてもがっかりせず，再度1から読み直してください。繰り返すことで，理解が定着してきますから。Never give up!

2 単語をカタマリで見よう！

Online stock brokerages are soon **due** to overtake traditional brokerages in the number of transactions they process per day.

3 区切りながらキャッチ！

　音読の際は，まずは小さい区切りごとに意味を意識しながら，そして慣れてきたらOnlineからtransactionsまでを1つの大きな区切りと考えて発音してみましょう。

Online stock brokerages /	オンライン証券会社は /
are soon due to overtake traditional brokerages /	すぐに伝統的な証券会社を上回るだろう /
in the number of transactions /	取引数で /
they process per day. /	彼らが1日に扱う /

4 訳と語句の確認！

> **Online stock brokerages are soon due to overtake traditional brokerages in the number of transactions they process per day.**

- ☐ stock 名 株式
- ☐ brokerage 名 仲介業
- ☐ soon 副 すぐに
- ☐ be due to *do* …することになっている，…する予定である
- ☐ overtake 動 …を追い越す・上回る
- ☐ transaction 名 処理，取引
- ☐ process 動 …を処理する

オンライン証券会社は1日に扱う取引数ですぐに伝統的な証券会社を上回る見込みだ。

① I hope you don't miss your connecting flight.
（乗り継ぎ便に乗り遅れないといいんですが）

② The decision to launch a new product was based on the market research.
（新製品を出すという決定は市場リサーチに基づくものでした）

③ To help our staff make your stay more enjoyable, please fill out a guest feedback form and leave it at the front desk.
（私どものスタッフが，お客様の滞在をより楽しいものにできるように，お客様フィードバック用紙にご記入いただき，フロントデスクに置いていただけますと幸いです）

④ If bad weather forces a cancellation of the concert, full refunds will be issued to those who have purchased tickets.
（もし悪天候によりコンサートのキャンセルが発生した場合，チケット購入者に全額返金いたします）

Due to customer feedback on our smartphones, the power cable for model 27-P has been lengthened.

1 レクチャー

　この英文の骨格は，「M＋S＋V」のいたってシンプルな形となります。出だしのDue to。これは例文13(☞ P.96)，23(☞ P.145) でもやりました。覚えていますか？　そう，文中では**前置詞**として機能するのでしたね。ですから，Due to customer feedback on our smartphones,は前置詞句ということになります。そして前置詞の後ろには**名詞／名詞句がくる**というのも今一度確認しておきましょう。ここは詳しく言えば，「前置詞 (Due to) ＋ 名詞句 (customer feedback) ＋ 前置詞 (on) ＋ 名詞句 (our smartphones) とさらに細かく分解できます。が，英文理解のうえでは文中ではおおまかに前置詞句としておけばいいでしょう。

　そしてその後ですが，最初の例文2(☞ P.46) でも触れた「**名詞 ＋ 前置詞 ＋ 名詞**」が主語 (S) になったものです。それを受ける動詞 (V) が，lengthen「〜を長くする，延ばす」ですが，ここでは現在完了形のhas lengthenedになり，さらに主語が人間ではなく，the power cable，つまりモノで「される側」なので，受け身の形has been lengthened「延ばされてしまった」になったものです。

　TOEIC英文でもよくお目にかかる受け身，またの名を受動態。英語ではなぜ受動態を使うのか。きっと疑問に思う人もいるでしょう。それなりの理由があるんです。

簡単に言うと次の3つです。

① 誰がやったかわからない
② 誰がやったかを言いたくない
③ 誰がやったかをわざわざ言う必要がない

「誰」というのは行為者のことです。ここはour smartphonesとあるので，あきらかに文の主語は，この会社と関係があるメーカーなり技術開発者だと推察できますが，それを主語に立ててわざわざ言う必要はありません。むしろ，the power cable for model 27-Pを主語に立てることで，強調したいものを目立たせることができます。受動態にはこういう機能もあります。この文では顧客のフィードバックをもとに，「電気ケーブル」を延長したということを言いたいわけですから，そこを際立たせるのに受動態が選択された，という理由もまた背景にあります。

いかがですか？　なお，この誰がやった，あるいは言ったのかを示さないことで，主観性が弱まり，「みんながそう言っている，思っている」という客観性が出るため，受動態は研究論文や，新聞，広告，ジャーナルなどの公共性の高い文章にも好まれます。そういうわけで，TOEICの長文にもよく使われるんです。

ここで受動態（受け身）について，TOEICとの関連でいくつか指摘しておきたいことがあります。まずは，be known to ~「～に知られている」です。例えば次のような文。

Mr. Yamada is known to everyone in his company.
山田さんは会社の全員に知られています。

このknownは，動詞knowの過去分詞形というより，それが形容詞になった分詞形容詞です。例文19（☞ P.128）でもやりました。これに方向を表す前置詞toがついて,「～に知られている状態である」という意味になります。

　次に，Part 1の写真問題でもよく出てくる，「進行形と受動態」の組み合わせです。次の2文の違いを説明できますか？

　　① Our sales promotion strategy is discussed now.
　　② Our sales promotion strategy is being discussed now.

　どちらも「私たちの販売促進戦略が現在検討されている」ということですが，①だとis discussedと現在時制が使われているので，習慣（ある程度の期間にわたってくりかえすこと）を表すことになり「習慣的に検討されている」という意味になります。一方，②であれば，進行形なので，現在進行中でその途中にいるという感じが出せます。どちらかというと①は，過去・現在・未来に渡って安定的に続いている印象を受け，②だと今，現在ああだこうだと話し合いが進められている映像が浮かんできます。

　最後に，近年コーパスを使ったある研究調査によると，動詞には能動態より受動態で使われることを好むものがあり，TOEICとのからみで言うと，以下のような語がそれにあたります。

associate → 　be associated with ～（～と関係・関連がある）
concern → 　　be concerned about ～（～を心配している），
　　　　　　　　be concerned with ～（～に関心がある）
engage → 　　be engaged in ～（～に携わっている）
involve → 　　be involved in ～（～に関わっている）
　　　　　（※be involved with ～も同じ意味ですが，主として後ろに人をと

り，恋愛関係などの文脈で使われることが多いです）

　これらの動詞は，他の動詞に比べて受動態との結びつきが強いことが判明しました※。いずれもTOEIC頻出単語なので，今度見かけたら注意してみてください。

2　単語をカタマリで見よう！

Due to customer feedback on our smartphones, **the power cable** for model 27-P **has been lengthened**.

3　区切りながらキャッチ！

　いつものようにまずは小さい区切りごとに意味を意識しながら，そして慣れてきたらDue toからsmartphonesまでを1つの大きな区切りと考えて，そこで一呼吸置いて全体を発音してみましょう。

Due to customer feedback /	顧客からのフィードバックにより /
on our smartphones, /	当社のスマートフォンについて /
the power cable for model 27-P /	27-P モデル用の電気ケーブルは /
has been lengthened. /	さらに長くなった /

※Gries, Stefan Th. And Anatol Stefanowitsch. (2004) Extending Collostructional Analysis: A Corpus-based Prospective on 'Alternations, *International Journal of Corpus Linguistics* 9 (1): pp. 97-129.

4 訳と語句の確認！

> **Due to customer feedback on our smartphones, the power cable for model 27-P has been lengthened.**

□ due to …の理由で

□ customer feedback 顧客フィードバック

□ power cable 電気ケーブル

□ lengthen **動** …を長くする・延ばす

当社のスマートフォンについての顧客からのフィードバックにより，27-Pモデル用の電気ケーブルはさらに長くなった。

Part 5 英文を読み解けるようになるための講座

Users of the Power-100 weight training machine should lift two 1 kilogram weights at first and gradually increase the number.

1 レクチャー

例文17(☞ P.115)にも似たような構造の文がありました。「S + should lift...and...increase....」と助動詞 should の後にandで動詞が2つつながっている形です。主語(S)は，例文2(☞ P.46)，28(☞ P.171)でも触れた「A of B」つまり「**名詞 + 前置詞 + 名詞**」の形をしたもので，前置詞ofの前Usersの方がメインになるのでした。修飾語(M)をはずして，この文全体を見ると「S + V + O + and + V + O」という構造です。

ちなみに助動詞shouldは，「義務(〜するべきだ)」や「提案・助言(〜したほうがいい)」を意味します。ここは文脈から，後者の方だと考えられます。今一つshouldがよくわからない人はぜひ例文17(☞ P.115)を再読してください。記憶があやふやなころにもう一度確認することによって，しっかりとした理解につながっていきますので，よく覚えていないからとがっかりすることはありません。「**繰り返し**」が英語学習においてキーになります。

この文のポイントとして，gradually increaseという「副詞＋動詞」の形が挙げられます。これは例文9(☞ P.74)でも解説したコロケーションとも考えられ一緒によく使われる仲良しコンビです。ここで，TOEICでよく見かける動詞と副詞の仲良しさんをいくつかご紹介します。ひとまとまりで覚えてしまいましょう。

TOEIC頻出 仲良しコロケーション

1. 動詞 ＋ 副詞

operate efficiently　効率よく運営する

speak hesitantly　ためらいながら話す

function properly　適切に機能する

increase significantly　顕著に増える

adjust quickly to a new job　新しい仕事にすばやく適応する

focus exclusively on quality control　品質コントロールだけに集中する

2. 副詞 ＋ 動詞

automatically renew your subscription

　（雑誌などの）購読を自動的に更新する

formally approve the plan　プランを正式に認める

strongly object to the proposal　提案に強く反対する

briefly review the agenda　ざっと議題を見直す

3. be ＋ 副詞 ＋ 動詞（過去分詞）

be fully booked　予約で一杯になって

be conveniently located　便利な場所に位置する

be repeatedly requested　繰り返しリクエストされる

be widely advertised　広く宣伝される

be initially scheduled　当初予定されていた

be temporarily closed　一時的に閉鎖されている

　講義1の「英文理解に必要なこと」でも話しましたが，まとまったカタマリで処理できると，読む負担がぐっと減ってきます。1語1語単語を追って理解する必要がないからです。一度このパターンに慣れると初めて出会うものでも容易に推測できるようになりますから，こういう形で意味のカ

タマリがつくられているんだということをもう一度意識して英文に接してください。

2 単語をカタマリで見よう！

Users of the Power-100 weight training machine **should lift** two **1 kilogram weights** at first **and** gradually **increase the number**.

3 区切りながらキャッチ！

　まずは区切りごとに意味を取りながら発音しましょう。その後，and の前で一呼吸置いて全体をスムーズに発音してみましょう。

Users of the Power-100 weight training machine /	ウエートトレーニングマシン Power-100 の利用者は /
should lift two 1 kilogram weights at first /	最初 1kg のウエート 2 つを持ち上げるのがいい /
and gradually increase the number. /	徐々に（ウエートの）数を増やしていく /

4 訳と語句の確認！

> **Users of the Power-100 weight training machine should lift two 1 kilogram weights at first and gradually increase the number.**

☐ lift 動 …を持ち上げる

☐ at first 最初は

☐ gradually 副 徐々に

ウエートトレーニングマシンPower-100の利用者は，最初1kgのウエート2つを持ち上げて，徐々に（ウエートの）数を増やしていくのがいい。

Part 5 英文を読み解けるようになるための講座

Please note that due to Blast Salon's busy schedule, your preferred stylist may not always be available to cut your hair.

. . . .

1 レクチャー

　いよいよ本レクチャーも最後になりました。だいぶTOEIC英文に慣れてきたことと思います。さて，本文の出だしPlease note that...「～ということにご留意ください」についてですが，これは一般に命令文と呼ばれます。例文12(☞ P.91)にも出てきましたが，英語のルールとして，主語は原則どの文にもあると考えられるので，ここも本来ならPlease (you) note that....ということですが，youはわざわざ目の前の相手に対してはっきり表す必要がないため通常は省略されます。そう考えるとこの文の骨格は you (S) + note (V)+ O (that節)の「S + V + O」でyou (S)が省略された形となります。

　例文24(☞ P.150)でも，基本文型というのは，動詞の用法と深く関わっているというお話をしました。つまり，動詞の持ち味を知っておくことが，英文構造を見極めるうえで大いに役立つというわけです。そこで，TOEIC常連語の動詞noteですが，この語の基本的な意味は「～と気づく」で，ニュアンス的には「気づいて（わかる）」ことを意味します。ここでは，「注意する，心にとどめる」という意味です。実はこの動詞と同じ仲間たち，つまりS + V + O(that節)をとる「わかる系の動詞」というのがあって，これらをひとまとめで記憶することで，一つひとつ単語を暗記する手間を省くことができます。

わかる系動詞

learn「学んで（わかる）」
know「知って（わかる）」
find「発見して（わかる）」
recognize「頭で認識して（わかる）」
notice「気づいて（わかる）」
remember「覚えていて・思い出して（わかる）」など。

例：

I found that she quit her job.
彼女が仕事を辞めたことがわかった。
He recognized that he had lost the game.
試合に負けてしまったことを彼は認めた。

参考：中村捷『発話型英文法の教え方・学び方』（開拓社）

　that節の中身ですが，due to Blast Salon's busy scheduleは，過去何度も出てきた前置詞句ですね。その後は「S + may not + V + C + to不定詞」という形です。主語のpreferred stylistは，日本語の感覚では意味が取りにくいですが，「より好まれた美容師 → 好みの美容師」ということです。例文19（☞ P.128）でもやった過去分詞preferredが形容詞として，後ろの名詞stylistを説明する形です。すぐに見抜けましたか？　講義1「英文理解に必要なこと」の 3「単語と単語のまとまり」の「句」の⑤「分詞が形容詞になったもの＋名詞のカタマリ」（☞ P.29）でも解説していますので，忘れてしまっていたら再度チェックしてみてください。

分詞が形容詞になったもの ＋ 名詞

written permission　書面による許可書
updated manual　最新マニュアル
unexpected outcome　予期せぬ結果
revised report　修正申告
finished product　完成品
designated hotel　指定ホテル
extended hours　延長された時間
enclosed coupon　同封されたクーポン

2 単語をカタマリで見よう！

Please **note that** due to Blast Salon's busy schedule, **your preferred stylist may not** always **be available** to cut your hair.

3 区切りながらキャッチ！

　まずはゆっくり区切りごとに音読して，慣れてきたらthat, available の2箇所で一呼吸置いて，スムーズに発音できるようにしましょう。

Please note that /	どうかご留意ください /
due to Blast Salon's busy schedule, /	Blast 美容院は多忙なため /
your preferred stylist /	あなたのご希望の美容師が /

may not always be available /

to cut your hair. /

必ずしも常に時間の都合がつくとは限らない /

カットのために /

---

4 訳と語句の確認！

Please note that due to Blast Salon's busy schedule, your preferred stylist may not always be available to cut your hair.

☐ note 動 …に気をつける・注意する

☐ due to …のせいで・おかげで，…が原因で

☐ preferred 形 望ましい，好ましい，優先の

　cf. prefer 動 むしろ…のほうを好む，preference 名 好み，優先，好物

Blast美容院は多忙なため，あなたのご希望の美容師が必ずしも常にカットのため，時間の都合がつくとは限らない事にどうかご留意ください。

TOEICスコアと英語力

　よく「英語力そのものが伸びれば，TOEICスコアもそれに伴ってアップするはずだ」という声を耳にします。本当のところはどうなのでしょう。この点について筆者なりの私見を述べてみます。

　長年にわたりTOEICを指導してきて実感していることは，測定誤差（±70点）を越えてスコアをアップさせるには，「英語力」と「TOEIC力」の両方が必要だということです。英語力とは，まさしく中学校，高等学校で身につけるべき，英語の語彙，文法，語法などに関する基礎知識で，4技能のベースになっているものを意味します。一方，TOEIC力とは，TOEICがどんなテストで，どういった問題の傾向や癖があるのか，また効果的に学習するにはどうしたらいいのか，といったいわゆるTOEIC受験のスキルを指します。よく英語力があるのに，TOEICスコアが思ったほど高くない，というケースがみられますが，これなどは，TOEIC力にその原因がある場合が多いのです。その個人が持っている英語力をきちんとTOEICスコアに反映させるためには，TOEIC力アップのトレーニングが必要です。また逆にTOEIC力ばかりに偏っても，基礎があやふやだとスコアがあるところで頭打ちになってしまう傾向があります。要はバランスが大切です。

TOEICと品詞，文型，英文の要素の関係

　以前，筆者が担当するTOEIC対策クラスで，読解問題の英文を日本語に訳してもらっていた時のことです。When S + V ...，S + V ...の構造をした文で，このWhenを「いつ」と訳した学生がいました。そこでwhenの品詞を尋ねてみたところ，「品詞って何ですか？」と聞き返されました。実は近年このような学生が増えています。

　TOEICテスト，とりわけ Part 7の読解問題を攻略するにあたり，前提知識として①品詞の区別，②文型，③文の要素と品詞，の3つは最低限押さえておかなければいけない必須事項です。これらがあやふやなまま，TOEICテストに臨もうとしている人も多いようです。「品詞」とは単語の機能のことです。動詞，名詞，形容詞……いくつ頭に浮かびますか。そして単語を見たとき瞬時にそれがどれにあたるか識別できますか。例えばcompensation。これは「報酬，補償」を表す名詞です。語尾が–tionで終わっています。ではaffordableは？ satisfactoryは？ competitiveは？ いずれも形容詞です。意味は「<値段が>手頃な」「満足のいく」「競争力のある」となります。動詞，名詞，形容詞，副詞の見分け方は語尾がヒントになっていることが多いので，そこを押さえるだけでも効率的に理解できるようになります。ではobjectiveはどうでしょう。これは形容詞と名詞の両方を兼ね備えています。前者が「客観的な」，後者が「目的」という意味です。TOEIC出題語にはこのように品詞によって意味が異なる単語もけっこうあるので侮れま

せん。では，ここで問題です。次の単語の品詞と意味を答えてください。

① address　② issue　③ lift　④ produce　⑤ balance

　正解は，①名詞「住所，演説」，動詞「(問題など)に取り組む」，②名詞「問題，発行」，動詞「(声明など)を出す，発表する」，③名詞「持ち上げること，(車に)乗せること」，動詞「(規則・禁止令など)を解除する」，④名詞「農作物」(アクセント位置に注意)，動詞「〜を生産する」⑤名詞「(口座・支払いの)残高」，動詞「〜のつり合いをとる」となります。ここでは，名詞と動詞で異なった意味を持つ頻出語を挙げてみました。TOEICで高いスコア獲得を目指すなら，これらはすべて押さえておく必要があります。複数の意味を持つ単語の攻略が，高得点への鍵を握っているからです。

　次に「文型についての知識」とは，英文を見たときに，どれがS(主語)で，どれがそれに呼応するV(動詞)なのか。また，どこがC(補語)やO(目的語)，M(修飾語句)に相当するのかを瞬時に判断できるということです。要は，文の構造を正確に見極められるかどうかです。例えば次のような文です。

　The results of the Insurance Business Risk Analysis Review for the first three months of 2012 indicate that the 30 companies surveyed posted only a 2.1 % surplus gain.
　2012年の最初の3カ月間は，Insurance Business Risk

Analysis Reviewの結果によれば，調査した30社はわずか
　　2.1%の黒字だったという。

　これを見た時に，すぐThe results indicate that ~のSVOの形
をした第3文型だと気づくかどうかが大切になってきます。さら
にthat節内のS（companies）とV（posted）もちゃんと見抜けるかも
重要です。特に日本人受験者が困難を覚えるものに，①主語と動
詞がわかりにくい英文，②後置修飾を含む構造が複雑な英文，が
挙げられます。この英文はsurveyedという後置修飾の分詞が入っ
ており，主語と動詞の見極めが難しくなっています。730点を超
えるような人であれば，一度読んだだけで，この構造を迷わずき
ちんと押さえられるはずです。

　そして最後の「文の要素と品詞」は，こういったS，V，C，O，
Mにどんな品詞が使われるのかについての知識です。名詞は文の
主語になったり，目的語として他動詞の後ろにきたりするといっ
た，"何が""どこにくるか"という配置に関しての知識のことです。
副詞はSとVの間や，文の最後，形容詞の前，あるいはto不定詞の
toと動詞の間にも出没します。あちこちに移動できて，文の中で
の座りという点で落ち着きがありません。

　このような英文理解の大前提をしっかり押さえないままTOEIC
テストを受験しようとしている人がけっこういます。TOEICでは
特にPart 5（短文穴埋め問題），Part 6（長文穴埋め問題），そしてPart 7（読
解問題）のリーディングパートでこの知識が問われます。ここが脆
弱なのにいくら問題集をやってみたところで，なかなか点数には

結びついてくれません。また，点数がある一定のところから伸びなくなってくる原因でもあります。

　実を言うと，800点を超すような上級者ほど基本をおろそかにしていません。何度もきちんと復習しています。おそらく一番やっている人達かもしれません。すでにここでお話ししたような，前提知識がちゃんと身についているにもかかわらず，さらに基礎の再確認を怠りません。疑問やあやふやな点があれば，面倒くさがらずにすぐに調べます。これが強固な基礎の土台につながっています。したがって問題を解いて間違えても，解説を読めば納得できますし，それが身になり実力となって定着します。まさに，正の連鎖です。300点から500点あたりでうろうろしている人ほどそんなこといまさら，とここの部分をおろそかにしがちです。そんな簡単なこともうわかっている，今さら面倒くさい，というわけです。でもよくよく聞いてみると，わかったつもりになっているだけということが往々にしてあります。

　自分が当てはまると思ったら，ぜひもう一度初心に帰って，基礎中の基礎である①品詞の区別，②文型，③文の要素と品詞を本書を使って徹底的に見直してください。一見，遠回りのようで実はスコアアップへの最短距離でもあります。思い立ったら今すぐ行動に移しましょう。それが，未来の皆さんのTOEICスコアに直結しているのですから。

講　義

3

Part 6
英文を読み解ける
ようになるための
講座

　講義1＆2では，英文理解について必要なことを学んできました。文法や構造に関して，皆さんはかなり深いレベルまで理解されたと思います。ここで思い出してほしいのは，講義1＆2でも言及された「英文のメリハリ」，いわば文構造の「濃淡」を見抜くことです。「主述（SV）」をじっくり「濃く」読み，「修飾語」をさらっと「淡く」読み流すという，メリハリのある読み方は，速読に欠かせません。まず，以下の文を復習してみましょう。

....

Plesta, Inc.'s new car navigation equipment comes with a range of entertainment features.

● P.42

....

　英文は，左から右に読むのが基本です。そもそも日本語とは語順が違うので，すべての意味を取ろうとしてはダメ。目線の動きに合わせて，「主述（SV）」を見抜きましょう。目線の流れは，「⇒」という感じです。

$$
\text{(car navigation) }\overset{\text{S}}{\text{equipment}}\ \overset{\text{V}}{\text{comes}}
$$

　（（カーナビ）機器には，〜がついている）

⇒

〈目線は　⇒　の流れ！〉

　「主述」を捉え，次にwith以下を見ます。何がついているのか？　with以下は「＋α」，つまり「追加情報」です。カーナビについているのは，with 〜 entertainment features（娯楽機能／特徴）なので，エンタメ機能ですね。「主述」を見て，さらにwithの機能を見ればOKです。

当然のことながら，英文理解は，1文（ワンセンテンス）を理解することがスタートです。ところが，短文は理解できても，長文になると手に負えない，という方々は，珍しいどころか，実は多数派でしょう。短距離なら走れるけど，長距離は無理…という。

　ではなぜ長文になると，読めなくなるのでしょうか？　ここで我々は，長文を理解するのに何が必要かを考えねばなりません。講義3では，「トップダウン」「ボトムアップ」というリーディングの考え方を理解しましょう。これらの考え方は，長文の中の「濃淡」を見抜き，メリハリのある読みの実践には不可欠です。

1 トップダウン・リーディング

　長文を読むとき，皆さんは何を考え，どこを見ていますか？

　巷に溢れる長文読解の本を見ると，「森を見よ！」とか，「大きく読め！」と書いてあります。簡単に言えば，部分にばかり目を向けず，ざっくりと全体を見ていこう，ということで，どの本にも大体同じことが書いてあります。ですが，そういう本が無数にあるのは，森を見て，大きく読むことが，実は相当難しいからに他なりません。そもそも，長文に苦手意識がある場合，何が「森」かわからないことも多いです。英文（1文）をしっかり読むことと，長文をざっと読むことを両立させるのに違和感を抱いてしまうからです。誰だって，簡単に読めるようになりたい，でもそれは一筋縄ではいかないのです。

　「森を見よ！」「大きく読め！」と書いてある本には，決まって2つの考え方が示されています。

《典型的なリーディング本の考え方》
① 段落ごとにラフに意味を取る（パラグラフの最初と最後を読み，中盤は飛ばす等々）。
② For example, But や Though などのつなぎ語（論理マーカー）に注意して，「抽象⇒具体」・「因⇒果」などのロジックを捉える。

なるほど，正論と言えば正論。これらは一般的な英文の考え方・読み方で，誰もが一度は聞いたことがある正攻法です。難しく言えばパラグラフ・リーディングですし，ロジカル・リーディングと言ってもいい。実際，TOEICではなく，TOEFLで出題されるようなアカデミックな文書では有効です。例えば，動物の生態，地震予知の見解，絵画の解釈などなど。こういったタイプの文書では，パラグラフの最初で主張や仮説を述べ，その後で具体例や解釈例などを示すことが多いからです。「抽象⇒具体（例）」だから，「パラグラフの最初を読め！」という一般書の見解は，一応，合ってます。

《アカデミックな文章のパターン》

重要度（高）
（低）

ある動物の生態に関する仮説 ←《抽象》
　　その具体例　　　　　　 ←《具体》

◆「抽象⇒具体」というロジックは，パラグラフ内では変わらないので，最初を読むのがセオリー。要は「逆三角形」のイメージ。下に行けば行くほど，重要度は下がる。

ロジカル・リーディングが必要な文書は，大学の教養科目の教科書や学術論文などのアカデミックな文書が好例です（少しやさしいものだと，一般書やTOEFLも含みます）。未知の事柄が書かれていることが多いので，読者は手探りで読まねばなりません。だからこそ，「抽象⇒具体」のような思考の流れ

が大事なのです。そして，そこでは，ButやHoweverなどの論理マーカーが道しるべであり，主張を示すキーワードです。ですが，TOEICの文書はどうでしょうか？　新製品の広告や社内規定の改変，パーティの案内など，TOEICの文書はアカデミックではなく，ビジネスや日常生活で目にするものです。それらはお決まりのビジネスシーンで出くわすテーマや表現であり，ロジカルに読むアカデミックな文書の対極です。

例えば，Eメールの文書をイメージしてください。

E-mail ・・

To:

From:

Subject: （用件／主題）　←何についてのメールか

Date:

メール【本文】

> **Dear ~**
>
> ① 挨拶と用件　　←「用件」＝メールの主題（全体）
> ② 説明と対応　　←「用件」に対する説明等（部分）
> ③ 追加情報　　　←連絡先や案内などの「追加情報」（部分）
>
> **Sincerely,**
>
> **Name / Company**

・・・

ビジネスメールは，とてもドライです。個人の手紙に見られるプライベートな告白とは無縁です。上記のメールで，Subject(用件／主題)に，Apology(お詫び)やReimbursement(弁償)，Warranty(保証)などのワー

Part 6 英文を読み解けるようになるための講座

ドがあれば，その文書は（企業から個人への）「謝罪文」，あるいは，何らかのクレームに対する「返答文」でしょう。そして，謝罪文の場合，納品の遅れや製品の破損に対する謝罪などが考えられます。

　加えて，その文書パターンは決まっています。

　①「挨拶と用件」から始まり，②用件に対する「説明と対応」へと展開。そして最後は，③連絡先や案内などの「追加情報」が記載されて終了です。

　これらの書き方は「定型」であって，そこに個人の意見などは書かれません。《①⇒②⇒③》と，「全体」から「部分」へと展開し，必要事項だけが述べられて終わります。「定型」なので，論理的思考がなくても読めるのです。

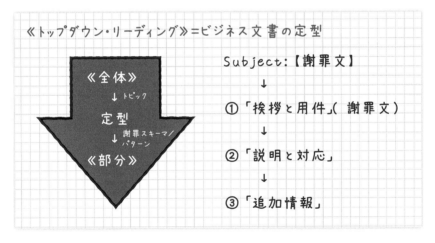

　TOEICの文書は，ビジネス文書の「定型」です。そして，ビジネス文書だからこそ，その内容や展開が，身近な話題になります。会議室やオフィスでの雑談，日常のチャットを正確に捉えるのが，TOEICというテストです。身近な場面だからこそ，内容がある程度予想できるのです。

　では，TOEIC文書を読むのに，最適な考え方は何でしょうか？

英文を理解する作業には，一般的に2つの処理方法があると考えられています。その1つは「トップダウン処理」。これは読み手が持っている「(背景)知識」から，英文の内容を推測する方法です。

専門的には，「(背景)知識」のことを「スキーマ」と呼びます。アカデミックな背景知識は「内容スキーマ」，定型の文章や日常会話は「形式スキーマ」と分類しますが，TOEICテストで問われるのは，ビジネス英語や日常英語なので，ざっくり言うと「形式スキーマ」です。「スキーマ」というワードになじみがない場合，「パターン」（文書の形式パターン）と言い換えてもかまいません。Part 6 & 7で出題される文書ジャンルは，メール，手紙，広告，通知，記事，リリース，フォームなど多岐にわたっているように見えますが，そのスキーマ／パターンは限定的です。

先のメールの例で言えば，製品の破損（に対する謝罪）という「用件」に対し，

①「挨拶と用件」
↓
②用件に対する「説明と対応」
↓
③連絡先や案内などの「追加情報」

という展開パターンが，謝罪文のスキーマとなります。

一方，「納品の遅れ」というメールであっても，次のような展開パターンは変わりません。

① 「挨拶と用件」
    ↓
② 用件に対する「説明と対応」
    ↓
③ 連絡先や案内などの「追加情報」

ビジネス文書では，《①⇒②⇒③》の展開パターンであり，使用される表現・フレーズも共通であることが多いのです。つまり，ビジネス文書のスキーマを知っていれば，どのように内容が書かれ，展開するのかが予想できるだけでなく，「全体から部分」への読みがスムーズになります。当然，精神的な余裕も生まれます。

2 ボトムアップ・リーディング

　スキーマを活用して英文を読む「トップダウン処理」が，「全体から部分」を読むスタイルであるのに対し，語句や慣用表現などの意味をつなぎ合わ

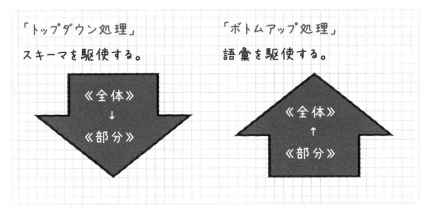

せ，「部分から全体」を読むスタイルを「ボトムアップ処理」と言います。
　先のメールの例を再び取り上げましょう。製品の破損（に対する謝罪）という「用件」に対し，《①「挨拶と用件」⇒②用件に対する「説明と対応」⇒③

連絡先や案内などの「追加情報」》というスキーマは,「全体から部分」とい
うトップダウン処理の好例です。大枠(全体)を知っているという立場から,
部分を読んでいくスタイルです。当然,スキーマの有無が,リーディング
の速度や理解に影響を与えます。

　一方で,ボトムアップ処理の場合は,どのように文書を理解するので
しょうか? 例えば,「用件」に書かれるApology(謝罪), ①ではWe're
sorry ~(お詫び申し上げます)やproblem(問題), ②ではcompensate(補償
する)やrefund(返金する), replacement(交換), ③ではplease return
~ items(商品を返送ください)など,語彙・フレーズという足下の部分から,
製品破損の「謝罪文」という全体をイメージするやり方です。先にも述べ
ましたが,「謝罪文」であれば,使われる語彙・フレーズは類似したものが
多いのは当然です。それらのキーワード(部分)に気づけば,トピック(全体)
が見えてくる,というわけです。もちろん,ボトムアップと言えど,逆から
読むわけではないですよ。あくまで,部分から全体のテーマをイメージす
るというイミです。

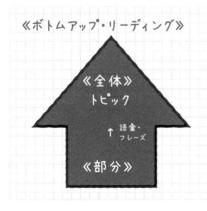

《ボトムアップ・リーディング》

《全体》トピック

↑語彙・フレーズ

《部分》

【謝罪文】
① We're sorry ~
(お詫び申し上げます)／
problem(問題)
② compensate(補償する)／
refund(返金する)
③ please return ~ items
(商品を返送ください)

　スキーマによる「トップダウン処理」と,語彙による「ボトムアップ処理」
は,長文理解の両輪です。特に,ビジネス文書の定型と応用が出るTOEIC
テストでは,これらの処理スタイルが有効です。スキーマで「全体」を把握
し,語彙で「部分」を読む。2つのスタイルを駆使することで,TOEICの

長文を攻略しましょう。

　では，実際にPart 6の長文を見ていきます。

【広告(advertisement)】

Introducing Halo Handypeople—the home-maintenance and repair company you can trust to get the job done—fast! If you are in need of a plumber for a leaky pipe, a carpenter to install kitchen cabinets, or a cleaner for your kitchen, just give Halo a call. We have branches throughout Nebraska, which means our skilled technicians can respond to any emergency. Halo also provides free estimates on all construction work, including landscaping. In fact, we can even cut your lawn. Call Halo Handypeople 039-555-2323 to arrange a service or hear about our competitive prices.

1 レクチャー

TOEICの長文は,文書のジャンルが最初に示されます。ここではadvertisement(広告)ですね。レクチャーでは「トップダウン」の視点から,「広告」のスキーマを見ていきます。

広告スキーマ

広告【見出し】
広告【本文】

① 商品・サービス・求人の案内
② 内容説明
③ 追加情報(諸注意・連絡先)

「見出し」は，「広告」のキャッチフレーズです。

　「新装開店！」,「新学期セール」,「人材求む！」などなど。基本的に太字で，デザイン性の高いフォントで書かれています。広告ですから，目立ってナンボ ですね。とはいえ，「見出し」はいつもあるとは限りません。TOEICでは，ないこともあるのです。

　「見出し」を見れば，「何の広告か」がわかります。商品，サービス，求人の3パターンが頻出ですが，これらは我々の日常生活でもよく見かけるものですね。「見出し」は一目でわかるような簡単な語句だけの場合もあります。

> **New Arrivals** 新着入荷
> **Now on Sale** 販売中
> **Help Wanted** 求人
> **Job Opening** 求人

　インパクトのある「見出し」に対し，本文では，その内容を具体的に説明します。「広告」スキーマは，《①商品・サービス・求人の案内⇒②内容説明⇒③追加情報（諸注意・連絡先）》となります。

　たとえば，「セール」の広告をイメージしてください。Save up to 80%（最大80%オフ）やBack to School Sale（新学期セール）などは，「見出し」の好例です。冒頭の①では，「見出し」の内容を具体的に言い換えながら，セールの種類などの全体像が示されます。そして，②では，セールの「部分」が言及されます。セール期間や場所，そのセールにはどのような特徴があり，セールのウリは何かなどです。最後の③では，セールの例外や特典，割引など，追加情報が書かれるのがセオリーです。

「広告」の文書では，「全体」（どんな広告か）を捉えるのはそれほど難しくありません。一方，「部分」が少しやっかいです。たとえば，開催日時や開催期間，割引率など，価格に関係する「数字」，サービス内容の「種類」，例外・規則・条件・特典などの「ルール」は，見落としやすい情報です。いつも端に書かれているとは限らないので，注意しましょう。

2 英文の流れをつかもう！

では，「広告」スキーマを長文に当てはめてみます。「広告」スキーマは，《①商品・サービス・求人の案内⇒②内容説明⇒③追加情報（諸注意・連絡先）》と展開します。この流れを意識して，長文を3分割で捉えましょう。①②③に関して，特に注目して読むべき箇所はマーカーで視覚的に示しています。

① 商品・サービス・求人の案内

Introducing Halo Handypeople—the home-maintenance and repair company you can trust to get the job done—fast!

② 内容説明

If you are in need of a plumber for a leaky pipe, a **carpenter** to install kitchen cabinets, or a **cleaner** for your kitchen, **just give Halo a call**. **We have branches** throughout Nebraska, which means our skilled technicians can respond to any emergency. **Halo also provides free estimates** on all construction work, including landscaping. In fact, we can even cut your lawn.

③ 追加情報（諸注意・連絡先）

Call Halo Handypeople 039-555-2323 to arrange a service or hear about our competitive prices.

　まず①ですね。Introducing Halo Handypeople（Halo Handypeople を紹介します）とあるので，「会社紹介」であることは明白です。もちろん，広告の場合もあれば，ウェブページの自社紹介の場合もあります。それで，どんな会社かというと，the home-maintenance and repair company なので，「家のメンテナンスと修繕の会社」とわかります。

　次に②の「内容説明」ですが，先の「家のメンテナンスと修繕の会社」に関係する３つのワードが出てきます。plumber（配管工），carpenter（大工），cleaner（清掃員）。次の箇所を読めば，会社の仕事内容が具体化されていることがわかります。

If you are in need of a plumber for a leaky pipe, a **carpenter** to install kitchen cabinets, or a **cleaner** for your kitchen, **just give Halo a call**.

　If you are in need of ~, just give Halo a call.（もし～が必要ならば，Halo にお電話ください）の１文をしっかり読むことが大事です。英文の「濃淡」，メリハリ読みは，こういうところで役に立ちます。この１文に加えて，**We have branches ~**（支店があり），**Halo also provides free estimates**（無料見積りもする）というような，会社や仕事の詳細も加筆されます。

　そして最後の③では，定型の **Call ~**（～にお電話ください）で文書が締められています。

　読み方のまとめです。TOEIC の長文読解は，まずトップダウンで全体をイメージすることが大事です。ここでは「広告」ですね。そのスキーマ／

パターンは,《①商品・サービス・求人の案内⇒②内容説明⇒③追加情報(諸注意・連絡先)》です。この流れを意識しながら,語句やフレーズをつなげて,部分を確認していきます。すると,内容理解のスピードが加速します。トップダウンで全体,ボトムアップで部分をつかむ長文読解をすることで,長文の「濃淡」が見えてきます。

3 構文

Tips-1

冒頭の-(ダッシュ)の部分は,文法知識があるとスムーズに読めます。

① Introducing Halo Handypeople — [the home-maintenance and repair company (you can trust) to get the job done] — fast!

ここでは, Introducing Halo Handypeople fast(Halo Handypeople社を手短に紹介します)が広告の骨子。ダッシュで囲まれた部分は,「メンテナンス会社」という情報が重要ですが,構文を取れると,さらにグッド。元の文章に直すと,

$\underset{S}{\text{you}}$ $\underset{V}{\text{can trust}}$ $\underset{O}{\text{the home-maintenance and repair company}}$ [to get the job done]

となります。後半のget the job doneは,使役動詞のgetで,「仕事をしてもらう」のニュアンス。

Tips-2

以下の2つの文では,「抽象⇒具体」のロジックが,1文で行なわれてい

ます。

> ③ We have branches throughout Nebraska, [which means ~]
>
> ④ Halo also provides free estimates on all construction work,
>   [including ~]
>
> ≪抽象≫　⇒　≪具体≫　　　　　　　[　　]は具体例

　関係詞や分詞構文の後は, 前文の具体化です。which ~やincluding
~の部分は, 読み飛ばすのもアリ。We have branchesでは,「支店が
あるので, 〜」というように, which以下では支店があることのメリット
を述べています。

　また, Halo also provides ~では,「工事業務の見積りもします。〜(の
ような業務) を含めて」というように, 分詞構文のincluding以下では,
construction workに含む内容が具体化されていますね。

4 区切りながらキャッチ！

Introducing Halo Handypeople— the home-maintenance and repair company /	Halo Handypeople, 家のメンテナンスと修繕の会社を紹介します /
you can trust /	あなたが安心してまかせられる /
to get the job done—fast! //	仕事をしてもらうために, 手短に (紹介します) ！ //
If you are in need of a plumber for a leaky pipe, /	もし配管の水漏れで配管工が必要になったら /

a carpenter to install kitchen cabinets, /	または，台所用キャビネットの設置のために大工さん（が必要になったら）/
or a cleaner for your kitchen, /	あるいは，キッチンを掃除する人（が必要になったら）/
just give Halo a call. //	Halo までお電話ください //
We have branches throughout Nebraska, /	当社はネブラスカじゅうに支店があり /
which means /	その事は意味しています /
our skilled technicians can respond to any emergency. //	当社の熟練した技術者がどんな緊急のご用にも対応できることを //
Halo also provides free estimates /	Halo は無料のお見積りもご提供しています /
on all construction work, /	工事業務のすべてについて /
including landscaping. //	造園作業などの //
In fact, /	実のところ /
we can even cut your lawn. //	芝刈りまで当社はお引き受けできます //
Call Halo Handypeople 039-555-2323 /	電話番号 039-555-2323, Halo Handypeople にお電話ください /
to arrange a service /	お仕事の発注のために /
or hear about our competitive prices.//	または，他社に負けない当社の価格をお聞きになるために //

① **Introducing Halo Handypeople—the home-maintenance and repair company you can trust to get the job done—fast!** ② **If you are in need of a plumber for a leaky pipe, a carpenter to install kitchen cabinets, or a cleaner for your kitchen, just give Halo a call.** ③ **We have branches throughout Nebraska, which means our skilled technicians can respond to any emergency.** ④ **Halo also provides free estimates on all construction work, including landscaping.** ⑤ **In fact, we can even cut your lawn.** ⑥ **Call Halo Handypeople 039-555-2323 to arrange a service or hear about our competitive prices.**

①Halo Handypeople ― 仕事を安心してまかせられる家のメンテナンスと修繕の会社 ― を手短にご紹介します！ ②もし配管の水漏れのために配管工が，台所用キャビネットの設置のために大工が，あるいはキッチンの掃除のために清掃員が必要になった時は，Haloまでお電話ください。③当社はネブラスカじゅうに支店があるので，当社の熟練した技術者がどんな緊急のご用にも対応できます。④当社は造園作業を含めて工事業務のすべてに無料のお見積もりもご提供しています。⑤実のところ，芝刈りまで当社はお引き受けできます。⑥お仕事の発注や，よそに負けない当社での価格をお聞きになるために，電話番号039-555-2323のHalo Handypeopleにお電話ください。

① □ introduce 動 …を紹介する　□ repair 名 修理
　 □ trust 動 …を信頼する
② □ plumber 名 配管工　□ leaky 形 漏れている
　 □ pipe 名 配管, パイプ　□ carpenter 名 大工
　 □ install 動 …を設置する　□ cabinet 名 戸棚
　 □ cleaner 名 清掃員
③ □ branch 名 支店　□ skilled 形 技術力のある

□ respond **動** 応じる　□ emergency **名** 緊急事態

④ □ provide **動** …を与える　□ free **形** 無料の

　□ estimate **名** 見積り　□ construction **名** 建設工事

　□ include **動** …を含む　□ landscaping **名** 造園

⑤ □ lawn **名** 芝生

⑥ □ arrange **動** …を手配する　□ competitive **形** 競争力のある

　□ price **名** 価格

【Eメール(e-mail)】

From: reception@earlymoonhotel.com
To: mrollo@setmymail.com
Subject: Your booking
Date: June 12, 2:54 P.M.

Dear Mr. Rollo,

Thank you for your booking of an executive single room for tomorrow, June 13. Unfortunately, the room that you were to stay in has become unavailable. This is due to a cracked window, which cannot be replaced in time for you to check in. Since there are no other executive single rooms free, we need to change your room type. Please accept our sincere apologies for the inconvenience.

We have prepared a twin room with separate lounge area. You will be charged the rate of your original room. As this represents an upgrade, I hope it is acceptable to you. Should you have any questions, please contact me or my colleagues using this e-mail address.

We look forward to welcoming you.

Piret Makin
Reception, Early Moon Hotel

1 レクチャー

文書のジャンルは, e-mail(メール)です。「メール」のスキーマは2度目ですが, 確認しましょう。

メール・スキーマ

To:
From:
Subject:(用件／主題)
Date:

メール【本文】

① 用件
② 説明と対応
③ 追加情報 (諸注意・連絡先)

メールで大事なことは, まずSubject(用件)を見て, 文書の冒頭を読むことです。Subjectにはトピックのキーワードが示され, 冒頭ではそれがやさしく言い換えられます。ここでは, Your booking(予約)ですから, ホテルの予約などが想定できますね。

TOEICのメールは, 広範囲のトピックを扱います。典型的なSubjectは以下のとおりです。

Confirmation	確認
Inquiry / Question	問い合わせ
Cancellation	キャンセル
Apology	謝罪

Order	注文
Notice	お知らせ
Appointment	約束
Reservation	予約
Invitation	招待
Shipment	出荷
Payment	支払い
Estimate	見積り
Itinerary	日程表
Report	報告

　トピックの数に驚いてはダメです。ビジネスメールなので、《①用件／主題 ⇒ ②説明と対応 ⇒ ③追加情報》というトップダウンのスキーマは変わりません。基本的に、Subjectで用件を確認したら、冒頭を見ればOK。いくつかの例を見てみましょう。

Subject: Invitation（招待）
　　　↓
冒頭　I'm glad to accept your invitation to the party.
（パーティへの招待を喜んでお受けします）

Subject: RE: Job Opening（RE: 求人）
　　　↓
冒頭　Thank you for applying for the position of promotional manager.
（販売促進部長職へのご応募、ありがとうございます）

Subject: Inquiry（問い合わせ）
↓
冒頭　This is to request information regarding the price list.
（価格表に関する情報をお願いいたします）

　Subjectと冒頭は，トピックでつながっています。ここをつかめば，ある程度内容も予測できるので，有利にリーディングを進められます。

　また，メールの場合，「ヘッダー」も大事です。

　From（送信者），To（受信者／あて先），Date（日付），Subject（用件／主題）のなかで，最も大事なのはSubjectですが，他も侮ってはいけません。例えば，FromとToは，「誰が誰に送ったか」を示します。Fromが人名で，To: All employees（全従業員）とある場合は，どうでしょうか？　役員級の人物が従業員に向けて出したメールとなりますね。

2 英文の流れをつかもう！

　「予約（Your booking）」に関するメールのスキーマを見ていきましょう。《①用件／主題⇒②説明と対応⇒③追加情報》と展開しますが，TOEICの「予約」で最も多いケースは，「予約のキャンセル」「予約の変更」です。①②③に関して，マーカー部分を軸に見てください。

From: reception@earlymoonhotel.com
To: mrollo@setmymail.com

Subject: Your booking

Date: June 12, 2:54 P.M.

Dear Mr. Rollo,

① 用件／主題

Thank you for your booking of an executive single room for tomorrow, June 13. **Unfortunately, the room that you were to stay in has become unavailable**.

② 説明と対応

This is due to a cracked window, which cannot be replaced in time for you to check in. Since there are no other executive single rooms free, **we need to change your room type**. **Please accept our sincere apologies** for the inconvenience.

③ 追加情報

We have prepared a twin room with separate lounge area. You will be charged the rate of your original

room. As this represents an upgrade, I hope it is acceptable to you. Should you have any questions, **please contact me** or my colleagues using this e-mail address.

We look forward to welcoming you.

Piret Makin
Reception, Early Moon Hotel

　Subject: Your bookingとあり，冒頭にThank you for your booking of an executive single roomとあるので，「ホテルの予約」に関するメールだとわかります。ですが，ここで注目したいのがUnfortunately（あいにく，不運にも）です。I'm afraid ~（せっかくですが，~）やUnfortunatelyは，トラブルの目印です。この後で，何らかのトラブルがあると思ってください。

　実際，Unfortunately, the room (that you were to stay in) has become unavailable.というように，予定していた部屋が利用できないことが述べられます。TOEICワールドにおいて，ホテルやオフィスのトラブルは日常茶飯事。この流れですと，部屋が変更されると予測できます。つまり，①「用件」は，「ホテルの部屋の変更」ですね。

　①「用件」＝部屋の変更に関して，②「説明と対応」では，This is due to a cracked window（窓に亀裂が入ったためだ）と，予約した部屋が使えない理由が書かれます。そして，we need to change your room type.（部屋のタイプを変更する必要がある）と続きます。加えて，③「追加情報」では，We have prepared a twin room（ツインルームが用意され），You will be charged the rate of your original room.（料金は最初の部屋代のママ）というように，料金据え置きで部屋がアップグレードできたことが書かれま

213

す。メールを読み進めるほどに，用件の詳細がはっきりしてきますね。

このメールは，Thank you for your bookingで始まっていますが，Unfortunatelyの後に顕著なように，実際には「謝罪文」です。事情を説明しながら，謝罪の定型文が3度も出てきます。

Please accept our sincere apologies for the inconvenience.
ご不便をおかけすることを心からお詫び致します。

I hope it is acceptable to you.
こちら（変更）をご了承いただければ幸いです。

Should you have any questions, please contact me 〜
質問があれば，〜に私までご連絡ください。

定型文やその語句を見ることで，単なる「予約」の文書ではないと気づくことが大事です。

3 構文

Tips-1

A Unfortunately, B

Unfortunatelyは，「逆接」の目印。この文書は「謝罪文」なので，ButやHoweverよりもマイルドなUnfortunatelyが使われています。

Tips-2

the room (that you were to stay in) has become unavailable.

the roomの後の関係詞節をカッコに入れると文の骨格がわかります。

Tips-3

[Since there are no other executive single rooms free], we need to change your room type.

この文は，Since A, B（Aなので, B）という「因⇒果」パターン。論理マーカーのSinceを見つけて，<B>をしっかり読みましょう。

4 区切りながらキャッチ！

Dear Mr. Rollo, /	Rollo 様, /
Thank you for your booking /	ご予約いただき，ありがとうございます /
of an executive single room /	エグゼクティブシングルルームを /
for tomorrow, June 13. //	明日6月13日に //
Unfortunately, the room that you were to stay in /	たいへん恐縮ですが，ご滞在いただく予定だった部屋が /
has become unavailable. //	ご利用いただけなくなりました //
This is due to a cracked window, /	これは窓に入った亀裂のためで，/
which cannot be replaced in time /	この窓の交換が間に合いません /

for you to check in. //	お客様がチェックインする（までに間に合いません）//
Since there are no other executive single rooms free, /	他にはエグゼクティブシングルルームの空きはございませんので /
we need to change your room type. //	お客様の部屋のタイプをご変更いただく必要があります //
Please accept our sincere apologies /	心からお詫び致します /
for the inconvenience.//	ご不便をおかけすることを //
We have prepared a twin room /	ツインルームを（お客様のため）ご用意しました /
with separate lounge area. //	個別ラウンジエリアのある //
You will be charged the rate /	当ホテルは料金をご請求します /
of your original room. //	当初の料金のままで //
As this represents an upgrade, /	これは元の部屋からグレードが上の部屋への変更となりますので /
I hope it is acceptable to you. //	こちらをご了承いただければ幸いです //
Should you have any questions, /	もしなにかご質問があれば /
please contact me or my colleagues /	私か同僚までご連絡ください /
using this e-mail address. //	本Ｅメールのアドレスをご利用の上 //
We look forward to welcoming you. //	お客様をお迎えすることを楽しみにしています //

① From: reception@earlymoonhotel.com
To: mrollo@setmymail.com
Subject: Your booking
Date: June 12, 2:54 P.M.

Dear Mr. Rollo,

② Thank you for your booking of an executive single room for tomorrow, June 13. ③ Unfortunately, the room that you were to stay in has become unavailable. ④ This is due to a cracked window, which cannot be replaced in time for you to check in. ⑤ Since there are no other executive single rooms free, we need to change your room type. ⑥ Please accept our sincere apologies for the inconvenience.

⑦ We have prepared a twin room with separate lounge area. ⑧ You will be charged the rate of your original room. ⑨ As this represents an upgrade, I hope it is acceptable to you. ⑩ Should you have any questions, please contact me or my colleagues using this e-mail address.

⑪ We look forward to welcoming you.

Piret Makin
Reception, Early Moon Hotel

① 差出人：reception@earlymoonhotel.com
宛先：mrollo@setmymail.com
件名：お客様のご予約
日付：6月12日 午後2時54分

Rollo様,

② 明日6月13日にエグゼクティブシングルルームをご予約いただき，ありがとうございます。③ たいへん恐縮ですが，ご滞在いただく予定だった部屋がご利用いただけなくなりました。④ これは窓に入った亀裂のためで，この窓の交換がお客様のチェックインまでに間に合いません。⑤ 他にはエグゼクティブシングルルームの空きはございませんので，お客様の部屋のタイプをご変更いただく必要があります。⑥ ご不便をおかけすることを，心からお詫び致します。

⑦ 当ホテルは個別ラウンジエリアのあるツインルームを（お客様のため）ご用意しました。⑧ 当初の料金でのご請求とします。⑨ これは元の部屋からグレードが上の部屋への変更となりますので，こちらをご了承いただければ幸いです。⑩ もしなにかご質問があれば，本Eメールのアドレスをご利用の上，私か，同僚までご連絡ください。

⑪ お客様をお迎えすることを楽しみにしています。

Piret Makin
Early Moon ホテル, 受付係

① □ booking 名 予約
② □ executive 形 豪華な, 高級な
③ □ unfortunately 副 不運にも　□ be to *do* …することになっている
　　□ unavailable 形 利用できない
④ □ due to …の理由で，…が原因で　□ cracked 形 ひびの入った
　　□ in time 間に合って

⑤ □ free **形** 空いている

⑥ □ apology **名** 謝罪　□ inconvenience **名** 不便, 不都合

⑦ □ prepare **動** …を準備する・用意する

　□ separate lounge area 別々のラウンジエリア

⑧ □ charge O₁O₂ O₁にO₂を請求する　□ original **形** もともとの

⑨ □ represent **動** …を表す　□ hope **動** …を望む

　□ acceptable **形** 受け入れられる

⑩ □ contact **動** …に連絡する　□ colleague **名** 同僚

⑪ □ look forward to …を楽しみに待つ

【通知(notice)】

Notice to Residents
September 4

The building management has decided to install a secure entry system at the front of the condominium. This will have the dual effect of preventing non-residents access to the building, thus improving safety, and also eliminating junk mail. Postal workers and genuine delivery personnel will still be able to enter. Residents will need to open the door manually for guests.

Construction will be completed by September 21, and the entry system will be activated at 1:00 A.M. on September 24. All residents will receive two electronic access cards which will be delivered to their door at least one week before the system goes live. Please keep them safe, as extra cards will require a payment of $25.

. . . .

1 レクチャー

文書ジャンルは「通知」ですね。今回は「通知」のスキーマを見ていきます。その表記は, Notice(一般的な通知), Memo/Memorandum(社内通知)となるのが通例です。

通知スキーマ

通知【見出し】

通知【本文】

① （通知の）目的＝変更点
② （通知の）理由と説明
③ 追加情報

「見出し」では，通知の目的が書かれます。ここでは，Notice to Residents（住民へのお知らせ）ですので，マンションなどの集合住宅に住む人たちに向けたものですね。

通知は，基本的に3パターン。①人事異動や旅費規程の変更など，社員に向けた「社内通知」。②就任人事や支店の移転など，社外の人物に向けた「社外通知」。そして，③工事案内や公共施設の利用説明などの「一般的な通知」です。

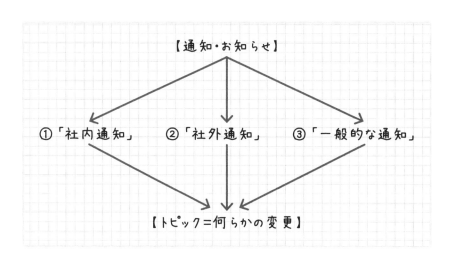

3つに共通するのは，何らかの「変更」に言及している点です。通知を見たら，「何が変わるのか」に注意して，文書を読むといいでしょう。以下は，その好例です。

The company picnic will be rescheduled.
会社のピクニックは，日程が変更されます。　　⇒スケジュールの変更

The party will be put off until Saturday.
パーティは土曜に延期されます。　　　　　　　⇒曜日の変更

Mr. Sato will be transferred to the Osaka branch office.
サトウさんは，大阪支店に異動になります。　⇒勤務地の変更（異動）

Starting on April 1, smoking in all public buildings will not be allowed.
4月1日から，すべての公共の建物での喫煙は禁止されます。
⇒ルールの変更

　TOEICで注意すべきは，「社内通知」です。社内規則（ルール）の変更内容が，変更点 (A) (B) (C) のように「並列」で書かれていることもあります。加えて，　ルールですので，　S must ~（Sは ~ しなければならない）や，Receipts for your travelling expenses are mandatory.（出張旅費の領収書は必須である）など，強い表現が使われるのも特徴です。

2 英文の流れをつかもう！

　「通知」スキーマを長文で確認しましょう。「通知」は，《①（通知の）目的
＝変更点⇒②（通知の）理由と説明⇒③追加情報》と展開します。① ② ③の
重要ポイントは，マーカーを見てください。

Notice to Residents

September 4

① 目的＝変更点

**The building management has decided to install a
secure entry system at the front of the condominium.**

② 理由と説明

**This will have the dual effect of preventing
non-residents access to the building, thus improving
safety, and also eliminating junk mail**. Postal workers and
genuine delivery personnel will still be able to enter. Residents
will need to open the door manually for guests.

③ 追加情報

Construction will be completed by September 21, and
the entry system will be activated at 1:00 A.M. on
September 24. **All residents will receive two electronic
access cards** which will be delivered to their door at least
one week before the system goes live. **Please keep them
safe**, as extra cards will require a payment of $25.

冒頭では，secure entry system（防犯入場システム）の設置に言及しています。これまでなかったシステムが設置されたのですから，これは立派な「変更点」です。なぜ変更したかというと，This will have the dual effect（2つの効果が得られる）と述べています。それは，preventing non-residents access to the building（非居住者の侵入を防ぐこと）と eliminating junk mail（ダイレクトメールを排除すること）と書かれています。①の変更点の提示に対し，②では，その理由が書かれていますね。

追加情報のパラグラフでは，興味深い書き方がされています。

Construction will be completed ~ （工事は〜までに終了します）

the entry system will be activated ~
（入場システムは〜に作動します）

All residents will receive two electronic access cards
（すべての住人は，電子入場カードを2枚受け取ります）

防犯入場システムの設置に関して，willを使い，これからの注意点が述べられています。必要な情報が順次示されているのがわかりますね。最後に，Please keep them safe（カードを大切に保管してください）と締めています。

一般的な通知では，「変更点」（＝全体）を捉え，その理由や説明（＝部分）をつかみ，最後に追加情報を読み取ることが大事です。

3 構文

Tips-1

② This will have the <u>dual effect</u> of
　　　　　　　(A)[preventing non-residents access to
　　　　　　　　　the building], (thus improving safety)
　　　　　　　and also
　　　　　　　(B)[eliminating junk mail].

システム設置には2つの効果（dual effect）がある
　　　↓
それは「非居住者の侵入を防ぐこと」(A)
　　　＋
「ダイレクトメールを排除すること」(B)

　dual effect of (A) and (B)というように，「2つの効果」の内容が，of
以下で具体化されています。先にも言及しましたが，「抽象⇒具体」という
捉え方は大事です。of以下の2つの動名詞(A) preventing ~ and (B)
eliminating ~を見抜きましょう。thus improving safetyは，前文の
内容を受けて，挿入された分詞構文です。

Tips-2

⑦ <u>All residents will receive two electronic access cards</u> [which
will be delivered to their door at least one week (before the
system goes live)].

　関係詞を含む文は，後から訳してはダメです。「すべての住人はカードを
受け取る」⇒「そのカードは，～に配達される」というように，左から右に
読みましょう。which以下は＋αの追加情報なので，下線の主節がわかれ
ば，which以下はスルーしてもOKです。

4 区切りながらキャッチ！

Notice to Residents	住人のみなさまにお知らせ
September 4	9月4日
The building management has decided /	ビルの管理者は決定しました /
to install a secure entry system /	防犯入場システムを設置することを /
at the front of the condominium. //	コンドミニアム正面に //
This will have the dual effect /	これによって2つの効果が得られる見込みです /
of preventing non-residents access to the building, /	非居住者のビルへの入場を防ぎ /
thus improving safety, /	そうして安全性を向上させることと /
and also eliminating junk mail. //	さらにダイレクトメールを排除するという事の //
Postal workers and genuine delivery personnel /	郵便局員と本物の宅配配達員は /
will still be able to enter. //	これからも入場可能です //
Residents will need /	居住者は必要になります /
to open the door manually for guests. //	訪問者のために手動でドアを開けることが //
Construction will be completed /	工事は終了します /
by September 21, /	9月21日までに /
and the entry system will be activated /	そして，入場システムは作動を始めます /
at 1:00 A.M. on September 24. //	9月24日午前1時に //

All residents will receive /	居住者の全員が受け取る予定です /
two electronic access cards /	2枚の電子入場カードを /
which will be delivered /	そのカードは配達される予定です /
to their door /	居住者の自宅に /
at least one week /	少なくとも1週間（前に）/
before the system goes live. //	システムが有効になる前に //
Please keep them safe, /	大切にカードを保管してください /
as extra cards will require /	追加のカードには要求されますので /
a payment of \$25. //	25ドルの支払いが //

5 訳と語句の確認！

① **Notice to Residents**
September 4

② **The building management has decided to install a secure entry system at the front of the condominium.** ③ **This will have the dual effect of preventing non-residents access to the building, thus improving safety, and also eliminating junk mail.** ④ **Postal workers and genuine delivery personnel will still be able to enter.** ⑤ **Residents will need to open the door manually for guests.**

⑥ **Construction will be completed by September 21, and the entry system will be activated at 1:00 A.M. on September 24.** ⑦ **All residents will receive two electronic access cards which will be delivered to their door at least one week before the system goes live.** ⑧ **Please keep them safe, as extra cards will require a payment of \$25.**

①居住者へのお知らせ
9月4日

② ビルの管理者はコンドミニアム正面に防犯入場システムを設置することを決定しました。③ これによって非居住者の入場を防いで安全性を向上させることと，ダイレクトメールを排除するという事の，2つの効果が得られるでしょう。④ 郵便局員と本物の宅配配達員はこれからも入場可能です。⑤ 居住者は訪問者のために手動でドアを開けることが必要になります。

⑥ 工事は9月21日までに終了して，入場システムは9月24日午前1時に作動を始めます。⑦ 居住者の全員が2枚の電子入場カードを受け取る予定です。カードはシステムが有効になる1週間前までに，居住者の自宅に配達される予定です。⑧ 追加のカードには25ドルの支払いが要求されますので，それらを大切に保管してください。

① □ notice 名 お知らせ　□ resident 名 住民

② □ management 名 管理人，管理者　□ install 動 …を導入する

　　□ secure 形 安全な　□ entry 名 入ること　□ front 名 前

　　□ condominium 名 分譲アパート，マンション

③ □ dual 形 二重の　□ effect 名 効果　□ prevent 動 …を防ぐ

　　□ thus 副 このように　□ improve 動 …を改善する

　　□ safety 名 安全性　□ eliminate 動 …を排除する

　　□ junk mail ダイレクトメールやちらし

④ □ postal worker 郵便局員　□ genuine 形 本物の

　　□ delivery personnel 配達員

⑥ □ construction 名 建設工事　□ complete 動 …を完了する

　　□ activate 動 （機能など）を有効にする

⑦ □ receive 動 …を受け取る　□ electronic 形 電子の

　　□ access card 入館カード　□ deliver 動 …を配達する

　　□ at least 少なくとも　□ go live （制度などが）始まる

⑧ □ extra 形 追加の　□ require 動 …を必要とする
　　□ payment 名 支払い

【手紙(letter)】

June 9

Jasmine LaFay
40 Millview Avenue
Minden, LA 71555

Dear Ms. LaFay,

Thank you for your telephone call requesting a brochure of Vess Home's range of single-family homes. Our three models suit a range of tastes and budgets. For single people and couples, the modern Nex-T home is the perfect fit. Its space-saving room layout is enhanced by a sleek fashionable exterior. Our Prolog model, with its four spacious bedrooms, is a popular selection for large or growing families. Finally, the Harwood is a classic ranch style house and is an excellent choice for countryside living.

If you wish to see the three models in person, you're welcome to visit the show homes in our Deerpark development. I would be delighted to give you a tour and answer any questions. Please call or e-mail to make an appointment.

Sincerely,

Kyle Pieterson
Assistant sales director

Vess Homes

Enclosure

....

1 レクチャー

　今回は，letter(手紙)です。内容のバリエーションが豊富なe-mail(メール)と異なり，ビジネスシーンにおいて，「手紙」の役割は限定的です。「手紙」のスキーマをチェックしましょう。

> **手紙スキーマ**
>
> （レターヘッド）＝会社名・住所・差出人
>
> 日付
> 受取人（＝Dear ～の名前と同じ）
> 住所
>
> Dear ～ ,(拝啓)
>
> ## 手紙【本文】
>
> ① 用件
> ② 説明と対応
> ③ 追加情報（例外や連絡手段）
>
> Sincerely,（敬具）
>
> 差出人（＝手紙を書いてる人）
> 役職
> 会社名

「手紙」と「メール」の構成は，とてもよく似ています。冒頭で①「用件」が書かれ，それに対する②「説明と対応」と続き，③「追加情報」として，例外や連絡手段で締めます。メールに必須のSubjectがないだけで，その展開パターンは大差ありません。最初の数行で用件（＝主旨）を読み取れば楽勝というのも似ています。ですが，手紙とメールの最大の相違点は，「フォーマルかどうか」なのです。

手紙は，フォーマルな内容が多いのが特徴です。パターンは次の4つです。

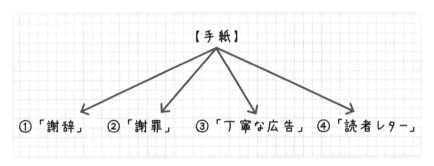

当然のことながら，手紙の大半はオフィシャル・レターです。企業から個人に対するものであり，とても丁寧。例えば，①製品購入や契約成立の「謝辞」レター，②クレームに対する「謝罪」レター，③定期購読案内などの「広告」レター，④番組や編集部などに寄せられた「読者」レターなどがあります。個人の意見が書かれた「読者」レターは，例外的です。

2 英文の流れをつかもう！

「手紙」スキーマを実際に見ていきましょう。《①用件⇒②説明と対応⇒③追加情報》という展開は，メールと同じです。もう慣れましたね。また，先の4パターンで，「読者レター」だけは，《①意見⇒②その理由》というように，シンプルなので少し異なります。

手紙では，冒頭を見て，用件をつかむことが大事です。

① 用件

Thank you for your telephone call requesting a brochure of Vess Home's range of single-family homes.

② 説明と対応

Our three models suit a range of tastes and budgets. For single people and couples, **the modern Nex-T home** is the perfect fit. Its space-saving room layout is enhanced by a sleek fashionable exterior. **Our Prolog model**, with its four spacious bedrooms, is a popular selection for large or growing families. Finally, **the Harwood** is a classic ranch style house and is an excellent choice for countryside living.

③ 追加情報

If you wish to see the three models in person, you're welcome to visit the show homes in our Deerpark development. I would be delighted to give you a tour and answer any questions. **Please call or e-mail** to make an appointment.

　冒頭で，Thank you for your telephone call requesting a brochure というように，①「用件」がスパッと述べられています。「(住宅の) パンフ

レットをご請求いただき感謝します」とあるので，一応「謝辞」ですが，その後で，たたみかけるようにセールスしてきます。

②「説明と対応」は，具体化のわかりやすい例です。

Our three models(3つのモデル)　⇒　(A) The modern Nex-T home
(B) Our Prolog model
Finally, (C) The Harwood

この②「説明と対応」では，何をセールスしているかをざっと捉えましょう。Our three models(3つのモデル) とあるので，(A)(B)(C)が「並列」で説明されている点を見つけます。論理マーカーのFinally(最後に) があるので，わかりやすいですね。

最終パラグラフでは，こちらもセオリー通り，③「追加情報」が書かれています。If you wish to see ～, you're welcome to visit ～(～を見たいならば，～を訪ねてもらえれば歓迎します) の箇所に注目。If ～(もし～ならば) やPlease call or e-mail などは，追加情報の目印です。定型文が多いので，さっと意味を取る程度でOKです。

3 構文

Tips

Our three models <u>suit</u> a range of tastes and budgets.

ここでのsuitは他動詞で，「(目的や条件) に合う」の意味。This does not suit all tastes.(これは万人向きではない) のように使います。

4 区切りながらキャッチ！

Thank you for your telephone call /	お電話をいただきありがとうございます /
requesting a brochure /	パンフレットのご請求のために /
of Vess Home's range of single-family homes. //	Vess ホームの扱う一世帯向け住宅の //
Our three models suit /	当社の 3 つのモデルが合っています /
a range of tastes and budgets. //	お好みとご予算の範囲に //
For single people and couples, /	単身の方とカップルには /
the modern Nex-T home is the perfect fit. //	現代風の Nex-T ホームがぴったりです //
Its space-saving room layout is enhanced /	コンパクトな間取りが一層魅力的です /
by a sleek fashionable exterior. //	美しくファッショナブルな外装によって //
Our Prolog model, /	当社の Prolog モデルは /
with its four spacious bedrooms, /	広い寝室が 4 部屋ついて /
is a popular selection /	人気の選択肢です /
for large or growing families. //	人数が多い，または今後増える予定のご家族には //
Finally, the Harwood is a classic ranch style house /	最後に，Harwood は古典的な平屋造りの家で /
and is an excellent choice /	優れた選択肢です /
for countryside living. //	田舎の生活には //

If you wish to see the three models in person, /	もしもお客様が3つのモデルを直接ご覧になることをご希望でしたら /
you're welcome to visit the show homes /	モデルハウスへお越しください /
in our Deerpark development. //	当社の Deerpark 開発団地の //
I would be delighted to give you a tour /	お客様を見学ツアーに喜んでご案内いたします /
and answer any questions. //	そして，どんなご質問にもお答えすることを //
Please call or e-mail /	お電話かEメールでお願いいたします /
to make an appointment. //	ご予約するには //

5 訳と語句の確認！

① June 9

Jasmine LaFay
40 Millview Avenue
Minden, LA 71555

Dear Ms. LaFay,

② Thank you for your telephone call requesting a brochure of Vess Home's range of single-family homes. ③ Our three models suit a range of tastes and budgets. ④ For single people and couples, the modern Nex-T home is the perfect fit. ⑤ Its space-saving room layout is enhanced by a sleek fashionable exterior. ⑥ Our Prolog model, with its four spacious bedrooms, is a popular selection for large or growing families. ⑦ Finally, the Harwood is a classic ranch style house and is an excellent choice for countryside living.

⑧ If you wish to see the three models in person, you're welcome to visit the show homes in our Deerpark development. ⑨ I would be delighted to give you a tour and answer any questions. ⑩ Please call or e-mail to make an appointment.

Sincerely,

Kyle Pieterson
Assistant sales director
Vess Homes

Enclosure

①6月9日

Jasmine LaFay
40 Millview 街
Minden, LA 71555

拝啓
LaFay様,

②Vessホームに，一世帯向け住宅のパンフレットのご請求のお電話をいただき，ありがとうございます。③当社の3つのモデルがお好みとご予算の範囲に合っています。④ 単身の方とカップルには，現代風のNex-T ホームがぴったりです。⑤美しくファッショナブルな外装のため，コンパクトな間取りが一層魅力的です。⑥当社のPrologモデルは広い寝室が4部屋ついて，人数が多い，または今後増える予

定のご家族には人気の選択肢です。⑦最後に，Harwood は古典的な平屋造りの家で，田舎の生活には優れた選択です。

⑧もしもお客様が3つのモデルを直接ご覧になることをご希望でしたら，当社のDeerpark 団地のモデルハウスへお越しください。⑨お客様を見学ツアーにご案内して，どんなご質問にも喜んでお答えいたします。⑩ご予約はお電話か，Eメールでお願いいたします。

敬具

Kyle Pieterson
営業部長補佐
Vess ホーム

同封物

---

② □ request **動** …を要求する　□ brochure **名** 小冊子，パンフレット

　□ range **名** （商品の）種類，（店の）品揃え

　□ single-family **形** （住居が）一家族用の

③ □ a range of 一連の…　□ budget **名** 予算

④ □ single **形** 独身の　□ perfect **形** 完璧な

⑤ □ space-saving **形** スペースを節約した，スペースをとらない

　□ room layout 部屋の配置

　□ enhance …を強化する・向上させる

　□ sleek **形** なめらかな，美しい

　□ fashionable **形** 流行の　□ exterior **名** 外装，外観

⑥ □ spacious **形** スペースの広い，広々とした　□ popular **形** 人気の

　□ selection **名** 選択　□ growing **形** 増大する

⑦ □ finally **副** 最後に　□ classic **形** 古典的な

　□ ranch **名** 平屋造りの家　□ excellent **形** すばらしい

　□ choice **名** 選択　□ countryside living 田舎の暮らし

⑧ □ wish to *do* …したいと思う　□ in person 直接，自身で

□ development 名 団地

⑨ □ be delighted to *do* 喜んで…する

⑩ □ appointment 名 予約

社会人が使う英語とは

　講義2の例文15（☞ P.105）で触れた社会人が使う大人の英語について一言。TOEICの学習をすること自体は問題ありませんが，「実際の場面で使える」という視点でTOEIC問題を眺めてみることも大切です。これはつまり，良好な人間関係を築くための言葉遣いという観点から，その場面や対人関係にふさわしい言葉の選択ができるかということです。丁寧度レベルの調整ができる力とも言い換えられます。例えば，ビジネスシーンにおいて，初対面で心理的，社会的に距離のある人に向って「どうして日本に来られたのですか？」と言いたいとき，英語で何て言いますか？「Why did you come to Japan?」と答える人が多いかもしれません。しかし英語を母語とするネイティブスピーカーにとってWhyはストレートな表現なので，よく知らない初対面の人にいきなり使うのはふさわしくありません。好ましい英語表現は「What brought you to Japan?」。直接的に「なぜ」と問うのではなく，あなたを日本へ連れてきた(brought)原因は何，とその「原因」を問うているので間接的になり，その分相手に遠回しに響きます。

　また，「Can you speak Japanese?」（日本語を話せますか？）も，ネイティブスピーカーの耳には時として「日本語を話す能力(can)があるのか」と聞こえてしまい，直接的でネガティブな印象を与えてしまうこともあります。この場合，canを使わずにDo you speak Japanese?と，そういう習慣がありますか，と問うか，相手に配慮して「もし私が日本語を使ったら気にしますか」のよう

に I を主語に立てて「Do you mind if I use Japanese?」とすることでスマートな言い方に変わります。

　こういう社会的に適切な言語使用を学ぶための素材として TOEICを眺めてみることです。単なるスコアアップを目指して, ゲームを攻略するような技術ばかり求めていても, 実際の場面で使える英語は身につかないでしょう。

　お疲れ様でした。以上で, 講義3は終了になります。
　次の講義ではPart 7を「英文の長文の読み方」というコンセプトのもと, パラグラフの考え方, 文書類型ごとの読み方, ディスコースマーカーの意識化といった, 別の角度から解説していきます。ただし, そこで目にする英文自体は, 講義2でも学んだPart 5 の英文がたくさん集まったものに他なりません。1文1文正確に解釈できたうえで, 初めて次の章での学習効果が期待できますので, 何度でも読み返して復習することをお薦めします。

Good luck!

講 義

4

Part 7
英文を読み解ける
ようになるための
講座

[Single Passage編]

　講義3では，英文理解の2つの処理スタイル，トップダウン処理とボトムアップ処理について，4つの文書を例に見てきました。

　ビジネス英語には，一定の「型」があります。講義3で述べたように，たとえば「広告（求人）」であれば，

という展開パターンを取ります。つまり，内容に多少の差はありますが，「広告（求人）」というトピックであれば，その文書は同じように書かれるのです。ビジネス英語の場合，アカデミックな学説や仮説と異なるので，展開パターンを予測するのは簡単です。

　次に以下のイメージ図を見てください。トップダウン処理がスキーマから「先」を予測し，全体を読むスタイルであるのに対し，語彙・フレーズという「部分」から文書を読み取るスタイルが，ボトムアップです。以下の図を見て，イメージしてください。

たとえば「広告（求人）」で言えば，①商品・サービス・求人では，Job Opening（求人）やSales Manager Wanted（販売部長求む）のような「見出し」が並びます。そして，②の内容説明では，We are looking for Sales Manager.（弊社では販売部長を求めています）やWe are recruiting staff for sales works.（販売業務のためのスタッフを募集しています）という典型的な表現が冒頭で使われます。続けて，Applicants must meet the requirements for its position.（応募者はそのポストの必要条件を満たさねばなりません）やSales experience is essential.（販売の経験が必須の条件です）のように，応募の具体的内容に入っていきます。最後に，Please send your CV to the address below.（履歴書を下記の住所に送ってください）というような，③追加情報（諸注意・連絡先）に言及します。

　スキーマ／パターンから大枠（全体）を読む「トップダウン」と，語彙・フレーズという部分から内容を探る「ボトムアップ」は，ビジネス・リーディングの両輪です。講義4でも，これらのスタイルを駆使して，Part 7の長文を読んでいきましょう。

【フォーム(form)】

Organa Bay Hotel

24 Sapano Drive

Valletta, Malta VLT 5550

Guest name:	Andrea Miller
Check in / Check out:	March 3 / March 6
Room Number:	205
Form completed by:	Tyson Gillet

Nature of request

Dining ☑   Room ☐   Check out ☐

Cleaning ☐   Facilities ☐   Other ☐

Further details

Guest follows a strict non-dairy diet. She brought her own soy milk and butter substitute and asked for them to be kept in the hotel kitchen's refrigerator. The wait staff should bring them to her table each breakfast time.

1 レクチャー

今回は，form（フォーム）の文書です。「フォーム」には様々なスタイルがあり，TOEICらしい文書と言えるでしょう。文書を読むというよりも，「情報を拾う」というリーディングが求められます。

フォーム・スキーマ

タイトル（＝見出し相当）

名前
住所
会社名等

フォーム【本文】
① タイトル
② 質問事項
③ 追加情報（記述コメント・申込方法・注意点）

「フォーム」は，アンケート，申込用紙，注文書，保証書，リクエストシートなどを指します。前半には質問事項がズラリと並び，そこにチェック（✔）が入り，後半には自由記載のコメント欄というのが頻出のスタイルです。

まず，何のフォームかを見抜きましょう。たとえば，アンケートであれば「何に関するアンケートか」，注文書であれば「何を注文しているのか」をつかみます。そして，「質問事項」では素早く情報を拾い，「コメント欄」のポイントを押さえればOK。

フォームのタイトルは，最初に確認します。何のフォームかが分かれば，先を予想しやすくなります。

Questionnaire	アンケート
Subscription Form	定期購読フォーム
Application for Life Insurance	生命保険申込書
Warranty	保証書

　また，フォームでは，定型文が多いのも特徴です。ホテルのアンケートや申込書では，毎回似たような表現が使われます。ボトムアップのために覚えましょう。

Please fill out this application form.
この申込用紙に記入してください。

Please answer this survey.
この調査にお答えください。

Enter the required items in the spaces provided.
必要事項を所定の欄に記入してください。

Thank you for answering this questionnaire.
アンケートにご協力くださりありがとうございます。

　フォームは基本的に，顧客に対する「保証書」や彼らが記入する「アンケート」です。ところが，顧客の要望などを社員間で共有する「リクエストシート」の場合もあります。後者はトリッキーなので注意が必要ですね。

2 英文の流れをつかもう！

フォームを実際に見ていきましょう。《①タイトル⇒②質問事項⇒③追加情報》というパターンです。《①⇒②》の確認は簡単です。問題は，③の追加情報。ここには記述コメントや注意点などが書かれますが，フォーム唯一の難所です。

1. タイトル

Organa Bay Hotel
24 Sapano Drive
Valletta, Malta VLT 5550

> タイトルを見ると，Organa Bay Hotelですから，ホテルの「アンケート」か，「リクエストシート」と予想できます。

Guest name: Andrea Miller
Check in / Check out: March 3 / March 6
Room Number: 205
Form completed by: Tyson Gillet

2. 質問事項

Nature of request

Dining ✔   Room ☐   Check out ☐
Cleaning ☐   Facilities ☐   Other ☐

次に②質問事項を見ましょう。Nature of request（依頼の内容）とあり，Dining（食事）にチェックがあります。リクエストの内容は，食事のようです。

3. 追加情報
Further details

Guest follows a strict non-dairy diet. She brought her own soy milk and butter substitute and asked for them to be kept in the hotel kitchen's refrigerator. The wait staff should bring them to her table each breakfast time.

最後に③追加情報，Further details（詳細）。Guest follows a strict non-dairy diet.（客は乳製品を含まない食事をしている）と書かれています。アンケートであれば，I want 〜や I need 〜のように，顧客からの意見が書かれます。ですがここでは，Guest follows 〜というように，社員間（ホテルのスタッフの間）で，顧客のリクエストを共有していることがわかります。顧客のMillerさんは，乳製品がダメのようですね。その後に，彼女は自分の豆乳などを持ち込み，冷蔵庫に保管しているなど，顧客の「注意点」が書かれています。

先にも書きましたが，フォームでは，必要な情報を拾うリーディングをします。読むべき分量が少ないので，《①⇒②⇒③》の展開をできるだけ早く捉えることが重要です。

3 構文

Tips

Guest follows a strict <u>non-dairy diet</u>. （乳製品がダメ）

    ↓ ＜以下で具体化＞

<u>She brought her own soy milk</u> and butter substitute

（自分の豆乳を持ち込み）

        and

<u>asked for them to be kept</u> in the hotel kitchen's refrigerator.

（それを保管してほしいと言った）

    ↓　＜さらに具体的指示へ＞

<u>The wait staff should bring them to her table</u> each breakfast time.

（給仕スタッフはテーブルにそれを運ぶ）

---

　non-dairy dietという情報（要望）に対し，その後の文では，Millerさんの要望がさらに具体化されています。リクエストの「抽象⇒具体」をつかんでください。

4 区切りながらキャッチ！

　＊ここでは，文章のみのスラッシュ訳です。

Guest follows a strict non-dairy diet. //	お客様は乳製品を召し上がれない //
She brought her own soy milk and butter substitute /	彼女は自分の豆乳とバターの代替品を持ち込み /

and asked for them /	それらを依頼した /
to be kept in the hotel kitchen's refrigerator. //	ホテルの台所の冷蔵庫に保管することを //
The wait staff should bring them /	給仕スタッフはそれらを持っていってください /
to her table /	テーブルに /
each breakfast time. //	彼女の朝食の時間には毎度 //

5 訳と語句の確認！

① Organa Bay Hotel
24 Sapano Drive
Valletta, Malta VLT 5550

② Guest name: Andrea Miller
Check in / Check out: March 3 / March 6
Room Number: 205
Form completed by: Tyson Gillet

③ Nature of request
    Dining ☑   Room ☐   Check out ☐
    Cleaning ☐   Facilities ☐   Other ☐

④ Further details
Guest follows a strict non-dairy diet. ⑤ She brought her own soy milk and butter substitute and asked for them to be kept in the hotel kitchen's refrigerator.
⑥ The wait staff should bring them to her table each breakfast time.

① Organa Bay ホテル
24 Sapano 自動車道
Valletta, Malta VLT 5550

② 宿泊客氏名：Andrea Miller
チェックイン/チェックアウト：3月3日 / 3月6日
部屋番号：205
用紙記入者：Tyson Gillet

③ 要望の内容

食事 ☑	部屋 ☐	チェックアウト ☐
清掃 ☐	設備 ☐	その他 ☐

④ 詳細
お客様は乳製品を召し上がれない。⑤ 彼女は自分の豆乳とバターの代替品を持ち込み，それらをホテルの台所の冷蔵庫に保管することを依頼した。⑥給仕スタッフは彼女の朝食の時間には毎度，彼女のテーブルにそれらを持っていってください。

② ☐ guest name 顧客名　☐ complete 動 …を完成する

③ ☐ nature 名 性質，種類

④ ☐ further detail 詳細　☐ follow 動 …に従う　☐ strict 形 厳しい
　☐ non-dairy 形 牛乳を含まない

⑤ ☐ soy milk 豆乳　☐ substitute 名 代わりのもの
　☐ refrigerator 名 冷蔵庫

⑥ ☐ wait staff 給仕スタッフ，ウエイター

【テキストメッセージ(text-message chain)】

11:32 A.M.

Geraldine McArthur　　11:18 A.M.
Hi, Dae Suk. I'm in the middle of my meeting with
Evanish Legal, and I need some advice.

Dae Suk Lee　　11:21 A.M.
Sure, what is it?

Geraldine McArthur　　11:23 A.M.
They're considering doubling their monthly copy paper
order from us, but they're looking for a 15% discount.
Can I go ahead and give them what they want?

Dae Suk Lee　　11:24 A.M.
That's quite a big reduction. Give me a minute to check
the figures.

Dae Suk Lee　　11:28 A.M.
Okay, we can do it, providing they commit to at least
twelve monthly orders at the new size.

Geraldine McArthur　　11:30 A.M.
Got it. I'll give them our terms then contact you later.

Dae Suk Lee　　11:31 A.M.
That's great, and well done!

1 レクチャー

テキストメッセージは，LINEなどのメッセージ交換アプリの画面をイメージしましょう。複数の人物がメッセージをやり取りしているので，トピックをつかむことが大事です。

> **テキストメッセージ・スキーマ**
>
> ## テキストメッセージ【本文】
>
> ① 用件（問題提起）
> ② 対応・解決策
> ③（問題解決への）提案

テキストメッセージは，Part 3の会話のリーディング版です。Part 7のなかでは，文章量が少なく，トピックがつかみやすいのが特徴です。

冒頭では，①「用件（問題提起）」が示されます。やり取りの主題や場所，話し手の職業などの情報が，冒頭に集中しています。まずはこれをつかむことが先決です。次に，Part 7のテキストメッセージの裏トピックは，何らかのトラブルです。ゆえに，「ヘルプ要求（お願い）」メッセージの可能性大。話し手が困っていることが多いので，冒頭には問い合わせ表現が頻出します。

> Can you tell me 〜 ?
> 〜を教えてもらえますか？

I would like to know ~ .
～を知りたいのですが。

I'd like you to send me ~ by e-mail.
～をメールで送ってもらいたいのですが。

Where can I obtain ~?
～はどこで入手可能ですか?

Do you know how it happened?
どうしてそんなことが起こったのか分かりますか?

　①用件(問題提起)に対し, 中盤では, それに対する②「対応・解決策」が述べられます。たとえば, ①「飛行機が遅れた」⇒②「会議の進行はAに, 内容説明はBに代理をお願いしたいが, 実際には可能か?」というように, 問題解決に向けてのチャットが進行します。そして, ③「提案」では, 問題解決のための指示や提案がなされて終了です。

　テキストメッセージが苦手ならば, Part 3の会話がいいトレーニングになります。その会話文を, 「音読」「筆写」するのもオススメ。Part 3とPart 7のテキストメッセージ, 両方の同時トレーニングとなり, 一挙両得です。

2 英文の流れをつかもう！

　では、「テキストメッセージ」を見ながら、スキーマを確認しましょう。《①用件（問題提起）⇒②対応・解決策⇒③（問題解決への）提案》という展開が、シンプルなメッセージだけで進行するので、ときに行間を読むことも必要になります。

1. 用件（問題提起）

Geraldine McArthur　　11:18 A.M.

Hi, Dae Suk. **I'm in the middle of my meeting with Evanish Legal, and I need some advice.**

Dae Suk Lee　　　　　11:21 A.M.

Sure, what is it?

Geraldine McArthur　　11:23 A.M.

They're considering doubling their monthly copy paper order from us, but they're looking for a 15% discount. Can I go ahead and give them what they want?

McArthurの最初のセリフが重要です。トピックや場所などの情報の宝庫です。そして、要求／要望などの「お願い」表現（ここではI need ~）も書かれています。

I'm in the middle of my meeting with Evanish Legal, and
　⇒シチュエーション　　　　　　　　　　⇒取引先
I need some advice.
　⇒用件（問題提起）

一文を読むだけで，会話の「シチュエーション」，「取引先」，そして「要求（お願い）」がわかります。そして，次のMcArthurのセリフでは，They're considering doubling their monthly copy paper order from usというように，McArthur（＝話し手）の職業もわかります。彼は，コピー用紙を扱っている業者ですね。そして，その直後，先方の求める15% discountをどうするかが，彼女が欲しいadviceになります。

2. 対応・解決策

Dae Suk Lee 　　　**11:24 A.M.**

That's quite a big reduction. Give me a minute to check the figures.

Dae Suk Lee 　　　**11:28 A.M.**

Okay, **we can do it, providing they commit to at least twelve monthly orders at the new size.**

McArthurの①用件に対して，Leeは，we can do it, providing they commit to at least twelve monthly orders at the new size.というように，「今回決まった量（＝これまでの2倍）で，12カ月分」注文してくれたらOKというように，②対応・解決策を示しています。LeeはMcArthurの上司ですね。

3. （問題解決への）提案

Geraldine McArthur 　11:30 A.M.

Got it. I'll give them our terms then contact you later.

Dae Suk Lee　　　11:31 A.M.

That's great, and well done!

そしてMcArthurはLeeの解決策を了解し，I'll give them our termsと述べています。最後に②の解決策を，相手（法律事務所）に③提案して終了です。

テキストメッセージはムダが少ないので，《①⇒②⇒③》の展開をしっかり読むことが大事です。

---

3 構文

Tips

次の文は，意外とクセモノです。ポイントは2つ。

> we can do it, [providing they commit to (at least) twelve monthly orders at the new size].

1つ目は，we can do itのdo itが何を指すのかという点です。このセリフは，（McArthurに対する）Leeの返答です。we canのcanを目印にすれば，McArthurのセリフ，Can I go ahead and give them what they want?を受けていると分かりますね。

2つ目は，後半のproviding ~ の部分。ここのポイントは，「隠れif」を見抜くこと。providing (that) SVやprovided (that) SVは，「もし~とすれば」の意味です。ifと同じですが，長文の中に入ると見つけにくく

なってしまいます。「条件」節であると分かればOK。

　さらに加えるなら，commit toは「～を引き受ける，約束する」の意味。通常，commitは「～を任せる，委ねる」で覚えますが，多くの用法があるので注意しましょう。

4 区切りながらキャッチ！

Geraldine McArthur (11:18 A.M.)

Hi, Dae Suk. //	こんにちは，Dae Suk さん //
I'm in the middle /	私は真っ最中です /
of my meeting /	商談の /
with Evanish Legal, /	Evanish 法律事務所の方との /
and I need some advice. //	それで，いくつか助言をお願いします //

Dae Suk Lee (11:21 A.M.)

Sure, what is it? //	いいですよ。どんなことでしょうか。//

Geraldine McArthur (11:23 A.M.)

They're considering /	彼らは検討中です /
doubling their monthly copy paper order from us, /	毎月当社にご注文いただいているコピー用紙の数を２倍にすることを /
but they're looking for a 15% discount. //	ですが15%の値引きを希望されています //
Can I go ahead /	このまま話を進めていいでしょうか /

| and give them what they want? // | そして彼らの要望を受け入れるべきで
しょうか // |

Dae Suk Lee (11:24 A.M.)

That's quite a big reduction. //	それはかなり大幅な値引きですね //
Give me a minute /	少し待ってください /
to check the figures. //	数字を確認するために //

Dae Suk Lee (11:28 A.M.)

Okay, we can do it, /	大丈夫です，できると思います /
providing they commit to /	もし彼らが約束してくれるなら /
at least twelve monthly orders /	少なくとも 12 カ月間の注文は /
at the new size. //	その新しい枚数で（＝2倍の枚数で） //

Geraldine McArthur (11:30 A.M.)

Got it. //	了解しました //
I'll give them our terms /	私からその条件を彼らに伝えます /
then contact you later. //	その後であなたに連絡します //

Dae Suk Lee (11:31 A.M.)

| That's great, and well done! // | それでいいです。よくやってくれまし
た // |

Geraldine McArthur   11:18 A.M.
① Hi, Dae Suk. I'm in the middle of my meeting with Evanish Legal, and I need some advice.

Dae Suk Lee   11:21 A.M.
② Sure, what is it?

Geraldine McArthur   11:23 A.M.
③ They're considering doubling their monthly copy paper order from us, but they're looking for a 15% discount. ④ Can I go ahead and give them what they want?

Dae Suk Lee   11:24 A.M.
⑤ That's quite a big reduction. ⑥ Give me a minute to check the figures.

Dae Suk Lee   11:28 A.M.
⑦ Okay, we can do it, providing they commit to at least twelve monthly orders at the new size.

Geraldine McArthur   11:30 A.M.
⑧ Got it. I'll give them our terms then contact you later.

Dae Suk Lee   11:31 A.M.
⑨ That's great, and well done!

Geraldine McArthur（午前11時18分）
① こんにちは，Dae Sukさん。私はEvanish 法律事務所の方と商談中で，アドバイスがほしいのですが。

Dae Suk Lee（午前11時21分）
② いいですよ。どんなことでしょうか。

Geraldine McArthur（午前11時23分）
③ 毎月当社にご注文いただいているコピー用紙の数を，彼らは倍にしようと考えていらっしゃって，15％の値引きを希望されています。
④ このまま話を進めて，要望を受け入れてもいいでしょうか。

Dae Suk Lee（午前11時24分）
⑤ それはかなり大幅な値引きですね。⑥ 数字を確認するので，ちょっと待ってもらえますか。

Dae Suk Lee（午前11時28分）
⑦ 大丈夫です。新たな枚数を少なくとも12カ月間注文してくれることが条件です。

Geraldine McArthur（午前11時30分）
⑧ 了解しました。私からその条件を彼らに伝えます。その後，あなたに連絡します。

Dae Suk Lee（午前11時31分）
⑨ それでいいです。よくやってくれました。

Part 7 英文を読み解けるようになるための講座

① □ in the middle of …の途中で　□ advice 名 助言
③ □ consider 動 …を検討する　□ double 動 …を2倍にする
　□ order 名 注文　□ look for …を求める・期待する
　□ discount 名 値引き
④ □ go ahead 話などを進める
⑤ □ reduction 名 割引
⑥ □ a minute 少しの時間　□ figure 名 数字
⑦ □ providing 接 …という条件で　□ commit to …を約束する
　□ at least 少なくとも　□ monthly order ひと月当たりの注文
⑧ □ term 名 （契約などの）条件　□ contact 動 …に連絡する

【広告(advertisement)】

Mayer Brothers Dry Cleaning
81 Farland Avenue, Ottawa K2B 4XR

Mayer Brothers offers the fullest range of garment cleaning in town. Our competitively-priced services include:

- 1-Hour express cleaning
- Cleaning of large blankets and comforters
- 11 P.M. late opening on Monday–Thursday
- Ironing included in full cleaning packages
- And from May, a clothing repair service for rips and holes

When you join our customer reward program and bring five garments or more at one time, Mayer Brothers will drop off the cleaned items at your door— free of charge!

1 レクチャー

　文書ジャンルは，「広告」です。太字の「見出し」と冒頭の数行を見て，「何の広告か」を把握しましょう。本書では，広告スキーマは2度目の登場です。

広告スキーマ

広告【見出し】

広告【本文】

① 商品・サービス・求人
② 内容説明
③ 追加情報（諸注意・連絡先）

　講義3で述べたように，「見出し」は広告のキャッチフレーズです。「商品，サービス，求人」が，広告の三大パターンでしたね。

　今回，特に注目したいのが，前回なかった「並列」表記です。広告では，商品の特徴，サービスの種類，求人の条件など，複数の項目を並べて表記します。A, B, Cや●●●のような感じです。これらの項目は，名詞の言い切りなので，意味が取りにくい場合があります。ちなみに，この「並列」表記は，「取扱説明書」でも出てきますよ。

　求人(Job Opening)の例を見ましょう。セールスマネジャー (Sales Manager) を探しています，という文書の後で，必要な資格の「並列」表記が書かれます。

Required Qualification

必要な資格

●Minimum 3 years of relevant work experience

　　最低３年の関連する職務経験

●Self-Motivated　　　　　　　　　自発的である

●Proficient in Accounting Software　会計ソフトに堪能

●French/English bilingual speaker

　　フランス語と英語のバイリンガル

クリーニング・サービスなどでも「並列」表記は頻出です。

Home Cleaning Services

ホーム・クリーニング・サービス

●Affordable Rates　　　　　　　　手頃な価格

●Quality Service　　　　　　　　　優良サービス

●Trained and Reliable Staff　研修し, 信頼のおけるスタッフ

●Flexible Scheduling　　　融通のきくスケジュール

●Available One Time, Weekly, Biweekly, or Monthly

　　一度だけ, 毎週, 隔週, 毎月ご利用できます

項目の並びに注意して, 特徴, 種類, 条件などを押さえましょう。

2 英文の流れをつかもう！

　「広告」スキーマを見ていきましょう。《①商品・サービス・求人⇒②内容説明⇒③追加情報》というパターンです。まずは, どんな広告かをつかみましょう。

1. サービス案内

Mayer Brothers Dry Cleaning

81 Farland Avenue, Ottawa K2B 4XR

Mayer Brothers offers the fullest range of garment cleaning in town.

> 「見出し」の Dry Cleaning や冒頭の Mayer Brothers offers ~ garment cleaningから, クリーニングサービスの広告とわかります。《見出し＋冒頭》のトップダウン処理, ボキャブラリーをつなげるボトムアップ処理を連動させてください。

2. 内容説明

Our competitively-priced services include:

- 1-Hour **express cleaning**
- **Cleaning of** large blankets and comforters
- 11 P.M. **late opening** on Monday–Thursday
- **Ironing** included in full cleaning packages
- And from May, a **clothing repair service** for rips and holes

次に 《①サービス案内⇒②内容説明》 という展開ですが， Our competitively-priced services include:以下の5項目の「並列」表記がサービス項目です。 これらは， ざっくりと， express cleaning, cleaning of ~, late opening, Ironing, clothing repair service, とボキャブラリーから情報を拾いましょう。

3. 追加情報

When you join our customer reward program and bring five garments or more at one time, **Mayer Brothers will drop off the cleaned items at your door—free of charge!**

そして，③追加情報は，サービス案内によくある「追加サービス」です。ある条件をクリアしたら，free of charge（無料）で配送します，と書かれていますね。

何度も繰り返しますが，スキーマ／パターンがわかると，文書の「展開」が予測できます。ボキャブラリーの力が上がれば，全体を予測し，部分を読み込めるので，最強のリーディングが可能です。

3 構文

Tips

> Our competitively-priced services include:
>
> 【抽象】
> - 1-Hour express cleaning
> - Cleaning of large blankets and comforters
> - 11 P.M. late opening on Monday–Thursday
> - Ironing included in full cleaning packages
> - And from May, a clothing repair service for rips and holes
>
> 【具体】

　まず, competitive (競争的な) が難所。例えば, competitive priceは「競争価格」のように訳されますが, これは「(他社と競争しても負けない) 価格」のことで, 実際的には「安価」の意味に近いです。

　上記の文では, 「どこよりも安い価格のサービス」(抽象) の内容は, include以下 (具体) で書かれます。サービスの具体的な内容は, その下に列挙された5つの項目です。

4 区切りながらキャッチ!

Mayer Brothers Dry Cleaning	Mayer Brothers ドライクリーニング
81 Farland Avenue, Ottawa K2B 4XR	81 Farland 街, オタワ K2B 4XR

Mayer Brothers offers /	Mayer Brothers はご提供します /
the fullest range of garment cleaning /	いちばん充実した衣類クリーニングサービスを /
in town. //	この町で //
Our competitively-priced services include: //	よそに負けない値段で次のようなサービスを提供しております //
• 1-Hour express cleaning //	・1時間で仕上げる特急クリーニング //
• Cleaning /	・クリーニング /
of large blankets and comforters //	大型毛布やかけ布団の //
• 11 P.M. late opening /	・午後11時までの営業 /
on Monday–Thursday //	月曜から木曜は //
• Ironing /	・アイロン掛け /
included in full cleaning packages //	クリーニング一式コースに含まれている //
• And from May, /	・さらに，5月以降は /
a clothing repair service for rips and holes //	ほつれや穴あきの修繕サービス //
When you join our customer reward program /	お客様が当店のポイントサービスに入りましたら /
and bring five garments or more /	5着以上の服を持ち込まれた場合，/
at one time, /	一度に /
Mayer Brothers will drop off the cleaned items /	Mayer Brothers はクリーニングした服をお届けします /
at your door /	ご自宅まで /
—free of charge! //	しかも無料です！ //

① Mayer Brothers Dry Cleaning
81 Farland Avenue, Ottawa K2B 4XR

② Mayer Brothers offers the fullest range of garment cleaning in town. ③ Our competitively-priced services include:

④ • 1-Hour express cleaning
⑤ • Cleaning of large blankets and comforters
⑥ • 11 P.M. late opening on Monday–Thursday
⑦ • Ironing included in full cleaning packages
⑧ • And from May, a clothing repair service for rips and holes

⑨ When you join our customer reward program and bring five garments or more at one time, Mayer Brothers will drop off the cleaned items at your door —free of charge!

① Mayer Brothers ドライクリーニング
81 Farland 街, オタワ K2B 4XR

② Mayer Brothers はこの町で, いちばん充実した衣類クリーニングサービスをご提供します。③ よそに負けない値段で次のようなサービスを提供しております。

④・1時間で仕上げる特急クリーニング
⑤・大型毛布やかけ布団のクリーニング
⑥・月曜から木曜は午後11時までの営業
⑦・クリーニング一式コースはアイロン掛けまで
⑧・さらに, 5月以降は, ほつれや穴あきの修繕サービス

⑨ お客様が当店のポイントサービスに入りましたら，1回5着以上の服を持ち込まれた場合，Mayer Brothersはご自宅までクリーニングした服をお届けします。しかも無料です！

② □ offer 動 …を提供する　□ range 名 (製品などの) 種類・範囲
　　□ garment 名 衣服
③ □ competitively-priced 形 (他と比べて) 安い
　　□ include 動 …を含む
④ □ express 形 急ぎの
⑤ □ comforter 名 かけぶとん
⑧ □ clothing 名 衣服　□ repair service 修繕サービス
　　□ rip 名 ほころび　□ hole 名 穴, 破れ
⑨ □ reward program 特典プログラム　□ drop off (荷物) を配達する
　　□ free of charge 無料で

【通知(notice)】

NOTICE TO EMPLOYEES

It has recently come to the management's attention that some employees have not been following the correct hygiene and safety procedures. May we remind all kitchen staff to tie their hair back tightly when preparing food. This also applies to the wait staff. Furthermore, employees must use the face masks and plastic gloves provided when adding food to the buffet trays. This is not only hygienic, but it also gives a good image to the customers. Finally, if you feel unwell in any way, which includes having a cold or a cough, please inform the management immediately so that your shift can be covered by someone else. Failure to follow the above rules may result in having to retake the food safety training class.

1 レクチャー

2度目の「通知」ですね。前回はNotice to Residents(住民へのお知らせ)という，工事案内に顕著な「一般的な通知」でした。今回は，NOTICE TO EMPLOYEES(従業員への通知)，つまり「社内通知」です。

社内通知【見出し】

社内通知【本文】

① （通知の）目的
② （通知の）理由と説明
③ 追加情報

「社内通知（お知らせ）」にもパターンがあります。規則改正，工事案内，人事異動，旅費規程など，何らかの「変更点」について言及しているのが特徴です。

加えて，「規則厳守」や「イベント開催手順」などでは，「〜してください」「〜を遵守してください」のような，ルールに関する強い注意喚起の「告知」もあります。

【規則を守る】シリーズは，以下のとおりです。

Employees are expected to <u>keep to</u> the regulations.

（従業員は規則を守ることが求められています）

⇒adhere to

⇒stick to

⇒abide by

⇒comply with

⇒observe

また，ルールに関する表現として，shouldやmustも重要です。これらは，「注意喚起」の目印になりますね。

Sales reports <u>should</u> be submitted by the end of this month.
販売報告は, 今月の末までに提出しなければなりません。

Necessary Expenditure <u>must</u> be reported immediately to your supervisor.
必要経費は, 直属の上司にすぐに報告しなければなりません。

2 英文の流れをつかもう！

「社内通知」スキーマを見ていきましょう。《①(通知の)目的⇒②(通知の)理由と説明⇒③追加情報》のパターンです。このような展開は, 一般的な通知と同じです。

1. (通知の) 目的

NOTICE TO EMPLOYEES

It has recently come to the management's attention that some employees have not been following the correct hygiene and safety procedures.

Notice to Employeesの「見出し」から, 社内通知とわかります。最初の1文を見て,「変更」なのか,「注意喚起」なのかを判断するのが大事です。some employees have not been following the correct hygiene and safety procedures. (従業員は〜に従っていない) と書かれていますので, この後は「従業員は〜に従ってください」という「注意喚起」の通知／告知だと予測できます。

2.（通知の）理由と説明

May we remind all kitchen staff to tie their hair back tightly when preparing food. This also applies to the wait staff. **Furthermore**, **employees must use the face masks and plastic gloves** provided when adding food to the buffet trays. This is not only hygienic, but it also gives a good image to the customers. **Finally**, if you feel unwell in any way, which includes having a cold or a cough, **please inform the management immediately** so that your shift can be covered by someone else.

次の②（通知の）理由と説明では，3ステップでルールの確認が行われます。その際，FurthermoreやFinallyなどの論理マーカーは，とてもナイスな目印になります。「A，Furthermore B，Finally C」という展開において，A，B，Cは，対等なルールの並記です。実際に見ていきましょう。

some employees have not been following ~
（ルールに従っていない）
↓

(A) May we remind all kitchen staff to tie their hair back tightly
   （髪を後ろで束ねることを思い出してください）

(B) Furthermore, employees must use the face masks and plastic gloves
   （従業員はフェイスマスクとビニールの手袋を着用しなければなりません）

(C) Finally, ~ please inform the management immediately
   （～のときは，管理者にすぐに伝えてください）

ルールに従っていないことの具体例が3つ書かれています。「A, Furthermore B, Finally C」を見抜きましょう。この展開がわかると, 意外と簡単に読めてしまいます。

また, 動詞に注目するのもグッドです。(A) May we remind ⇒(B) employees must use ⇒(C) please inform というように, 念押ししていますね。

3. 追加情報

Failure to follow the above rules may result in having to retake the food safety training class.

そして, 最後は, ちょっとした警告です。注意喚起にしては, やや怖い書き方ですね。「従わなかったら, 研修の再受講」のようです。

3 構文

Tips-1

It has recently come to the management's attention [that some employees have not been following the correct hygiene and safety procedures].

⇒Itは, that以下を指す仮主語です。「従業員は〜に従っていない」という下線部が読み取れればOK。前半のcome to one's attention(〜の注意を引く)も覚えておきましょう。

Tips-2

This is not only hygienic, but it also gives a good image to the customers.

⇒not only A, but also B（Aばかりでなく，Bもまた）は，定番です。

Tips-3

Failure to follow the above rules / may result in having to retake the food safety training class.

⇒主部のFailure to follow the above rulesが最大のポイント。failure to do（～しないこと）は大事です。ですが，ここでのポイントは，この部分が if（もし～なら）の意味を帯びることです。つまり，「（もし）上記のルールに従わなかったら」の意味。加えて，S result in ～（結果として～になる）も重要です。両者を合わせると，「ルールに従わなかったら，結果として，～の再受講となる」となります。

4 区切りながらキャッチ！

NOTICE TO EMPLOYEES	従業員へのお知らせ
It has recently come to the management's attention /	最近，経営陣は気にかけています /
that some employees have not been following /	従っていない従業員がいることに /
the correct hygiene and safety procedures. //	衛生・安全の正しい手順に //
May we remind all kitchen staff /	キッチンスタッフ全員に周知する必要があります /

to tie their hair back tightly /	髪を後ろでしっかり束ねておくことを /
when preparing food. //	食事を準備するときは //
This also applies /	これはあてはまります /
to the wait staff. //	給仕スタッフにも //
Furthermore, /	さらに /
employees must use the face masks and plastic gloves provided /	従業員は支給されたフェイスマスクとビニール手袋を着用しないといけません /
when adding food to the buffet trays. //	ビュッフェ用のトレーに料理を追加するときは //
This is not only hygienic, /	これは衛生的なだけではなく /
but it also gives a good image /	いいイメージも与えます /
to the customers. //	お客様に //
Finally, /	最後に /
if you feel unwell in any way, /	もしみなさんがどこか具合が悪いと感じたときには /
which includes having a cold or a cough, /	風邪やせきも含めて /
please inform the management immediately /	管理職にただちにその旨を伝えてください /
so that your shift can be covered /	勤務当番を交代してもらえるように /
by someone else. //	誰か他の人に //
Failure to follow the above rules /	上記の規則に従わないことは /
may result in /	次のような結果になるかもしれません /
having to retake the food safety training class. //	食品安全研修を再度受けざるをえないということに //

5 訳と語句の確認！

① NOTICE TO EMPLOYEES

② It has recently come to the management's attention that some employees have not been following the correct hygiene and safety procedures. ③ May we remind all kitchen staff to tie their hair back tightly when preparing food. ④ This also applies to the wait staff. ⑤ Furthermore, employees must use the face masks and plastic gloves provided when adding food to the buffet trays. ⑥ This is not only hygienic, but it also gives a good image to the customers. ⑦ Finally, if you feel unwell in any way, which includes having a cold or a cough, please inform the management immediately so that your shift can be covered by someone else. ⑧ Failure to follow the above rules may result in having to retake the food safety training class.

① 従業員へのお知らせ

② 衛生・安全の正しい手順に従っていない従業員がいることを，経営陣は最近気にかけています。③ 食事を準備するときは，キッチンスタッフ全員が髪を後ろでしっかり束ねておいてください。④ これは給仕スタッフにもあてはまります。⑤ さらに，ビュッフェ用のトレーに料理を載せるときは，支給したフェイスマスクとビニール手袋を着用しないといけません。⑥ このことは衛生的なだけでなく，お客様にいいイメージを与えます。⑦ 最後に，もしみなさんがどこか具合が悪いと感じたときには，風邪やせきも含めて，管理職にただちにその旨を伝えて，誰か他の人に勤務当番を交代してもらえるようにしてください。⑧ 上記の規則に従わなかった場合，食品安全研修を再度受けていただくことになるかもしれません。

① □ notice **名** お知らせ, 通知　□ employee **名** 従業員

② □ recently **副** 最近　□ management **名** 経営陣

□ attention **名** 注意, 注目

□ follow **動** (規則など) に従う　□ hygiene **名** 衛生, 衛生状態

□ safety **名** 安全　□ procedure **名** 手順

③ □ remind X to *do* X に…するよう気づかせる

□ tightly **副** きっちりと　□ prepare **動** …を準備する・支度する

④ □ apply to …にあてはまる

⑤ □ furthermore **副** さらに　□ face mask フェイスマスク

□ plastic **形** プラスチック製の, ビニール製の　□ gloves **名** 手袋

□ provide **動** …を提供する　□ buffet tray ビュッフェのトレー

⑥ □ hygienic **形** 衛生的な

⑦ □ feel unwell 気分がよくない　□ include **動** …を含む

□ have a cold 風邪をひいている　□ cough **名** せき

□ inform **動** …に知らせる　□ immediately **副** すぐに

□ shift **名** シフト, 交代制

⑧ □ failure to *do* …しないこと　□ above **形** 以上の

□ result in …の結果になる　□ retake **動** …を取り直す

【手紙(letter)】

Maybell Furniture Stores
Cardiff branch
91 Dolan Drive, Cardiff CF7 6BQ
Tel: (029) 5555-2020

March 13

Rita Pradeer
19 Cochrane Way
Cardiff, CF95 1TC

Dear Ms. Pradeer,

Thank you for your recent visit to Maybell Furniture. I am glad I could assist you in choosing a new sofa from our 'Starlight' range. As promised, please find enclosed a book containing samples of the five different coverings that this particular sofa comes in. Please take your time selecting which one is most suitable. When you have decided, you can let me know by phone or letter, and I will start the ordering process. It should be ready around two weeks after you inform me of your choice.

As the Starlight range of furniture is slightly bigger than average, I need to confirm that the sofa can fit through your front door. I would appreciate it if you could tell me the width of your house's doorway when next contacting me. If this is inconvenient, I can send a store employee to your home to measure it for you.

Please feel free to contact me if you have any questions.

Best regards,

Alan Durst

Alan Durst
Senior sales representative

1 レクチャー

講義3に続いて,「手紙」の再登場です。「手紙」スキーマを確認しましょう。

手紙スキーマ

（レターヘッド）＝会社名・住所・差出人

日付
受取人（＝Dear ～の名前と同じ）
住所

Dear ～ , (拝啓)

手紙【本文】

① 用件
② 説明と対応
③ 追加情報 (例外や連絡手段)

Sincerely, (敬具)

差出人 (＝手紙を書いてる人)
役職
会社名

手紙とメールの最大の相違点を思い出しましょう。

「フォーマルかどうか」ですね。

手紙は, 会社から個人 (顧客) に対する「謝辞」「謝罪」「広告 (新製品の案内)」などが, 一般的です (「読者レター」は例外的)。それらがすごく丁寧に書かれて

いよす。会社からの手紙では、レターヘッドに「社名」、手紙の最後に「差出人」＋「役職」があるのが定番パターンなので、内容を読む前に、パッと見ておくことが大事です。

そして、手紙の本文冒頭を見れば、「謝辞」「謝罪」「広告」の判断は簡単です。

1「謝辞」
Thank you for your offer to accept our proposal.
弊社の提案を受け入れて下さりありがとうございます。

2「謝罪」
We were sorry to hear that the condition of the product was not good.
製品の状態が良くないと伺い、残念に思います。

We apologize for the mistake in the information that we sent you.
弊社からの案内に不手際がございましたことをお詫び申し上げます。

3「広告」
We would like to inform you that your *Biz Life* trial expires in 7 days.
『Biz Life』のトライアル期間があと7日で終わってしまうことをお知らせ致します。

We'd noticed that your account isn't fully set up yet.
あなたのアカウントがまだ設定されていないことをお伝え致します。

「謝辞」の場合は、Thank you forなので簡単です。《①用件⇒②説明と対応⇒③追加情報》という展開も、（手紙の送り手に）「受け入れられている」のが前提なので、「前向き」で具体的な説明へと進みます。

一方,「謝罪」の場合,例えば製品不具合のクレームに対する返事では,「お詫び」⇒「対応（交換や返金の提案）」⇒「連絡先」という展開で,終始「お詫び」が続きます。

　最も興味深いのは「広告」です。新製品や定期購読などを丁寧に勧誘するスタイルなので,例えば雑誌の定期購読案内であれば,前半はその雑誌の魅力てんこ盛りのアピールをします。そして,後半では割引情報などが書かれます。「広告（案内）」⇒「商品説明＆アピール」⇒「割引や特典」という流れですね。

2 英文の流れをつかもう！

　「手紙」スキーマは,《①用件⇒②説明と対応⇒③追加情報》という展開です。そして「謝辞」「謝罪」「広告」「読者レター」のどのジャンルかを見抜きます。

0. レターヘッド
Maybell Furniture Stores

> レターヘッドにはMaybell Furniture Storesとあり,手紙の最後に書かれた差出人Durstさんには,Senior sales representative（シニア営業担当）と役職名が書かれています。会社のレターヘッドと責任ある人物の署名から,「家具店からのオフィシャルな手紙」とわかります。

Dear Ms. Pradeer,

1. 用件

Thank you for your recent visit to Maybell Furniture. I am glad I could assist you in choosing a new sofa from our 'Starlight' range.

次に，冒頭です。

Thank you for your recent visit ~
（お越しいただきありがとうございます）
I am glad I could assist you ~
（お手伝いできて嬉しく思います）

この2文は，定番の「謝辞」表現。新しいソファの購入に対するサンキュー・レターです。

2. 説明と対応

As promised, **please find enclosed a book containing samples of the five different coverings** that this particular sofa comes in. **Please take your time selecting** which one is most suitable. When you have decided, **you can let me know** by phone or letter, and I will start the ordering process. It should be ready around two weeks after you inform me of your choice.

「用件」から「説明と対応」への展開もスムーズです。

please find ~（ご覧ください）
Please take your time selecting ~（時間をかけて選んでください）

When you have decided, you can let me know ~(知らせてください)

ソファの購入に際し，カバーを選ぶ手順が説明されています。please ~, Please ~, let me know ~ を見れば，かなり丁寧に説明していると気づくはずです。

3. 追加情報

As the Starlight range of furniture is slightly bigger than average, **I need to confirm that the sofa can fit through your front door**. **I would appreciate it if you could tell me the width of your house's doorway** when next contacting me. If this is inconvenient, I can send a store employee to your home to measure it for you.

Please feel free to contact me if you have any questions.

Best regards,
Alan Durst
Senior sales representative

そして，最後が「追加情報」（注意点）です。

I need to confirm that ~(確認する必要がある)
I would appreciate it if you could tell me ~(伝えて下さるとありがたい)

先ほどのplease find ~やPlease take your time ~ と比べると，I need ~ のように，少し強い口調になっているのがわかりますね。ソ

ファが少し大きいようですから，入らないとマズいというニュアンスです。

3 構文

Tips

please find enclosed a book [containing samples of the five different coverings (that this particular sofa comes in)].

findの語法を軸に，Please find a book enclosedというノーマルな語順から見ていきましょう。find+O+Cは，「OがCであるのを見つける」の意味。ここでは，「本が同封された状態を見つけてください⇒同封した本をご覧ください」となります。

ですが，今回のようにa bookに修飾する語句がついていてOがとても長い場合，find+O+CのうちOとCの区切りがわかりにくくなってしまいます。そのときは，長いOを後ろにして，find+C+O [～]のような倒置になります。Oが長いときは，語順が入れ替わると覚えておきましょう。

Thank you for your recent visit /	この前のご訪問，ありがとうございました /
to Maybell Furniture. //	Maybell 家具への //
I am glad /	うれしく思います /
I could assist you /	お客様をお手伝いできて /
in choosing a new sofa /	新しいソファを選ぶときに /
from our 'Starlight' range. //	当店の Starlight シリーズの製品から //
As promised, /	お約束通り /
please find enclosed a book /	冊子を同封いたしました /
containing samples of the five different coverings /	カバーの見本が 5 種類載っている /
that this particular sofa comes in. //	このソファについている //
Please take your time /	時間を取ってください /
selecting which one is most suitable. //	どれが一番いいかを選ぶための //
When you have decided, /	お決まりになりましたら /
you can let me know /	私にお知らせください /
by phone or letter, /	お電話か手紙で /
and I will start the ordering process. //	そして注文の手続きを始めます //
It should be ready /	出来上がります /
around two weeks /	約 2 週間で /
after you inform me /	お客様が私に連絡された後 /

of your choice. //	お客様の選んだものを //
As the Starlight range of furniture /	Starlight シリーズの家具は…なので /
is slightly bigger /	少し大きめ（なので）/
than average, /	平均より /
I need to confirm /	確認する必要があります /
that the sofa can fit through your front door. //	ソファがお客様の家の玄関口を通り抜けられるかを //
I would appreciate it /	ありがたいです /
if you could tell me the width /	幅をお伝えいただけますと /
of your house's doorway /	自宅の戸口の /
when next contacting me. //	次回私にご連絡いただく際に //
If this is inconvenient, /	もしそれが難しいなら /
I can send a store employee /	店のスタッフを向かわせることができます /
to your home /	ご自宅に /
to measure it for you. //	（玄関口の）幅を測るために //
Please feel free to contact me /	遠慮なくご連絡ください /
if you have any questions. //	ご質問がございましたら //

①Maybell Furniture Stores
Cardiff branch
91 Dolan Drive, Cardiff CF7 6BQ
Tel: (029) 5555-2020

March 13

Rita Pradeer
19 Cochrane Way
Cardiff, CF95 1TC

Dear Ms. Pradeer,

② Thank you for your recent visit to Maybell Furniture. ③ I am glad I could assist you in choosing a new sofa from our 'Starlight' range. ④ As promised, please find enclosed a book containing samples of the five different coverings that this particular sofa comes in. ⑤ Please take your time selecting which one is most suitable. ⑥ When you have decided, you can let me know by phone or letter, and I will start the ordering process. ⑦ It should be ready around two weeks after you inform me of your choice.

⑧ As the Starlight range of furniture is slightly bigger than average, I need to confirm that the sofa can fit through your front door. ⑨ I would appreciate it if you could tell me the width of your house's doorway when next contacting me. ⑩ If this is inconvenient, I can send a store employee to your home to measure it for you.

⑪ Please feel free to contact me if you have any questions.

Best regards,
Alan Durst
Senior sales representative

① Maybell 家具店
カーディフ支店
91 Dolan 街道, カーディフ CF7 6BQ
電話番号：(029) 5555-2020

3月13日

Rita Pradeer
19 Cochrane道
カーディフ，CF95 1TC

拝啓

Pradeer様,

② 先日はMaybell 家具にお越しいただきありがとうございます。
③ お客様の新しいソファを当店のStarlight製品のシリーズからお選びいただくお手伝いができてうれしく思います。④ お約束通り，このソファ用のカバーの見本を5種類ご覧になれる冊子を同封いたしました。⑤ どれが一番いいかごゆっくりお選びください。⑥ お決まりになりましたら，お電話か手紙で私までお知らせください。ご注文をお受けいたします。⑦ お客様のご注文のご連絡をいただいてから，約2週間で出来上がります。

⑧ Starlightシリーズの家具は平均より少し大きめなので，お客様のご自宅の玄関口からソファを入れられるか確認する必要があります。⑨ 次回ご連絡いただく際に，ご自宅の戸口の幅をお伝えいただけますと幸いです。⑩ もしそれが難しいようであれば，当店のスタッフがご自宅に伺い，幅を測ることもできます。

⑪ ご質問がございましたら，どうぞ遠慮なくご連絡ください。

敬具
Alan Durst
シニア営業担当

① ☐ furniture **名** 家具　☐ branch **名** 支店
③ ☐ assist **動** …を手助けする
④ ☐ promise **動** …を約束する　☐ enclose **動** …を同封する
　　☐ contain **動** …を含む　☐ covering **名** カバー，覆い
　　☐ particular **形** 特定の
　　☐ come in …を掛けて売られる，…で覆って売られる
⑥ ☐ decide **動** 決める，決定する　☐ order **動** 注文する
　　☐ process **名** 工程，プロセス
⑦ ☐ ready **形** 準備ができて　☐ inform A of B A に B を知らせる
⑧ ☐ slightly **副** わずかに，少し　☐ average **名** 平均
　　☐ confirm **動** …を確認する　☐ fit through …を何とか通り抜ける
⑨ ☐ appreciate **動** …をありがたく思う・感謝する　☐ width **名** 幅
　　☐ doorway **名** 玄関口，出入り口　☐ contact **動** …に連絡する
⑩ ☐ inconvenient **形** 不便な　☐ measure **動** …を測る
⑪ ☐ feel free to *do* お気軽に…してください
　　☐ Best regards（手紙文で）敬具
　　☐ senior sales representative シニア営業担当

公的な文には欠かせない仮定法現在

要求(demandなど)・提案(suggestなど)・命令(orderなど)・推奨(recommendなど)を表す動詞に続くthat節の中は,動詞の原形が用いられます。例えば,以下のような文です。

> We recommend that your vehicle safety inspections be conducted by certified inspectors once a year.
> (年に1回は資格のある検査士に,車の安全検査を行ってもらうことをお勧めします)

また,このルールは「It is + 形容詞 + that節」にも適用できます。この時の形容詞は「重要・必要」を表すnecessary(必要な),important(重要な),vital(不可欠な),essential(不可欠な)などです。

> For the machine to work properly, it is important that the cleaning procedures be carried out daily.
> (機器が適切に作動するように,日々クリーニングを実施することが重要です)

これは主にアメリカ英語の特徴で,イギリス英語ではshouldが使われ,最初の文であればshould be conducted,次の文はshould be carried out のようになります。おもしろいもので,イギリスから北米への移民が始まった当時の古い昔の英語がアメリカに残ったままで,現在までこの形をとどめています。イギリス

の方がshouldを取り入れた新しい用法なのです。

さて，文法の世界では，これらは<u>仮定法現在</u>と呼ばれ，よく大学入試やTOEICなどの検定試験でも目にするものです。

その名称から混乱する人も多いと思いますが，この用法はthat節の中が「今のこと」ではなくて，まだ行われていない「これから先」のことを意味します。「今はそうではないけど，これから先仮にこうする・なるといいよ」というニュアンスがあります。

現代英語では，公的な文章には頻繁に登場してきます。そのため，TOEICでもよく使われる用法なのです。

では，なぜthat節の中の動詞は原形になるのでしょうか。

要求したり，提案したり，はたまた重要だと相手に指摘する内容というのは，まだ実現していないこれから先のことです。つまり「やるのはこれから」ということになります。一方，動詞の原形というのは，現在でもない過去でもない，時間から解放された抽象的な概念で，sもingもedも何もついていない言わばハダカの状態です。概念は頭の中にあるだけで，まだ実行に移していないため，「これからやる先のこと」と相性がよく，そのため原形が使われると考えられています。

【記事(article)】

New Development for Miles City

(7 February) Plans for a new business park featuring a range of companies were announced yesterday. The development, on the site of an old school in the south-west of Miles City, will have space for up to ten factories and offices. Five businesses have already committed to building facilities at the park. These include an international sportswear maker and local firm Reese Copiers, which manufactures photocopiers and projectors.

The mayor of Miles City, Ken Hollister, welcomed the news. Hollister said, "In the first stage, the park will bring over one hundred new jobs to the city, rising to two hundred in the second year." At least fifty jobs of the two hundred will be training jobs for young people, leading to high-quality careers. Martha Ling, founder of 'Ling Kitchens', a producer of baked goods that will also operate from the park, said, "We can't wait to set up here. We hope to begin operations from November this year." The planning application is expected to be approved in March, with work on the site commencing the month after.

1 レクチャー

Part 7の「記事」は，リーディング最大の山場です。とにかく語彙・フレーズが難解。まずは「記事」のスキーマを見ていきましょう。

記事スキーマ

記事【見出し】

記事【本文】

① トピック
② 内容説明
③ 評価と今後の展開

記事では，経済（景気・買収），金融（株式・投資），雇用，都市計画，環境，エネルギーなど，幅広いテーマが出題されます。「何の記事か」を把握することが記事リーディングの第一歩。それには，「見出し」と冒頭のチェックが重要です。

「見出し」のワードから，記事のテーマを推測しましょう。

Market	市場
Depression	不景気
M&A (Mergers & Acquisitions)	企業買収・合併
Investment	投資
Stock	株
Employment	雇用

Tax increase	増税
New Development	新規開発
Traffic congestion	交通渋滞
Ecosystem	生態系
Wildlife	野生生物
Air pollution	大気汚染

「何の記事か」がわかれば，その後の展開は容易です。たとえば，「企業買収」の場合，

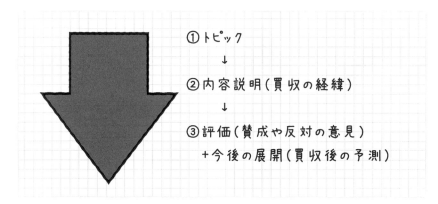

①トピック
↓
②内容説明（買収の経緯）
↓
③評価（賛成や反対の意見）
＋今後の展開（買収後の予測）

のように展開します。①⇒②の部分をしっかり読んで，買収に至る流れを把握すれば，リーディングはほぼ終了。③評価では，AさんやBさんが買収に対するコメントをしています。引用符（"　　"）はその目印。コメントがプラスなのか，マイナスなのかがわかれば，その引用文は流し読みでOKです。

また，細かい点ですが，冒頭では「地名」（Paris等）や「日時」（26 March等）が書かれるのが通例です。「いつ，どこで，何が起こっているのか」をシンプルに捉えるのが，記事では特に大事です。

2 英文の流れをつかもう！

「記事」スキーマは，《①トピック⇒②内容説明⇒③評価と今後の展開》でしたね。長文に当てはめて，読んでいきましょう。

0. 見出し
New Development for Miles City

> 「見出し」には，New Development（新規開発）と書かれています。都市開発では，企業誘致や施設の建設，道路工事や土地活用が定番ですが，それがどのように地域貢献するのかまで言及されます。TOEICワールドは前向きなので，基本的に「いいこと」が書かれます。政治や宗教に関わるディープなことは言及されません。つまり，「都市（土地）を開発したら，ビジネスチャンスだし，いいことがあるんだろうなあ」というスタンスで読むことが必要です。

1. トピック
(7 February) **Plans for a new business park** featuring a range of companies **were announced yesterday**.

> 冒頭を見ると，Plans for a new business park ~ were announced yesterday. と書かれているので，「ビジネスパークが作られる」という情報はチェックしましょう。

2. 内容説明
The development, on the site of an old school in the south-west of Miles City, **will have space for up to ten**

factories and offices. Five businesses have already committed to building facilities at the park. These include an international sportswear maker and local firm Reese Copiers, which manufactures photocopiers and projectors.

②内容説明では，The development, ..., will have space for up to ten factories and offices.の箇所が大事。ビジネスパークには，10の工場とオフィスが作られるようですね。内容説明では，「抽象⇒具体」のロジック読みが有効です。

The development will have space for up to <u>ten factories and offices</u>. 【抽象】
（10の工場とオフィス）

↓

<u>Five businesses</u> have already committed to building facilities at the park.【具体1】
（5つの企業がすでに参画）

↓

<u>These include</u> an international sportswear maker and local firm Reese Copiers, which manufactures photocopiers and projectors. 【具体2】
（スポーツウエアのメーカーやコピー機のメーカーが含まれる）

「抽象⇒具体」のロジックは，徐々に内容がはっきりと書かれます。まずは文章の始めのほうに出てくる「抽象」の箇所を読んで，後は流せばOK。メリハリ読みしましょう。

3. 評価と今後の展開

The mayor of Miles City, Ken Hollister, welcomed the news. Hollister said, "In the first stage, the park will bring over one hundred new jobs to the city, rising to two hundred in the second year." At least fifty jobs of the two hundred will be training jobs for young people, leading to high-quality careers. **Martha Ling,** founder of 'Ling Kitchens', a producer of baked goods that will also operate from the park, said, "We can't wait to set up here. We hope to begin operations from November this year." **The planning application is expected to be approved in March, with work on the site commencing the month after.**

そして，③評価の箇所では，プラス／マイナスをチェックして，こちらもさらりと流すことが大事です。

Hollister said, "In the first stage, the park will bring over one hundred new jobs to the city, rising to two hundred in the second year."

Martha Ling said, "We can't wait to set up here. We hope to begin operations from November this year."

　HollisterさんとLingさんは，ともに開発賛成派です。Hollisterさんは，仕事をもたらしてくれると言っていますし，Lingさんは待ちきれないと述べています。「プラス」のコメントをチェックしたら，最後に事務的な「今後の予定」を見ましょう。The planning application is expected to be approved in March，つまり3月に承認されることが期待されていると書かれていますね。

3 構文

Tips-1

　主述（SV）を捉えることが大事。主部が長いので，述部（動詞）を探し読みしましょう。

Plans for a new business park (featuring a range of companies) were announced yesterday.

Tips-2

　以下の2文は，分詞構文の箇所に注目してください。《S+V, -ing》というカタチでは，-ing以下は，「+α」つまりは追加情報です。

the park will bring over one hundred new jobs to the city, [rising to two hundred in the second year.]
　　　　　　　　　　　　　　+α

　パークは100以上の仕事を市にもたらす，＋α［2年目には200に！］

At least fifty jobs of the two hundred will be training jobs for young people, [leading to high-quality careers.]
　　　　　　　　　　　　　　　　　　+α

　200のうち50は若者のための職業訓練になる，＋α［それがキャリアにつながる］

4 区切りながらキャッチ！

New Development	新たな開発
for Miles City	Miles 市の
(7 February) Plans for a new business park /	（2月7日）新ビジネスパークの計画が /
featuring a range of companies /	数種類の企業が目玉になる /
were announced yesterday. //	昨日発表された //
The development, /	その開発地は /
on the site of an old school /	古い学校の跡地にあり /
in the south-west of Miles City, /	Miles 市の南西部の /
will have space /	広さを持つ予定だ /
for up to ten factories and offices.//	工場や事務所が10社まで //
Five businesses have already committed to /	5つの企業がすでに確約した /
building facilities /	施設を建設することを /
at the park. //	そのビジネスパークに //
These include an international sportswear maker /	これらの企業には国際的スポーツウェアのメーカーが含まれる /
and local firm Reese Copiers, /	地元企業の Reese コピー機会社が（含まれる）/
which manufactures photocopiers and projectors. //	同社はコピー機とプロジェクターを製造する //
The mayor of Miles City, Ken Hollister, /	Miles 市の市長，Ken Hollister は /
welcomed the news. //	そのニュースを歓迎した //
Hollister said, /	Hollister 氏は話した /

"In the first stage, /	「最初の段階で /
the park will bring /	そのパークはもたらすだろう /
over one hundred new jobs to the city, /	市に 100 人以上の新しい雇用を /
rising to two hundred /	そして 200 人に増加する（だろう）/
in the second year." //	2 年目には」//
At least fifty jobs /	少なくとも 50 の働き口は /
of the two hundred /	200 人分の仕事のうち /
will be training jobs /	職業訓練になるだろう /
for young people, /	若い人たちのための /
leading to high-quality careers. //	そして質の高いキャリアにつながるだろう //
Martha Ling, /	Martha Ling 氏は /
founder of 'Ling Kitchens', /	Ling Kitchens 社の創業者の /
a producer of baked goods /	焼き菓子の製造会社である /
that will also operate from the park, /	やはりビジネスパークで操業する予定の /
said, "We can't wait to set up here. //	「私たちはここで事業を始めるのが待ち遠しい」と語った //
We hope to begin operations /	操業を始めたいと望んでいます /
from November this year." //	今年の 11 月から //
The planning application is expected /	計画の申請は見込みである /
to be approved in March, /	3 月に承認される /
with work on the site /	現地での工事については /
commencing the month after. //	その 1 カ月後に始まる //

5 訳と語句の確認！

① New Development for Miles City

②(7 February) Plans for a new business park featuring a range of companies were announced yesterday. ③ The development, on the site of an old school in the south-west of Miles City, will have space for up to ten factories and offices. ④ Five businesses have already committed to building facilities at the park. ⑤ These include an international sportswear maker and local firm Reese Copiers, which manufactures photocopiers and projectors.

⑥ The mayor of Miles City, Ken Hollister, welcomed the news. ⑦ Hollister said, "In the first stage, the park will bring over one hundred new jobs to the city, rising to two hundred in the second year." ⑧ At least fifty jobs of the two hundred will be training jobs for young people, leading to high-quality careers. ⑨ Martha Ling, founder of 'Ling Kitchens', a producer of baked goods that will also operate from the park, said, "We can't wait to set up here. ⑩ We hope to begin operations from November this year." ⑪ The planning application is expected to be approved in March, with work on the site commencing the month after.

① Miles市の新たな開発

②（2月7日）様々な業種の企業が入る予定の新たなビジネスパークの計画が昨日発表された。③ Miles市の南西部にある古い学校の跡地での開発は，工場やオフィスなど10社が入る広さになる予定だ。④すでに5社がそのビジネスパークに施設を建設することになっている。⑤これらの企業には国際的なスポーツウエアのメーカーや，コピー機とプロジェクターを製造する地元企業のReeseコピー機会社も含まれる。

⑥ Miles市の市長, Ken Hollisterはそのニュースに歓迎の意を表した。
⑦「新たなビジネスパークのおかげで, 当初は100人以上の新たな雇用が生まれ, 翌年には200人分に増えるでしょう」とHollister市長は話した。⑧ 200人分の雇用のうち, 少なくとも50人分は若年層の職業訓練が目的で, それは質の高いキャリア形成につながるだろう。⑨ ビジネスパークで操業予定である焼き菓子の製造会社 Ling Kitchens 社の創業者, Martha Ling 氏は「ここで事業を始めるのが待ち遠しいです。⑩ 今年の11月から操業を始めたいと思います」と語った。⑪ 計画の申請は3月に承認されて, その1カ月後に工事が始まる見込みである。

① ☐ development 名 開発

② ☐ plan 名 計画　☐ feature 動 …を特色とする・呼び物にする
　☐ announce 動 …を告知する・(広く)知らせる

③ ☐ site 名 敷地, 用地,(建物などのあった)跡　☐ south-west 名 南西
　☐ up to …(に至る)まで　☐ factory 名 工場

④ ☐ business 名 企業　☐ commit to …を約束する

⑤ ☐ include 動 …を含む　☐ manufacture 動 …を製造する
　☐ photocopier 名 コピー機

⑥ ☐ mayor 名 市長, 町長

⑦ ☐ bring 動 …をもたらす　☐ rise 動 上がる, 増加する

⑧ ☐ at least 少なくとも　☐ lead to …につながる
　☐ high-quality 形 質の高い

⑨ ☐ founder 名 創業者　☐ producer 名 製造者
　☐ baked goods 焼いた料理, 焼き菓子　☐ operate 動 操業する
　☐ set up 事業を始める

⑪ ☐ planning application 計画の申請
　☐ be expected to do …すると予想される
　☐ approve 動 …を承認する　☐ commence 動 始まる, 開始する

【チャット(online chat discussion)】

Sung, Jung-Nam [9:04 A.M.]
Hello. As the FarX-9 product demonstration event is only two days away, I'd like to hear how preparations are going.

Norberg, Margret [9:06 A.M.]
I'm assuming it's pretty much a repeat of the demonstration we did last week for clients.

Sung, Jung-Nam [9:07 A.M.]
More or less. However, as this event will be exclusively for our own overseas sales staff, we can spend some time on the FarX-9's weaknesses too. That will help prepare the staff for potential customer questions.

Wang, Li-Na [9:08 A.M.]
Good point. I've been working on a group of slides which addresses exactly that.

Sung, Jung-Nam [9:09 A.M.]
That's excellent, Li-Na. I'd like to look it over when you've finished. As far as preparing the room goes, where are we on that?

Norberg, Margret [9:12 A.M.]
That's my responsibility. I've received 25 confirmations so far, but I'd like to prepare seating and facilities for 35 attendees. We may get some last-minute confirmations, especially from German and Belgian staff, since they can travel over very easily. What do you think?

Sung, Jung-Nam [9:14 A.M.]
I think that's safer. Now, as most of the participants speak English, we won't be needing interpreters. But, it would be nice to make the slides and handouts multi-lingual.

Greene, Ronald [9:18 A.M.]
I have time to do that. My French and German are good enough.

Sung, Jung-Nam [9:20 A.M.]
Thank you, Ronald. Can everyone please try to e-mail Ronald your finished work by noon tomorrow?

1 レクチャー

　チャットは，LINEのようなテキストメッセージの別バージョンです。チャット・ディスカッションですから，多少の「議論」があるのがポイントです。複数（3名以上）が用件（議題）について，様々な角度から話してくるので，少々「難」です。

> **チャットスキーマ**
>
> ## チャット【本文】
>
> ① 用件
> ② 対応と助言
> ③ 今後の展開

　チャットの展開は，テキストメッセージと大差ありません。ただ，議論の内容が少し込み入っているので，注意深いリーディングが必要です。

冒頭では①用件が提示されます。イベントや会議などに関する準備の進捗を問うものが多いです。例えば，プレゼンの準備が議題の場合，最初の人物Aが「準備は順調ですか？」と問いかけます。それに対して，BとCが順次，Aの質問に答えるパターンが一般的です。BとCのうちの一人は，同調して寄り添っているだけなので，AとB（＋C）の会話だと認識すればOKです。

A「準備はOK？」
B「配付資料に関しては手配済です」
A「それはカラーコピー？」
C「予算の関係で，モノクロです」
B「ですが，プレゼン資料はモニターに映すので大丈夫です」
A「先方との最終確認は？」
C「確認します」
B「担当から連絡があって，問題ないそうです」

　このような感じです。②対応と助言では，Aの問いかけに対し，他の二人がどう反応するかを読むことが大事です。そして最後に③今後の展開では，準備の不足点に関して，「これから〜します」ということで終わりです。

2 英文の流れをつかもう！

　チャットを見ながら，スキーマを確認します。《①用件⇒②対応と助言⇒③今後の展開》を意識しながら読んでください。まず，冒頭の用件（議題）が大事です。

1. 用件

Sung, Jung-Nam [9:04 A.M.]

Hello. **As the FarX-9 product demonstration event is only two days away, I'd like to hear how preparations are going.**

> AとB（＋C＋D）のやり取りは，当然のことながら，会話口調なので，指示語や省略が多く，読みづらいです。Aの問いに対し，B（＋C＋D）がどう答えるか，を捉えます。
>
> まず，SungがFarX-9 product demonstration event（イベント）について，問いかけます。

2. 対応と助言

Norberg, Margret [9:06 A.M.]

I'm assuming it's pretty much a repeat of the demonstration we did last week for clients.

Sung, Jung-Nam [9:07 A.M.]

More or less. However, as this event will be exclusively for our own overseas sales staff, we can spend some time on the FarX-9's weaknesses too. That will help prepare the staff for potential customer questions.

Wang, Li-Na [9:08 A.M.]

Good point. **I've been working on a group of slides** which addresses exactly that.

<Set 1>

Sung

I'd like to hear how preparations are going. （準備はどう？）

↓

Norberg

it's pretty much a repeat of the demonstration we did last week（前回の繰り返しです）

↓

Wang

I've been working on a group of slides（スライド準備してます）

Sung, Jung-Nam [9:09 A.M.]

That's excellent, Li-Na. I'd like to look it over when you've finished. **As far as preparing the room goes, where are we on that?**

Norberg, Margret [9:12 A.M.]

That's my responsibility. **I've received 25 confirmations so far, but I'd like to prepare seating and facilities for 35 attendees.** We may get some last-minute confirmations, especially from German and Belgian staff, since they can travel over very easily. What do you think?

<Set 2>

Sung

As far as preparing the room goes, where are we on that? （部屋の準備は？）

↓

Norberg

I've received 25 confirmations so far, but I'd like to prepare seating and facilities for 35 attendees.

（25名の出席確認。でも35名分準備します）

Sung, Jung-Nam [9:14 A.M.]

I think that's safer. Now, as most of the participants speak English, we won't be needing interpreters. **But, it would be nice to make the slides and handouts multi-lingual.**

Greene, Ronald [9:18 A.M.]

I have time to do that. **My French and German are good enough.**

<Set 3>

Sung

it would be nice to make the slides and handouts multi-lingual.
（スライドと配布資料は多言語にしてくれる？）

↓

Greene

My French and German are good enough. （私のフランス語とドイツ語で問題ありません）

---

3. 今後の展開

Sung, Jung-Nam [9:20 A.M.]

Thank you, Ronald. **Can everyone please try to e-mail Ronald**

your finished work by noon tomorrow?

Sungが問いかけて，他のB，C，Dが応答するというパターンです。
<Set 1>から<Set 3>まで，Sungのクエスチョンは主に3つです。
他のメンバーがそれにどう答えたのかをつかみましょう。

3 構文

Tips-1

[As the FarX-9 product demonstration event is only two days away], I'd like to hear how preparations are going.

[as most of the participants speak English], we won't be needing interpreters.

　上記の台詞は，ともにSungのものです。[As SV], SV（ＳＶなので，ＳＶ）という構文ですね。Sungはやさしい口調で，[As 〜]（〜なので）と述べますが，I'd like to hear（聞きたい）やwe won't be needing（必要ない）のように，その後で，言いたいことをしっかり伝えています。

Tips-2

I'd like to look it over when you've finished. As far as preparing the room goes, where are we on that?

　I'd like to look it overのitは，a group of slides。後半が難解です。As far as it goesは「その事に関する限りでは」の意味。where are we on that? は，無理に意味を取るのではなく，「それについては（on that），どんな感じ？（where are we）」というように，ざっと捉えます。

4 区切りながらキャッチ！

Sung, Jung-Nam [9:04 A.M.]

Hello. //	おはようございます //
As the FarX-9 product demonstration event /	FarX-9 製品のデモンストレーションのイベントは…なので /
is only two days away, /	ほんの２日先（なので）/
I'd like to hear /	聞かせてもらいたいです /
how preparations are going. //	準備の進行がどんな具合か //

Norberg, Margret [9:06 A.M.]

I'm assuming /	私は考えています /
it's pretty much a repeat of the demonstration /	今回は，デモンストレーションのまさに繰り返しになると /
we did last week for clients. //	先週お客様向けに行なった //

Sung, Jung-Nam [9:07 A.M.]

More or less. //	だいたい（そのとおりです）//
However, /	しかし /
as this event will be exclusively for /	今回のイベントは特に…のためのものなので /
our own overseas sales staff, /	当社の海外営業スタッフの /
we can spend some time /	時間をある程度取ることができます /
on the FarX-9's weaknesses too. //	FarX-9 の弱点についても //

That will help prepare the staff /	それは社員に準備させるのに役立ちます /
for potential customer questions. //	お客様から質問されそうなものに対して //

Wang, Li-Na [9:08 A.M.]

Good point. //	いい視点ですね //
I've been working on a group of slides /	私はスライド集に取り組んでいるところです /
which addresses exactly that. //	まさにその事に向けた //

Sung, Jung-Nam [9:09 A.M.]

That's excellent, Li-Na. //	Li-Na さん，それはすばらしいですね //
I'd like to look it over /	私はそれを確認したいです /
when you've finished. //	あなたが終わらせた時に //
As far as preparing the room goes, /	部屋の準備については /
where are we on that? //	どんな調子ですか //

Norberg, Margret [9:12 A.M.]

That's my responsibility. //	それについては私が責任者です //
I've received 25 confirmations so far, /	今までに 25 名の出席確認を受け取りました /
but I'd like to prepare seating and facilities /	しかし，私は席と会場を手配したいと思っています /
for 35 attendees. //	35 人分の //
We may get some last-minute confirmations, /	何人か直前に出席したいと言ってくるかもしれません /
especially from German and Belgian staff, /	特にドイツとベルギーの社員から /

since they can travel over very easily. //	彼らはとても簡単に移動できますので //
What do you think? //	この件はどう思われますか //

Sung, Jung-Nam [9:14 A.M.]

I think that's safer. //	そのほうが安心だと思います //
Now, as most of the participants speak English, /	さて，ほとんどの出席者が英語を話すので /
we won't be needing interpreters. //	通訳の必要はないでしょう //
But, it would be nice /	しかし，良いでしょう /
to make the slides and handouts multi-lingual. /	スライドと配布資料を多言語にするのは //

Greene, Ronald [9:18 A.M.]

I have time /	私は時間があります /
to do that. //	それに取り組むための //
My French and German are good enough. //	私のフランス語とドイツ語で問題ありません //

Sung, Jung-Nam [9:20 A.M.]

Thank you, Ronald. //	Ronald さん，よろしくお願いします //
Can everyone please try to e-mail Ronald /	みなさん，Ronald さんに E メールするようにしてください /
your finished work /	終わった仕事を /
by noon tomorrow? //	明日の昼までに //

Sung, Jung-Nam [9:04 A.M.]
① Hello. As the FarX-9 product demonstration event is only two days away, I'd like to hear how preparations are going.

Norberg, Margret [9:06 A.M.]
② I'm assuming it's pretty much a repeat of the demonstration we did last week for clients.

Sung, Jung-Nam [9:07 A.M.]
③ More or less. However, as this event will be exclusively for our own overseas sales staff, we can spend some time on the FarX-9's weaknesses too. ④ That will help prepare the staff for potential customer questions.

Wang, Li-Na [9:08 A.M.]
⑤ Good point. I've been working on a group of slides which addresses exactly that.

Sung, Jung-Nam [9:09 A.M.]
⑥ That's excellent, Li-Na. I'd like to look it over when you've finished. ⑦ As far as preparing the room goes, where are we on that?

Norberg, Margret [9:12 A.M.]
⑧ That's my responsibility. ⑨ I've received 25 confirmations so far, but I'd like to prepare seating and facilities for 35 attendees. ⑩ We may get some last-minute confirmations, especially from German and Belgian staff, since they can travel over very easily. ⑪ What do you think?

Sung, Jung-Nam [9:14 A.M.]
⑫ I think that's safer. ⑬ Now, as most of the participants speak English, we won't be needing

interpreters. ⑭ But, it would be nice to make the slides and handouts multi-lingual.

Greene, Ronald [9:18 A.M.]
⑮ I have time to do that. ⑯ My French and German are good enough.

Sung, Jung-Nam [9:20 A.M.]
⑰ Thank you, Ronald. ⑱ Can everyone please try to e-mail Ronald your finished work by noon tomorrow?

Sung, Jung-Nam [午前9時4分]
① おはようございます。FarX-9 製品のデモンストレーションのイベントまで2日しかありませんので，準備がどの程度進んでいるか聞かせてもらえませんか。

Norberg, Margret [午前9時6分]
② 今回のデモは，先週お客様向けに行なったものとほとんど同じものになるかと思います。

Sung, Jung-Nam [午前9時7分]
③ だいたいそのとおりですが，今回のイベントは特に当社の海外営業スタッフのためだけに行なうので，FarX-9の弱点部分についても時間が取れます。④ お客様から質問されそうなことを，社員が準備するのに役立ちます。

Wang, Li-Na [午前9時8分]
⑤ 確かにそうですね。まさにそのためのスライド集に取り組んでいるところなんです。

Sung, Jung-Nam [午前9時9分]
⑥ すばらしいですよ，Li-Naさん。それが終わったら，確認させてください。⑦ 部屋の準備については，どうですか。

Norberg, Margret [午前9時12分]

⑧ それは私が担当しています。⑨ 現在のところ25名の出席を確認しましたが，35人分の席が用意できる会場を手配したいと思います。⑩ 特にドイツとベルギーの社員はとても簡単に移動できるので，直前に出席したいと言ってくる人がいるかもしれません。⑪ どうでしょうか。

Sung, Jung-Nam [午前9時14分]

⑫ そのほうが安心だと思います。⑬ ところで，出席者のほとんどは英語ができるので，通訳の必要はないでしょう。⑭ でもスライドと配布資料は多言語にしたほうが良いと思います。

Greene, Ronald [午前9時18分]

⑮ その作業をする時間なら取れます。⑯ 私のフランス語とドイツ語で問題ありません。

Sung, Jung-Nam [午前9時20分]

⑰ Ronaldさん，ありがとうございます。⑱ みなさん，明日の昼までに終わった仕事をRonaldさんにEメールで送れるようにしてください。

---

① □ product 名 製品，商品　□ demonstration 名（商品の）実演
　　□ preparation 名 準備
② □ assume 動 …を事実だと考える・想定する
　　□ pretty much ほとんど，ほぼ
③ □ more or less だいたい，多少
　　□ exclusively 副 もっぱら，まったく…だけ　□ overseas 形 海外の
　　□ sales staff 販売スタッフ　□ spend 動（時間）を費やす
　　□ weakness 名 弱点
④ □ prepare 動 …に準備させる
　　□ potential 形 可能性のある，潜在的な
⑤ □ slide 名 スライド　□ address 動 …に対処する

□ exactly **副** 正確に，まさに

⑥ □ excellent **形** すばらしい

　□ look over …を調べる・点検する・見る

⑦ □ as far as ... go …に関する限り

⑧ □ responsibility **名** 責任

⑨ □ confirmation **名** 確認　□ so far 今までは，これまでは

　□ seating **名** 席　□ facilities **名** （複数形で）施設・設備

　□ attendee **名** 参加者

⑩ □ last-minute **形** 直前の，ぎりぎりの

⑬ □ participant **名** 参加者　□ interpreter **名** 通訳

⑭ □ handout **名** ハンドアウト，配布資料

　□ multi-lingual **形** 多言語の

【説明書(instructions)】

Forkway Bikes
Electric Bicycle Instructions

General Safety Notes

- Use only the battery supplied with your bicycle. For replacement batteries, please order from the official Forkway Bikes Web site at www.forkwaybikes.com.
- Never leave the battery recharging in an unattended room. Overheating may occur.
- Before beginning a ride, ensure the saddle is at a comfortable height, and your feet can touch the ground while seated.
- When riding, always wear head protection. Wearing brightly-colored clothing which can be easily seen is advisable.
- Do not look at the bicycle control panel for an extended period while riding. Keep your eye on the road ahead.
- Your electric bicycle still requires the rider to pedal. Do not ride if you are ill or injured. It is best to seek professional medical advice before starting any intense exercise.
- If you notice damage to your new bicycle, or if the electric system is malfunctioning, please call customer service at 631-555-8989. For any damage caused by riding, please visit an approved Forkway Bikes dealer. Repairs are not covered in the one-year warranty.

1 レクチャー

　「説明書」は，商品の使用上の注意，操作手順，管理方法，保証書などが含まれます。日常でなじみのある文書ですが，記事と同様，語彙レベルが高いので注意が必要です。「説明書」スキーマを見ていきましょう。

説明書スキーマ

商品名【見出し】

説明書【本文】

　① タイトル（機能）
　② 説明
　③ 連絡先・注意点

　「説明書」では，見出し＝商品名です。まず，「何の商品か」を確認しましょう。電気ポットか，時計か，はたまた最新のデバイスか。なじみがあれば，機能の説明イメージがつかめます。

　本文では，①商品の機能に関する説明が最初に示されます。「使用方法」「修理」「お手入れ」「カスタマーサービス」などが好例です。

　たとえば，Safety Instructions（安全のしおり）では，安全確認の手順が示されます。多くの表現は定型です。一度見ておけば，次回にも役に立ちますね。

【タイトル】（機能）

Safety Instructions（安全のしおり）

【冒頭】

<u>Please read the following instructions</u> before using the camera.

（カメラをお使いになる前に次の説明を読んでください）

【中盤】⇒●●●や1, 2, 3のように並記されます。

●The camera should be used for ~.（このカメラは～に使うべきです）

●We are not responsible for ~.（弊社では～に責任を負いかねます）

●

【末尾】

<u>By following the above safety instructions</u>, <u>we hope that</u> it will be enjoyable to own and use this product!

（上記の安全のしおりに従うことで, この製品を所持し, 使用することが楽しくなるでしょう）

2 英文の流れをつかもう！

1. タイトル（機能）

Forkway Bikes

Electric Bicycle Instructions

General Safety Notes

タイトルはElectric Bicycle Instructions（電動自転車の説明書）で, 機能はGeneral Safety Notes（一般的な安全上の注意）ですから,

この後の本文では，②（安全に関する）説明がくると分かります。大事なことは，説明文のなかで，「指示」を読み取ることです。命令文がポイントです。

2. 説明

- **Use only the battery** supplied with your bicycle. For replacement batteries, please order from the official Forkway Bikes Web site at www.forkwaybikes.com.
- **Never leave the battery recharging** in an unattended room. Overheating may occur.
- Before beginning a ride, **ensure the saddle is at a comfortable height**, and your feet can touch the ground while seated.
- When riding, **always wear head protection**. Wearing brightly-colored clothing which can be easily seen is advisable.
- **Do not look at the bicycle control panel for an extended period while riding**. Keep your eye on the road ahead.
- **Your electric bicycle still requires the rider to pedal**. Do not ride if you are ill or injured. It is best to seek professional medical advice before starting any intense exercise.

Use only the battery supplied with your bicycle.
（〜のバッテリーだけを使いなさい）

Never leave the battery recharging in an unattended room.
（バッテリーを充電したまま放置しない）

Before beginning a ride, ensure the saddle is at a comfortable height （サドルの高さを確認しなさい）

When riding, always <u>wear head protection</u>.

（ヘルメットを着用しなさい）

<u>Do not look at the bicycle control panel</u> for an extended period while riding. （自転車のコントロールパネルを見ない）

Use ~ や Do not look ~ のように，命令文で「必要事項」や「禁止事項」が書かれています。語彙のレベルは高いですが，常識的に考えて予想がつく内容です。命令文を軸にリーディングしましょう。

3. 連絡先・注意点

- If you notice damage to your new bicycle, or if the electric system is malfunctioning, **please call customer service at 631-555-8989**. For any damage caused by riding, please visit an approved Forkway Bikes dealer. **Repairs are not covered in the one-year warranty**.

最後に③連絡先・注意点です。連絡先はplease call customer service at 631-555-8989. なので簡単です。問題は最後の保証です。

Repairs are not covered in the <u>one-year warranty</u>.

（修理は1年間の保証の対象外です）

one-year warranty（1年保証）は頻出です。保証については，絶対にチェックしましょう。

3 構文

Tips-1

Never leave the battery recharging in an unattended room.
　　　　V　　　　　　　O　　　　　　　　C

leave O C（OをCのままにする）です。 Never leave the battery rechargingで，「バッテリーを充電したままにしてはいけない」となります。

また，unattended roomも難しい。attendは「出席する」ですが，unattendedだと「出席者のいない⇒無人の」の意味になります。故に，unattended roomで「無人の部屋」。

Tips-2

If you notice damage to your new bicycle, or if the electric system is malfunctioning, please call customer service at 631-555-8989.

この文章は，「連絡手段」の定番表現です。If you notice ~, or if ~, please call customer serviceのパターンを覚えましょう。

if the electric system is malfunctioning もついでにチェック。malfunctioningは「正常に動かない」の意味。

4 区切りながらキャッチ！

| Forkway Bikes | Forkway 自転車 |
| Electric Bicycle Instructions | 電動自転車の取扱説明書 |

General Safety Notes 一般的な安全上の注意

・Use only the battery / ・バッテリーだけを使うこと /

supplied with your bicycle. // 自転車と一緒についている //

For replacement batteries, / 交換用のバッテリーについては /

please order / 注文してください /

from the official Forkway Bikes Web site at www.forkwaybikes.com. // Forkway 自転車の公式ウェブサイト www.forkwaybikes.com から //

・Never leave the battery recharging / ・決してバッテリーを充電したまま放置しないこと /

in an unattended room. // 無人の部屋で //

Overheating may occur. // オーバーヒートが起きるかもしれません //

・Before beginning a ride, / ・乗り始める前に /

ensure the saddle is at a comfortable height, / サドルがちょうどいい高さであることを確認すること /

and your feet can touch the ground / また，地面に足をつけることができる高さであることを /

while seated. // 座っている間に //

・When riding, / ・乗っている間は /

always wear head protection. // 常にヘルメットを着用すること //

Wearing brightly-colored clothing / 明るい色の衣服を着用することは /

which can be easily seen / 目立ちやすいため /

is advisable. // おすすめします //

・Do not look at the bicycle control panel / ・自転車のコントロールパネルを見ないこと /

for an extended period / 長時間 /

while riding. //	乗っている間は //
Keep your eye /	視線を保つこと /
on the road ahead.//	前方の道路に //
・Your electric bicycle still requires the rider/	・この電動自転車は乗る人に求めています /
to pedal. //	ペダルをこぐことを //
Do not ride /	乗らないこと /
if you are ill or injured. //	病気やけがをしている場合は //
It is best /	一番です /
to seek professional medical advice /	医師の助言を求めることが /
before starting any intense exercise. //	激しい運動を始める前には //
・If you notice damage /	・もしも損傷があるのに気がついた場合 /
to your new bicycle, /	新しい自転車に /
or if the electric system is malfunctioning, /	あるいは電気システムが作動しない場合は /
please call customer service at 631-555-8989. //	631-555-8989 のお客様サービス係まで電話してください //
For any damage /	いかなる損傷も /
caused by riding, /	運転が原因の /
please visit an approved Forkway Bikes dealer. //	Forkway 自転車の公認販売店を訪問してください //
Repairs are not covered /	修理は対象外です /
in the one-year warranty. //	1 年間の保証の範囲の //

① Forkway Bikes
Electric Bicycle Instructions

② General Safety Notes
③ · Use only the battery supplied with your bicycle.
④ For replacement batteries, please order from the official Forkway Bikes Web site at www.forkwaybikes.com.
⑤ · Never leave the battery recharging in an unattended room. ⑥ Overheating may occur.
⑦ · Before beginning a ride, ensure the saddle is at a comfortable height, and your feet can touch the ground while seated.
⑧ · When riding, always wear head protection.
⑨ Wearing brightly-colored clothing which can be easily seen is advisable.
⑩ · Do not look at the bicycle control panel for an extended period while riding. ⑪ Keep your eye on the road ahead.
⑫ · Your electric bicycle still requires the rider to pedal. ⑬ Do not ride if you are ill or injured. ⑭ It is best to seek professional medical advice before starting any intense exercise.
⑮ · If you notice damage to your new bicycle, or if the electric system is malfunctioning, please call customer service at 631-555-8989. ⑯ For any damage caused by riding, please visit an approved Forkway Bikes dealer. ⑰ Repairs are not covered in the one-year warranty.

① Forkway 自転車
電動自転車の取扱説明書

② 一般的な安全上の注意
③・自転車と一緒についているバッテリーだけを使うこと。④ 交換用のバッテリーは，www.forkwaybikes.comのForkway自転車の公式ウェブブサイトから注文してください。
⑤・決して無人の部屋でバッテリーを充電したまま放置しないこと。⑥ オーバーヒートが起きるかもしれません。
⑦・乗り始める前に，サドルがちょうどいい高さであることを確認すること。座ったときに地面に足をつけることができる高さです。
⑧・乗っている間は，常にヘルメットを着用すること。⑨ 明るい色の衣服を着用するのが目立ちやすいため，おすすめできます。
⑩・乗車中，自転車のコントロールパネルを長時間見ないこと。⑪道路の先をしっかり見ること。
⑫・この電動自転車は乗る人がペダルをこがないといけません。⑬ 病気やけがをしている場合は乗らないこと。⑭ 激しい運動を始める前には専門の医師の助言を求めるのが一番です。
⑮・もしも新しい自転車に損傷があるのに気がついた場合，または電気システムが作動しない場合は，631-555-8989のお客様サービス係まで電話してください。⑯ 運転による損傷は，Forkway自転車の公認販売店を訪問してください。⑰ 修理は1年間の保証の対象外です。

① □ electric 形 電動の　□ instruction 名 説明書
③ □ battery 名 電池，バッテリー　□ supply 動 …を供給する・与える
④ □ replacement 名 取り替え，代わり　□ order 動 注文する
⑤ □ leave X –ing X を…のままにしておく
　　□ unattended 形 人のいない
⑥ □ occur 動 起こる
⑦ □ ensure 動 …を確かめる　□ saddle 名 サドル
　　□ comfortable 形 心地よい，快適な　□ height 名 高さ

⑧ □ head protection 頭を守るもの

⑨ □ advisable 形 望ましい

⑩ □ extended 形 長時間にわたる

⑫ □ require 動 …を必要とする

　 □ pedal 動 ペダルをこぐ

⑬ □ ill 形 病気の　□ injured 形 けがをした

⑭ □ seek 動 …を求める　□ intense 形 激しい　□ exercise 名 運動

⑮ □ notice 動 …に気づく　□ damage 名 傷

　 □ malfunction 動 （機械などが）作動しない

⑯ □ approved 形 承認を受けた

⑰ □ cover 動 （費用など）をまかなう　□ warranty 名 保証

【Eメール(e-mail)】

To: All on Staff List

From: Sanjay Chopra <chopras@alonashotel.com>

Subject: Feedback from guests

Date: 14 August

Dear everyone,

I wanted to let you know about some of the feedback we have been getting from guests who have stayed at the hotel this summer, both in online reviews and in person. The majority of comments, in fact over 90%, have been positive, especially concerning the service. For that, I would like to say how much I appreciate all your hard work. Furthermore, since I moved from assistant manager to manager after Ms. Walker retired last month, everyone has been so supportive. I'm very grateful for all your help.

Although the reviews have been great, we can still improve in some areas. Therefore, I'd like to have a team training session after breakfast service tomorrow. I think it will be useful for the newer staff to hear from the more experienced employees.

To make sure we focus on specific weak areas, I hope you can find time today to visit some of the main review Web sites. Make a note of any negative comments you see, and we can discuss how to deal with them at the meeting.

Sincerely,

Sanjay

1 レクチャー

　定番のメールです。今回は少し注意が必要です。To: All on Staff List（名簿に載っている全員）がポイント。つまり，上司が社員に向けて一斉に送ったメールなので，「社内通知」に近いですね。

```
メール・スキーマ

To:
From:
Subject:（用件／主題）
Date:

            メール【本文】

        ① 用件
        ② 説明と対応
        ③ 追加情報（諸注意・連絡先）
```

上司が部下全員にメールを送る場合，基本的にはサンキューメールです。本文の前半にある2文は，定番なので，覚えておきましょう。

I would like to say how much I appreciate all your hard work.
（みなさんの仕事ぶりに大変感謝しています）
I'm very grateful for all your help.
（みなさんの助力に感謝しています）

　サンキューメールでは，「感謝」に加えて，「もうちょっとがんばれば，もっとよくなる」というような「あと一押し」表現が続きます。本文後半の以下の文が好例です。

Although the reviews have been great, we can still improve in some areas.
（評価はとてもよかったけど，改善点はある）

　　　　　　↓
we can discuss how to deal with them at the meeting.
（対策を話し合う）

　《改善点の指摘⇒対策を議論する》という展開は，上司からのサンキューメールの定番。感謝だけでなく，「あと一押し」があると意識して，予測読みができるとグッド。

2 英文の流れをつかもう！

To: **All on Staff List**

From: Sanjay Chopra <chopras@alonashotel.com>

Subject: **Feedback from guests**

Date: 14 August

Dear everyone,

> メールのセオリー通り，Subjectを確認しましょう。Feedback from guests（お客様のフィードバック（意見））です。先にも述べましたが，今回大事なのは，To: All on Staff Listの部分です。上司から部下に向けて送られた「社内通知」（memo）のようなメールですね。

1. 用件

I wanted to let you know about some of the feedback we have been getting from guests who have stayed at the hotel this summer, both in online reviews and in person.

> Subjectと本文の冒頭では，同じ主題について書かれます。この冒頭でも，feedback (we have been getting from guests)というように，主題が繰り返されています。Subjectでピンとこなくても，冒頭を読めば理解できるのでしっかりと読みましょう。

2. 説明と対応

The majority of comments, in fact over 90%, have been positive, especially concerning the service. For that, **I would like to say how much I appreciate all your hard work**. Furthermore, since I moved from assistant manager to manager after Ms. Walker retired last month, everyone has been so supportive. I'm very grateful for all your help.

内容に関しては，お客様の評価は好意的である点が強調されます。

The majority of comments, in fact over 90%, have been positive,
（コメントの大半は好意的）
especially concerning the service.
　　　　↓
For that, I would like to say how much I appreciate all your hard work.
（皆さんに感謝）

前半部分は，ここまで読めばOK。Furthermore（さらに）以下は，＋αの情報なので，さらりと流します。ここではマネジャーになって，皆さんに助けられた，というように，部下をほめる文を続けています。

I would like to say how much I appreciate all your hard work.
　　　↓（以下は＋α）　　　　　　　　　　　　　　　【抽象】
Furthermore, since I moved from assistant manager to manager after Ms. Walker retired last month, everyone has been so supportive. I'm very grateful for all your help. 【具体】

I appreciate all your hard work.については，Furthermore以下
で状況を少し詳しく説明しています。Furthermoreのように，＋α
の情報を示す論理マーカーは，スピードリーディングの助けになり
ます。メリハリ読みをしましょう。

Although the reviews have been great, **we can still improve in some areas**. **Therefore, I'd like to have a team training session** after breakfast service tomorrow. I think it will be useful for the newer staff to hear from the more experienced employees.

後半部分では，改善点に言及します。加えて，トレーニングもするよ
うです。
Although the reviews have been great, we can still improve in
some areas. （改善できる）
　　　↓
Therefore, I'd like to have a team training session
　　　　（トレーニングの時間を持ちたい）

3. 追加情報

To make sure we focus on specific weak areas, I hope you can find time today to visit some of the main review Web sites. Make a note of any negative comments you see, and we can discuss how to deal with them at the meeting.

Sincerely,

Sanjay

最後は，③追加情報です。フィードバックに関する対応として，
I hope you can find time today to visit some of the main
review Web sites. と述べられています。I hope you can ~ という
のは，部下への要望を伝える際，よく使われる表現ですね。

3 構文

Tips

I wanted to let you know / about some of the feedback /[we
have been getting from guests / (who have stayed at the hotel
this summer), /(both in online reviews and in person).]

　冒頭の1文は，かなり長く，構文も複雑なので，スラッシュで切って読む
のが ベスト。 I wanted to let you know about some of the
feedback以下の[ ]は，すべてfeedbackにかかっています。「[[(この夏
にホテルに滞在した)ゲストから得た]フィードバック」という具合です。
　当然，TOEICの本番では，ゆっくりと読んでいる時間はありませんが，
基本的な構文を押さえるのは大事です。スピードリーディングするとき
は，上記の下線だけを拾い読みすれば，情報が取れます。メリハリ読みで
すね。

4 区切りながらキャッチ！

（宛先欄省略）

Dear everyone, /	みなさま /
I wanted to let you know /	みなさんにお知らせしたいと思っていました /
about some of the feedback /	フィードバックのいくつかについて /
we have been getting from guests /	お客様から得ている /
who have stayed at the hotel this summer, /	この夏に当ホテルに滞在した /
both in online reviews /	フィードバックはオンラインのレビューと /
and in person. //	直接お客様からいただいたものとの両方です //
The majority of comments, /	コメントの大多数は /
in fact over 90%, /	実に 90 パーセント以上は /
have been positive, /	好意的なもので /
especially concerning the service. //	特にサービスに関するものはそうでした //
For that, /	そのため /
I would like to say /	言いたいと思います /
how much I appreciate /	どれほど私は感謝しているのかを /
all your hard work. //	みなさんが一生懸命仕事をしてくれたことに //
Furthermore, /	さらに /
since I moved from assistant manager to manager /	私が副マネジャーからマネジャーに昇進して以来 /
after Ms. Walker retired last month, /	先月 Walker さんが退職した後で /

everyone has been so supportive. //	みなさんは常に協力的でした //
I'm very grateful /	私はとても感謝しています /
for all your help. //	みなさんの助力のすべてに //
Although the reviews have been great, /	評価はとても良かったのですが /
we can still improve /	私たちはまだ改善できます /
in some areas. //	いくつかの分野で //
Therefore, /	したがって /
I'd like to have a team training session /	チームトレーニングの時間を持ちたいと思います /
after breakfast service tomorrow. //	明日の朝食サービスの後で //
I think it will be useful /	有益だと私は思います /
for the newer staff /	新しいスタッフには /
to hear from the more experienced employees. //	経験のある従業員から話を聞くことは //
To make sure /	必ず…ようにするために /
we focus on specific weak areas, /	具体的な弱点に対処する（ように）/
I hope you can find time today /	今日，みなさんに時間を作ってほしいと思います /
to visit some of the main review Web sites. //	主なレビューサイトを見る //
Make a note of any negative comments /	否定的なコメントでもメモしてください /
you see, /	見つける /
and we can discuss /	そして話し合えます /
how to deal with them /	それらにどのように対応するかを /
at the meeting. //	会議で //

① To: All on Staff List
From: Sanjay Chopra <chopras@alonashotel.com>
Subject: Feedback from guests
Date: 14 August

Dear everyone,

② I wanted to let you know about some of the feedback we have been getting from guests who have stayed at the hotel this summer, both in online reviews and in person. ③ The majority of comments, in fact over 90%, have been positive, especially concerning the service. ④ For that, I would like to say how much I appreciate all your hard work. ⑤ Furthermore, since I moved from assistant manager to manager after Ms. Walker retired last month, everyone has been so supportive. ⑥ I'm very grateful for all your help.

⑦ Although the reviews have been great, we can still improve in some areas. ⑧ Therefore, I'd like to have a team training session after breakfast service tomorrow. ⑨ I think it will be useful for the newer staff to hear from the more experienced employees.

⑩ To make sure we focus on specific weak areas, I hope you can find time today to visit some of the main review Web sites. ⑪ Make a note of any negative comments you see, and we can discuss how to deal with them at the meeting.

Sincerely,

Sanjay

①宛先：名簿に載っているスタッフ全員
差出人：Sanjay Chopra <chopras@alonashotel.com>
件名：お客様のフィードバック
日付：8月14日

みなさんへ

②この夏にホテルに滞在したお客様からのフィードバックについて，そのいくつかをみなさんにお知らせしたいと思っていました。フィードバックはオンラインのレビューと直接お客様からいただいたものとの両方です。③ コメントの大多数，実に90パーセント以上は好意的なもので，特にサービスに関するものはそうでした。④ そのため，みなさんが一生懸命仕事をしてくれたことに私は大変感謝しています。⑤ さらに，先月Walkerさんが退職した後で私が副マネジャーからマネジャーに昇進して以来，みなさんは常に協力的でした。⑥ みなさんの助力のすべてに私はとても感謝しています。

⑦ 評価はとても良かったのですが，私たちにはいくつかまだ改善できるところがあります。⑧ それで，明日の朝食サービスの後で，チームトレーニングの時間を持ちたいと思います。⑨ 経験のある従業員から話を聞くことは新しいスタッフにとって有益だと私は思います。

⑩ 具体的な弱点に確実に対処できるように，私はみなさんに今日，主なレビューサイトをいくつか見る時間を作ってほしいと思っています。⑪否定的なコメントを見つけたらどんなものでもメモしておいてください。そうすれば，私たちは会議でその対応策を話し合うことができます。

よろしくお願いします。

Sanjay

① □ guest 名 客

② □ review 名 批評, レビュー　□ in person じきじきに

③ □ majority 名 大多数　□ in fact 実は, 実際は

　□ concerning 前 …に関して

④ □ appreciate 動 …に感謝する

⑤ □ furthermore 副 さらに

　□ assistant manager アシスタントマネジャー

　□ retire 動 退職する

　□ supportive 形 協力的な, 支えになる

⑥ □ grateful 形 ありがたいと思って

⑦ □ improve 動 改善する, 向上する

⑧ □ training session 研修

⑨ □ useful 形 役立つ　□ experienced 形 経験のある

⑩ □ make sure 必ず…ようにする　□ focus on …に焦点を当てる

　□ specific 形 特定の

⑪ □ how to do …のしかた　□ deal with …に対応する

【広告(advertisement)】

Favorstar Management, Inc.
53 West Nile Ave.
San Diego, CA 91940
(858) 555-9041

Allow Favorstar Management to take the trouble out of leasing your property with our complete service package. Leave the stress of day-to-day property management and tenant dealings to us, giving you the time to focus on developing your portfolio.

Services we provide to our customers include rent collection and negotiation, carrying out basic repairs, tenant complaint resolution, and finding the right renters for your vacant properties—fast. Our team of property managers consists of experienced, mature professionals who are always just one phone call or e-mail away. Moreover, you will have access to a full back-office service. We can assist with tax returns, draw up tenant contracts, and ensure you comply with all local rental laws.

We have been in business in the San Diego area for over thirty years, and in that time we've built up a network of trusted contractors and lawyers. As a client of Favorstar, you can hire their services from our network at favorable rates much lower than contacting them directly. This can add up to thousands of dollars saved in the long term.

For further information on the benefits of teaming up with Favorstar, visit www.favorstar-man.com. You can also call to book an appointment. Either drop by our office, or we'll come to one of your units and give a free estimate of the rent you can expect to achieve!

1 レクチャー

「広告」のスキーマを確認しましょう。「何の広告か」を把握することが大事です。

広告スキーマ

広告【見出し】

広告【本文】

① 商品・サービス・求人の案内
② 内容説明
③ 追加情報（諸注意・連絡先）

たとえば，見出しがNow on Sale（発売中）であれば商品の案内ですし，Job Opening（求人）ならば人材募集の案内です。これらに当てはまらないのが，会社名だけが記された場合です。Favorstar Management, Inc.とあり，その後に住所が書かれているだけです。これだけですと，何の広告か，どんなサービスかが全くわかりませんね。

サービス案内の場合，いつも派手な広告とは限りません。落ちついた会社であることを示すために，見出しが会社名だけということもあります。その場合は，あわてずに，最初の段落のリーディングに集中しましょう。

2 英文の流れをつかもう！

Favorstar Management, Inc.

53 West Nile Ave.

San Diego, CA 91940

(858) 555-9041

1. サービス案内

Allow Favorstar Management to take the trouble out of leasing your property with our complete service package. **Leave the stress of day-to-day property management and tenant dealings to us**, giving you the time to focus on developing your portfolio.

> 冒頭の①サービス案内から，やや難解です。Allow ~ to take the trouble out of ~やLeave the stressという表現は，面倒な作業を取り除かせてください，ストレスから解放しますよ，という「俺に任せろ」的なフレーズです。ここでのポイントは，property（不動産）やproperty management（不動産管理），tenant dealings（賃貸の交渉）など，不動産に関連するワードです。Favorstar Managementは，不動産会社だとわかりますね。

2. 内容説明

Services we provide to our customers include rent collection and negotiation, carrying out basic repairs, tenant complaint resolution, and finding the right renters for your vacant properties—fast. Our team of property managers consists of experienced, mature professionals who are always just one phone call or e-mail away. Moreover, you will have access to a full back-office service. We can assist with tax returns, draw up tenant contracts, and ensure you comply with all local rental laws.

次に本文, ②内容説明です。サービスは4種類ですね。

<Set 1>
<u>Services</u> (we provide to our customers) <u>include</u>　（サービスは以下）
　　　↓
rent collection and negotiation, （家賃回収と家賃交渉）
carrying out basic repairs, （修理の実施）
tenant complaint resolution, （借主の苦情対応）
　　　and
finding the right renters for your vacant properties—fast.
（借主を見つける）

上記に加えて, 以下もあると述べています。

Our team of property managers consists of <u>experienced, mature professionals</u> （専門家）

Moreover, you will have access to a full <u>back-office service</u>.
（事務処理のサービス）

We have been in business in the San Diego area for over thirty years, and in that time we've built up a network of trusted contractors and lawyers. As a client of Favorstar, you can hire their services from our network at favorable rates much lower than contacting them directly. This can add up to thousands of dollars saved in the long term.

<Set 1>では，具体的なサービス内容が書かれます。そして，次の<Set 2>では，長年の経験がありリーズナブルということが強調されます。

<Set 2>
We have been in business in the San Diego area <u>for over thirty years</u>, （30年以上の経験）
you can hire their services from our network at <u>favorable rates much lower than contacting them directly</u>. （安くて好ましい料金）

3. 追加情報

For further information on the benefits of teaming up with Favorstar, visit www.favorstar-man.com. You can also call to book an appointment. Either drop by our office, or we'll come to one of your units and give a free estimate of the rent you can expect to achieve!

最後に③追加情報は，For further informationが目印です。連絡先の情報が書かれているので，さっと読めばOK。

3 構文

Tips

> Allow Favorstar Management to take the trouble out of leasing
> your property
> V   O   C

Allow Favorstar Mangement to take the trouble out of leasing your propertyは，[allow+O+to *do*]の構文ですが，そのまま訳して意味を取るのではなく，「Favorstar Mangement(FM)はあなたが不動産(property)を賃貸する面倒を取り除きます」と，OとCの部分を，S＋V（SがVする）と捉えると簡単です。つまり，「FMが～を取り除く」というイメージです。

4 区切りながらキャッチ！

Allow Favorstar Management /	Favorstar Management 社にさせてください /
to take the trouble /	面倒な作業を取り除くことを /
out of leasing your property /	お客様の不動産を賃貸するという /
with our complete service package. //	当社の完全サービスパックで //
Leave the stress /	ストレスにはお任せください /
of day-to-day property management /	日々の不動産管理の /
and tenant dealings /	そして，借主とのやりとりの /
to us, /	当社に（お任せください）/
giving you the time /	お客様はお時間ができるでしょう /

to focus on /	集中するための /
developing your portfolio. //	自身の資産運用に //
Services we provide /	当社が提供しているサービスは /
to our customers /	お客様に /
include rent collection and negotiation, /	家賃の回収と家賃の交渉が含まれます /
carrying out basic repairs, /	必要最低限の修繕や /
tenant complaint resolution, /	借主からの苦情の対応や /
and finding the right renters /	そして，適切な借主を見つけることなど /
for your vacant properties /	お客様がお持ちの空室に /
—fast. //	素早く（行ないます）//
Our team of property managers /	当社の資産管理チームは /
consists of experienced, mature professionals /	経験豊富でしっかりした専門家たちで構成されており /
who are always just one phone call or e-mail away. //	彼らにはお電話一本，あるいはEメール一通でいつでもご連絡がつきます //
Moreover, /	さらに /
you will have access /	お客様はご利用になれます /
to a full back-office service. //	充分な事務処理のサービスを //
We can assist with tax returns, /	当社は納税申告をお手伝いし /
draw up tenant contracts, /	賃貸契約書を作成し /
and ensure /	確実にします /
you comply with all local rental laws. //	地域における賃貸に関する規則をお客様が順守することを //
We have been in business /	当社は営業してきました /

in the San Diego area /	サンディエゴ地域で /
for over thirty years, /	30 年以上の間 /
and in that time /	そして，その間に /
we've built up a network /	当社はネットワークを作り上げました /
of trusted contractors and lawyers. //	信頼できる協力会社や弁護士の //
As a client of Favorstar, /	Favorstar 社のお客様として /
you can hire their services /	お客様は彼らのサービスを利用できます /
from our network /	当社の持つこのネットワークで /
at favorable rates /	有利な料金で /
much lower /	ずっと安く /
than contacting them directly. //	専門家に直接連絡するよりも //
This can add up to thousands of dollars /	合計何千ドルにもなりえます /
saved in the long term. //	長い目で見れば節約されて //
For further information /	さらなる情報については /
on the benefits /	メリットに関して /
of teaming up with Favorstar, /	Favorstar 社とパートナーを組む /
visit www.favorstar-man.com. //	www.favorstar-man.com をご覧ください //
You can also call /	また，お電話もできます /
to book an appointment. //	ご面談のご予約は //
Either drop by our office, /	当社事務所にお越しになるか /

or we'll come to one of your units /	または当社がお客様の物件にうかがって /
and give a free estimate of the rent /	賃貸の見積りを無料でいたします /
you can expect to achieve! //	お客様が実現を目指したい //

5 訳と語句の確認！

Favorstar Management, Inc.
53 West Nile Ave.
San Diego, CA 91940
(858) 555-9041

① Allow Favorstar Management to take the trouble out of leasing your property with our complete service package. ② Leave the stress of day-to-day property management and tenant dealings to us, giving you the time to focus on developing your portfolio.

③ Services we provide to our customers include rent collection and negotiation, carrying out basic repairs, tenant complaint resolution, and finding the right renters for your vacant properties—fast. ④ Our team of property managers consists of experienced, mature professionals who are always just one phone call or e-mail away. ⑤ Moreover, you will have access to a full back-office service. ⑥ We can assist with tax returns, draw up tenant contracts, and ensure you comply with all local rental laws.

⑦ We have been in business in the San Diego area for over thirty years, and in that time we've built up a network of trusted contractors and lawyers. ⑧ As a client of Favorstar, you can hire their services from our network at favorable rates much lower than contacting them directly. ⑨ This can add up to thousands of dollars saved in the long term.

⑩ For further information on the benefits of teaming up with Favorstar, visit www.favorstar-man.com. ⑪ You can also call to book an appointment. ⑫ Either drop by our office, or we'll come to one of your units and give a free estimate of the rent you can expect to achieve!

Favorstar Management社
53 West Nile 街
サンディエゴ, CA 91940
(858) 555-9041

① Favorstar Management社の完全サービスパックなら, お持ちの不動産を賃貸する際の面倒な作業がなくなります。② 日々の不動産管理とテナント様とのやりとりのストレスを手放して当社にお任せいただければ, 自身の資産運用に集中する時間を得られます。

③ 当社がお客様に提供しているサービスには, 家賃の回収, 家賃の交渉, 必要最低限の修繕, 借主の苦情の対応, 空室に優良な借主を見つけることなどがあり, いずれも迅速に行ないます。④ 当社の資産管理チームは経験豊富でしっかりした専門家たちで構成されており, お電話一本, あるいはEメール一通でいつでも連絡がつきます。⑤ そのうえ, お客様は事務処理のサービスをご利用になれます。⑥ 当社は納税申告をお手伝いし, 賃貸契約書を作成し, 地域の賃貸に関する規則をお客様が確実に順守できるようにします。

⑦ 当社は30年以上の間, サンディエゴ地域で営業してきました。その間に当社は信頼できる協力会社や弁護士とネットワークを作り上げました。⑧ Favorstar社のお客様はこのネットワークで, 専門家に直接依頼するよりもずっと安く有利な料金で契約できます。⑨ 長い目で見れば, 合計何千ドルも節約できます。

⑩ Favorstar社とパートナーを組むメリットに関するさらなる情報については，www.favorstar-man.comをご覧ください。⑪ また，ご面談のご予約はお電話でもお受けします。⑫ 当社事務所にお越しいただくか，または当社からお客様の物件にうかがって，お客様が実現したい賃貸に対し必要な金額の見積りを無料でいたします！

① ☐ allow X to *do* Xに…させておく・…するのを許可する
☐ take A out of B AをBから取り出す・取り除く
☐ lease 動 …を賃貸する　☐ property 名 不動産
☐ complete 形 完全な

② ☐ management 名 管理　☐ tenant 名 賃借人
☐ dealings 名（複数形で）取引, 関係　☐ focus on …に焦点を当てる
☐ develop 動 …を発展させる　☐ portfolio 名（保有）総資産

③ ☐ provide A to B AをBに提供する　☐ rent 名 賃貸料, 使用料
☐ collection 名 集めること　☐ negotiation 名 交渉
☐ carry out 動 …を実行する　☐ repair 名 修理
☐ complaint 名 苦情, クレーム　☐ resolution 名（問題などの）解決
☐ vacant 形 空いている

④ ☐ consist of …で成り立っている　☐ experienced 形 経験を積んだ
☐ mature 形 成熟した

⑤ ☐ have access to …を利用する権利がある
☐ back-office service 事務処理の業務

⑥ ☐ assist with …を手伝う　☐ tax return 納税申告
☐ draw up（文書など）を作成する　☐ contract 名 契約書
☐ ensure 動 …を確実にする・保証する
☐ comply with 動（要求・規則）に応じる・従う　☐ local 形 地元の
☐ rental 形 賃貸の

⑦ ☐ *be* in business 営業活動をしている　☐ trusted 形 信頼のある
☐ contractor 名 契約者, 請負人

⑧ □ hire 動 …を雇う □ favorable 形 好ましい, 有利な

　　□ rate 名 料金 □ contact 動 …に連絡する □ directly 副 直接に

⑨ □ add up to 合計…になる □ save 動 (費用など) を節約する

　　□ in the long term 長期的に見れば

⑩ □ further 形 より詳しい □ benefit 名 利点

　　□ team up with …とチームを組む・協同で働く

⑪ □ book 動 …を予約する □ appointment 名 面談の約束

⑫ □ either A or B A かまたは B か □ drop by …を訪ねる

　　□ unit 名 集合住宅の一戸 □ estimate 名 見積り

　　□ expect to do 多分…するだろうと思う

　　□ achieve 動 (仕事・目的など) を成し遂げる

　講義4の前半では，シングル・パッセージの文書ジャンルについてみてきました。メール，手紙，広告，通知，記事，リリース，フォーム，説明書，テキストメッセージ，チャットなど，文書ジャンルは様々です。ですが，これまで見てきたように，その展開パターンを覚えてしまえば，先を予測して読むことができます。

　今回は，ダブル・パッセージなので，これまでに学んだ文書ジャンルのスキーマを応用しましょう。加えて，2つの文書のつながり（関連性）を見抜くことが大事です。

　まずは，ウォームアップとして，メール（e-mail）とアンケート（survey or form）の場合を考えてみましょう。

```
<文書1> メール
Subject: Campaign Registration（キャンペーン登録）
① 用件      ⇒新製品キャンペーン登録
② 説明と対応  ⇒新製品のバリエーション，価格帯，予約状
              況などの説明
③ 追加情報   ⇒添付のアンケートに記入すれば割引券
```

```
<文書2> アンケート
① タイトル   ⇒アンケート
② 質問事項   ⇒各種項目1，2，3…
③ 追加情報   ⇒追加コメント（自由記載）
```

たとえば，＜文書1＞のメールは，「新製品のキャンペーン登録を促す
メール」とします。Subjectは「キャンペーン登録」。セオリー通り，《①
用件⇒②説明と対応⇒③追加情報》を読むと，上記のような展開です。

　それで，＜文書2＞を見ると，＜文書1＞で言及されている新製品のア
ンケートだとわかります。もちろん，時間がたっぷりあれば，このような
読み方でかまいません。ですが，TOEICテストを前提にする場合，トレー
ニングとして，多少効率のいい読み方を意識すべきです。それは，文書が
メールとアンケートの場合，メールの「Subject＋①用件」とアンケート
の「タイトル」をチェックして，両者の「共通点」を見つけることです。

＜文書1＞のSubjectと＜文書2＞のタイトルが同じであれば，それは
両者の「共通点」であり，2つの文書の「主題」となります。ですが，現状は
もう少し複雑ですよね。上記の例のように，＜文書1＞のSubjectが「キャ
ンペーン登録」で，＜文書2＞のタイトルが「アンケート」の場合，少しズ
レが生じます。その場合，＜文書1＞の③追加情報をチラリと見ると，「添

付のアンケートに記入すれば〜」という記載が見えたりします。共通の主題，共通の単語をチェックすることで，全文を読む前につながりが見えることが多いのです。

　もし，上記の方法でサクッと共通点が見つからない場合は，＜文書１＞のスキーマを意識して，《①用件⇒②説明と対応⇒③追加情報》と読んでいきましょう。途中で，＜文書２＞との関連性に気づくこともあります。

　まずは，２つの文書の「共通点」を見つけてから，トップダウン処理のスキーマを生かして読むスタイルを試みてくださいね。

　では，実際にダブル・パッセージの文書を読んでいきましょう。

【通知とフォーム(notice and form)】

notice ···

Allentown Fishing Resources Commission Fishing Licenses

To fish at any public lake or river within Allentown requires a license issued by the Allentown Fishing Resources Commission (AFRC). To qualify for a license, the applicant must:

- ✔ Be a resident of Allentown (proof required)
- ✔ Be over the age of 12 at the time of applying
- ✔ Have read and signed the AFRC's regulations (R-84)
- ✔ Submit all documents and pay the correct fee in person at the AFRC office

Two different classes of license are available. Class A licenses are valid for one year and allow fishing at both lakes and rivers. Class B licenses are for a six-month period and only allow holders to fish at lakes. Prices are as follows:

Class A: $55
Class B: $30

Proceeds from fishing license fees help to meet the costs of maintaining local wildlife habitats and creating better public fishing facilities. For more details on how funds are spent, visit our Web site: www.allentownfrc.com

FISHING LICENSE
Issued by the AFRC

Holder's name	Gina Hu
Valid until	13 August
License class	B

You must keep this license with you at all times when fishing and present it to an AFRC employee if asked. Please note this license does not permit you to leave your vehicle at AFRC facilities. For this, a separate daily charge must be paid. Please see the signs at the fishing facility for more information.

1 レクチャー

　文書ジャンルは，「通知」と「フォーム」です。復習のために，スキーマも チェックしましょう。通知には「社内」「社外」「一般的な通知」があるので， 見極めも必要です。

<文書1>Notice

通知【見出し】
Fishing Licenses
①目的＝変更点
②理由と説明
③追加情報

<文書2>Form

タイトル（＝見出し相当）
FISHING LICENSE
①タイトル
②質問事項
③追加情報

【共通点】Fishing License
（フィッシング（入漁）許可証）

Part 7 英文を読み解けるようになるための講座

ダブル・パッセージで一番重要なのは，2つの文書の「共通点」を見つけることです。ここではFishing License（フィッシング（入漁）許可証）ですね。今回は2つの文書のタイトルで確認できるのでラッキーです。タイトルだけで分からない場合は，文書1の本文冒頭を読んで，一定の内容を理解しなければなりません。

ダブルでもトリプルでも，複数の文書の1つはフォームのような簡単な文書です。その場合，いかに情報を拾うかがポイントになります。例えば，今回の場合，Fishing Licenseに書かれた情報は3つ。氏名，有効期限，許可証クラスです。さらに，その下に長く注意事項が書かれています。こういうケースは，読むところは少ないですが，「全部大事！」と言ってるようなものなので，＜文書1＞の主題をチェックしたら，＜文書2＞をサクっと読んでしまう方が早いです。

2 英文の流れをつかもう！

＜文書1＞
Allentown Fishing Resources Commission
Fishing Licenses

1. 目的

To fish at any public lake or river within Allentown requires a license issued by the Allentown Fishing Resources Commission (AFRC). To qualify for a license, the applicant must:

<文書1>と<文書2>の共通点は，先にも指摘したようにタイトルのFishing Licenses。<文書1>「通知」の冒頭には，①（通知の）目的が書かれているのが通例ですね。To fish 〜 requires a license（〜で釣りをするには，ライセンスが必要です）とあるので，まさに目的です。

そして，To qualify for a license, the applicant must: と続きますが，その後にはチェックマークが4つ見えますね。

2. 理由と説明

✔ Be a resident of Allentown (proof required)
✔ Be over the age of 12 at the time of applying
✔ Have read and signed the AFRC's regulations (R-84)
✔ Submit all documents and pay the correct fee in person at the AFRC office

Two different classes of license are available. Class A licenses are valid for one year and allow fishing at both lakes and rivers. **Class B licenses are for a six-month period** and only allow holders to fish at lakes. Prices are as follows:
Class A: $55
Class B: $30

the applicant must: （申請者は〜が必要です）

A ⎤
B ⎥　　この4つは，同レベルの事柄なので，
C ⎥　　速読ではスルーしましょう。
D ⎦

項目が並ぶ箇所は，設問の選択肢との比較検討が必要な問題（NOT
問題など）のための箇所です。ここでも，居住者であること，12歳以
上であることなど，申請に必要な条件が並んでいるだけですので，情
報を取るだけで十分です。むしろ②説明のコアの部分は，その下にあ
るライセンスの種類です。クラスAとBがあり，値段も記載されてい
ます。こちらをしっかり見て，情報を読み取りましょう。

3. 追加情報

Proceeds from fishing license fees help to meet the costs of
maintaining local wildlife habitats and creating better public
fishing facilities. For more details on how funds are spent, visit
our Web site: www.allentownfrc.com

最後は，③追加情報ですから，wwwの文字があれば，サイトのURL
程度なので，こちらも拾い読み程度でOK。

<文書2>

1. タイトル

FISHING LICENSE

Issued by the AFRC

2. 項目

Holder's name	Gina Hu
Valid until	13 August
License class	**B**

> 次に＜文書2＞を見ましょう。こちらは①タイトルがFISHING LICENSE。「許可証」ですから，②項目は3つで，氏名，有効期限，許可証の種類と，情報がすんなり取れます。

3. 追加情報

You must keep this license with you at all times when fishing and present it to an AFRC employee if asked. **Please note this license does not permit you to leave your vehicle at AFRC facilities.** For this, a separate daily charge must be paid. Please see the signs at the fishing facility for more information.

> 重要なのは，③の追加情報です。この部分が長い場合は，特にしっかり読みましょう。フォームの追加情報は特に気をつけるべきです。（＊アスタリスクがある場合，手書き風の場合などは，要チェックです）
>
> You must keep this license with you at all times when fishing and present it to an AFRC employee if asked.（〜の時には常にライセンスを携帯しなければなりません）というように，強い表現で

す。命令文，mustやshouldを使う文の場合は，「強いルール」と意識しましょう。

また，Please note ~（〜に留意してください），a separate daily charge <u>must be paid</u>.（〜を支払わないといけない）も，ルール厳守を示す表現です。③追加情報は，「許可証」らしい注意書きです。

3 構文

Tips-1

To fish (at any public lake or river within Allentown) requires
a license [issued by the Allentown Fishing Resources
Commission (AFRC)].

⇒To fish ~ requires a licenseという構造を見抜きましょう。動詞がrequiresだとわからないとダメです。濃淡，あるいはメリハリのある読み方を実践してください。

Tips-2

Class A licenses <u>are valid for</u> one year and allow fishing at
both lakes and rivers.
Class B licenses <u>are for</u> a six-month period and only allow
holders to fish at lakes.

⇒Class A licenses are valid forの次の文ではClass B licenses are forというように，validが省略されている点に注意です。また，以下の構造も確認しましょう。

Class B licenses <u>are</u> (valid) for a six-month period

and

<u>allow</u> holders to fish at lakes.

4 区切りながらキャッチ！

文章の部分をスラッシュ訳していきます。音読の参考にしてください。

【notice】

To fish/	魚釣りをするために /
at any public lake or river/	公有の湖や川では，どこでも /
within Allentown /	Allentown 内にある /
requires a license /	許可証が必要です /
issued by the Allentown Fishing Resources Commission (AFRC). //	Allentown 漁業資源管理委員会（AFRC）の発行する //
To qualify for a license, /	許可証の資格を得るために /
the applicant must://	申請者には必要です //
• Be a resident /	・居住者であること /
of Allentown /	Allentown の /
(proof required) //	（証明が必要） //
• Be over the age of 12 /	・12 歳を超えていること /
at the time of applying //	申請時の年齢が //
• Have read and signed the AFRC's regulations (R-84) //	・AFRC の規則 (R-84) を読んだうえで署名すること //

• Submit all documents /	・書類をすべて提出し /
and pay the correct fee /	そして正規料金を支払う事 /
in person /	直接 /
at the AFRC office //	AFRC の事務所で //
Two different classes of license /	2 つの異なる種類の許可証は /
are available. //	得ることができます //
Class A licenses are valid /	A クラス許可証は有効です /
for one year /	1 年間 /
and allow fishing /	釣りを許可します /
at both lakes and rivers. //	湖と川のどちらでも //
Class B licenses are for a six-month period /	B クラス許可証は 6 カ月間有効で /
and only allow holders /	所持者に…だけ認めます /
to fish at lakes. //	湖での釣り（だけ）を //
Prices are as follows: /	料金は以下の通りです /
Class A: $55 /	A クラス：55 ドル /
Class B: $30 //	B クラス：30 ドル //
Proceeds from fishing license fees /	フィッシング（入漁）許可証の料金による収益は /
help to meet the costs /	費用に充てるために使用します /
of maintaining local wildlife habitats /	地元の野生動物の生息環境を保護することに /
and creating better public fishing facilities. //	また，漁業公共施設を改善することに //
For more details /	さらなる詳細を知るには /

| on how funds are spent, / | 基金がどのように使われるのかについて / |
| visit our Web site:
www.allentownfrc.com // | 当委員会のウェブサイトをご覧ください。www.allentownfrc.com // |

【form】

You must keep this license /	本許可証は携帯してください /
with you /	あなたが /
at all times /	常に /
when fishing /	釣りの時には /
and present it /	そして，許可証を提示してください /
to an AFRC employee /	AFRC 職員に対して /
if asked. //	求められたときは //
Please note /	ご注意ください /
this license does not permit you /	本許可証では認めていないことを /
to leave your vehicle /	車を置くことは /
at AFRC facilities. //	AFRC の施設内に //
For this, /	この（駐車する）場合は /
a separate daily charge /	別途一日当たりの料金を /
must be paid. //	支払ってください //
Please see the signs /	掲示をご覧ください /
at the fishing facility /	施設内の /
for more information. //	詳しくは //

【notice】

① Allentown Fishing Resources Commission Fishing Licenses

② To fish at any public lake or river within Allentown requires a license issued by the Allentown Fishing Resources Commission (AFRC). ③ To qualify for a license, the applicant must:

- ✔ ④ Be a resident of Allentown (proof required)
- ✔ ⑤ Be over the age of 12 at the time of applying
- ✔ ⑥ Have read and signed the AFRC's regulations (R-84)
- ✔ ⑦ Submit all documents and pay the correct fee in person at the AFRC office

⑧ Two different classes of license are available. ⑨ Class A licenses are valid for one year and allow fishing at both lakes and rivers. ⑩ Class B licenses are for a six-month period and only allow holders to fish at lakes. ⑪ Prices are as follows:

Class A: $55
Class B: $30

⑫ Proceeds from fishing license fees help to meet the costs of maintaining local wildlife habitats and creating better public fishing facilities. ⑬ For more details on how funds are spent, visit our Web site: www.allentownfrc.com

① Allentown 漁業資源管理委員会
フィッシング（入漁）許可

② Allentownの中の公有の湖や川では，どこで魚釣りをする場合も
Allentown漁業資源管理委員会（AFRC）の発行する許可証が必要です。
③許可証取得の資格を得るために，申請者に必要なことは，以下のと
おりです。

> ✔ ④ Allentownの居住者であること（証明が必要）
> ✔ ⑤ 申請時の年齢が12歳を超えていること
> ✔ ⑥ AFRCの規則 (R-84) を読んだうえで署名すること
> ✔ ⑦ AFRCの事務所に直接，すべての書類を提出し，正規料金を
>   支払うこと

⑧許可証は２種類あります。⑨ Ａクラス許可証は１年間有効で，湖と
川のどちらでも釣りを許可します。⑩ Ｂクラス許可証は６カ月間有効
で，所持者には湖での釣りだけを認めます。⑪ 料金は以下の通りです。

Ａクラス：55 ドル
Ｂクラス：30 ドル

⑫ フィッシング（入漁）許可証の料金による収益は，地元の野生動物の
生息環境を保護し，漁業公共施設を改善する費用のために役立てます。
⑬ 基金がどのように使われるのか詳細を知るには，当委員会のウェブ
サイトwww.allentownfrc.comをご覧ください。

① □ resource **名** 資源　□ commission **名** 委員会

　□ license **名** 許可証

② □ require **動** …を必要とする

　□ issue **動** …を交付する

③ □ qualify for …の資格を得る　□ applicant **名** 申し込み者

④ □ resident **名** 住人　□ proof **名** 証明書

⑤ □ apply **動** 申し込む

⑥ □ regulation 名 規定

⑦ □ submit 動 …を提出する □ document 名 書類

　　□ pay 動 …を支払う □ correct 形 正しい □ fee 名 料金

　　□ in person 本人が，直接

⑧ □ available 形 利用できる

⑨ □ valid 形 有効な

⑩ □ period 名 期間

⑪ □ as follows 次のとおりである

⑫ □ proceeds 名 収入，売上 □ maintain 動 …を維持する

　　□ wildlife 名 野生動物

　　□ habitat 名 生息地 □ public 形 公共の，公の

　　□ fishing facilities 釣りの施設

⑬ □ detail 名 詳細 □ fund 名 資金

【form】

① FISHING LICENSE
Issued by the AFRC

Holder's name	Gina Hu
Valid until	13 August
License class	B

② You must keep this license with you at all times when fishing and present it to an AFRC employee if asked. ③ Please note this license does not permit you to leave your vehicle at AFRC facilities. ④ For this, a separate daily charge must be paid. ⑤ Please see the signs at the fishing facility for more information.

① フィッシング（入漁）許可証

発行 AFRC

所有者名	Gina Hu
有効期限	8月13日
許可証クラス	B

②釣りの時には常に本許可証を携帯し，AFRC職員に求められたときには許可証を提示してください。③ 本許可証では，AFRCの施設内に駐車することは認めておりませんのでご注意ください。④ 駐車する場合は，別途一日当たりの料金を支払ってください。⑤ 詳しくは，施設内の掲示をご覧ください。

② □ present 動 …を提示する・示す
③ □ note 動 …に注意する　□ permit X to *do* X に…するのを許可する
　　□ leave 動（副詞（句）を伴って）…を置いていく
　　□ vehicle 名 乗り物，車
④ □ separate 形 別々の　□ charge 名 料金

【ウェブページとEメール (Web page and e-mail)】

Web page

https://www.jurymarkc.org

Jurymark Consulting

Providing business advice and solutions for over 15 years

Let Jurymark Consulting help your small business reach its full potential. Our team of experts, each with their own specialty, can give you advice and services that are normally only available to large companies. Jurymark can create a customized training package and deliver it either at your premises or at our own fully equipped office in the heart of downtown Boston.

Our consultants

- **Kang Ling is our expert on customer service. Kang shows your staff how to make the customer feel special and keep them coming back.**
- **Honne Lehtinen specializes in cyber security, an increasingly serious problem. Firms which lack the funds for a dedicated IT team can secure their data with Honne's guidance.**

- **Keylon Jones is a former federal tax inspector. He will use his inside knowledge to make sure your business is not only complying with tax codes, but also using the rules to your advantage.**
- **Yasmin Yassine provides unique methods to motivate your employees. Her workshops have proven track records in boosting job satisfaction and increasing productivity.**

Fees vary depending on location and attendee numbers. Please look at our pricing details below.

	At client's office	At our Boston office
Up to 10 attendees	$350	$500
11 to 20 attendees	$550	$850

For sessions involving over 20 attendees, please contact us.

To:	Bryan Aspel, Office Manager, Redcorn Fashion
From:	Fatima Pamba, CEO, Redcorn Fashion
Date:	June 21
Subject:	Training session

Dear Bryan,

Following the severe disruption caused by the computer virus last week, I feel we need some expert advice about protecting ourselves online. The last thing we want is for sensitive client data to be stolen.

Therefore, I have arranged for a consultant from a Boston firm to come here on June 25th to give a training seminar. I think it will be most effective if we keep the group small, so I'll be asking only the seven members of the back-office team to attend. The consultant has sent some pre-seminar information packs. Could you pick them up from my office and hand them out to the team today?

Many thanks,

Fatima

1 レクチャー

「ウェブページ」と「メール」のダブル・パッセージです。「ウェブページ」は初登場ですね。スキーマを見ていきましょう。

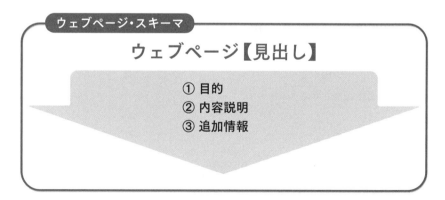

「ウェブページ」では, とても幅広い情報が提供されます。会社案内, 広

告，商品の購入画面，申込画面，記事など，Part 7の文書ジャンルがそのまま出ているケースもあります。

「ウェブページ」の展開は，《①目的⇒②内容説明⇒③追加情報》とシンプルです。①目的の前に，「見出し」をチェックしておくと，何に関するウェブページかを察知できることも多いです。

「会社案内」ですと，以下のようなスキーマが好例です。

```
【ウェブページ ＝ 会社案内】
見出し ＝ 会社名
①目的 ＝ 会社アピール（どういう会社で何ができるか）
②内容説明 ＝ できることリスト（具体的に可能な仕事リスト）
③追加情報 ＝ 料金や連絡先 等
```

「ウェブページ＝会社案内」の場合，まずは何の会社で，どういうサービスを提供しているかをつかむことが大事です。実際には，「広告」と大差ありません。見出しと冒頭（①目的）をチェックしましょう。

では，ダブルパッセージを見ていきます。

<文書1>Web page

ウェブページ【見出し】＝会社案内
ウェブページ【本文】
①目的
②内容説明
③追加情報

<文書2>e-mail

メール【本文】
①用件
②説明と対応
③追加情報（諸注意・連絡先）

【共通点】

Training package/session/seminar

＜文書１＞ウェブページ＝会社案内では，コンサルタント会社として，4つのサービス（カスタマーサービス，サイバーセキュリティ，税関係，従業員の動機付け）を提供できます，と書かれています。これに対して，＜文書２＞では，セキュリティの必要性に言及した後で，それに関するトレーニングセミナーの手配をしたことが書かれています。

　＜文書１＞の見出しには，Jurymark Consultingとあるのでコンサルタント会社であり，冒頭を読むとtraining package（トレーニングコース）が開催できることが書かれています。《見出し＋冒頭》を読んで，＜文書２＞を見ると，SubjectはTraining session（トレーニングコース）とあり，第2段落の最初，Therefore以下を読むと，再びtraining seminarの語句が見えます。語句は少しずつ違っていますが，trainingに目が行けば，関連性がつかめます。

2 英文の流れをつかもう！

　繰り返しますが，ダブルパッセージのリーディングでは，2つの文書の「共通点」をつかむことが重要です。＜文書１＞はウェブページ＝会社案内で，コンサルタント会社の広告に近い内容です。そこでは各種サービスを提供できると書かれています。

　それに対し，＜文書２＞はメールで，SubjectはTraining session。CEOが部下に対し，トレーニングの必要性があるので，コンサル会社のセミナーを導入したと書かれています。2つの文書の見出しや冒頭を見て，2つの文書のつながりをざっと捉えましょう。TOEICテストでは，このスピード感が重要です。

　文書全体を読むときも，メリハリのあるリーディングが大事です。＜文書１＞では，見出しを見て，コンサル会社であることをつかんだら，冒頭の

マーク部分を見て，どのようなサービスなのかを見ていきます。

＜文書1＞

見出し

Jurymark Consulting

Providing business advice and solutions for over 15 years

1. 目的＝会社アピール

Let Jurymark Consulting help your small business reach its full potential. **Our team of experts**, each with their own specialty, **can give you advice and services** that are normally only available to large companies. **Jurymark can create a customized training package** and deliver it either at your premises or at our own fully equipped office in the heart of downtown Boston.

Let Jurymark Consulting help your small business reach its full potential.（ビジネスの手助け）

↓

Our team of experts can give you advice and services ~
（助言とサービスの提供）

Jurymark can create a customized training package ~
（トレーニングコースの提供）

---

2. 内容説明＝できることリスト

Our consultants

- Kang Ling is our expert on **customer service**. Kang shows your staff how to make the customer feel special and keep them coming back.
- Honne Lehtinen specializes in **cyber security**, an increasingly serious problem. Firms which lack the funds for a dedicated IT team can secure their data with Honne's guidance.
- Keylon Jones is a former **federal tax inspector**. He will use his inside knowledge to make sure your business is not only complying with tax codes, but also using the rules to your advantage.
- Yasmin Yassine provides **unique methods to motivate your employees**. Her workshops have proven track records in boosting job satisfaction and increasing productivity.

次に，①目的を見た後は，②内容説明です。ここは，会社案内の場合，できることリストになります。コンサルタント会社としてできることは，以下の4点。

customer service　（カスタマーサービス）
cyber security　　（サイバーセキュリティ）
federal tax inspector　　（税）
unique methods to motivate your employees　（社員の動機付け）

メリハリをつけて読む場合，4つの • に対し，4つの情報を拾えばOKです。もしリーディングのスピードが上がった場合は，「抽象→具体」の読み方も有効です。

たとえば，1つ目の●項目では，必要な情報はカスタマーサービス，さらにその具体的な内容は，次の文に書かれています。

【抽象】Kang Ling is our expert on customer service.
Kang Ling＝カスタマーサービスの専門家
↓
【具体】Kang shows your staff how to make the customer feel special and keep them coming back.
カスタマーサービスの内容
　→顧客を特別な気持ちにして，再度利用してもらう。

3. 追加情報＝料金

Fees vary depending on location and attendee numbers. Please look at our pricing details below.

	At client's office	At our Boston office
Up to 10 attendees	$350	$500
11 to 20 attendees	$550	$850

For sessions involving over 20 attendees, please contact us.

最後は，③追加情報です。Fees vary depending on location and attendee numbers.（料金は所在地と参加人数によって異なります）の1文が大事です。Feeという情報を拾って，次を見ると，料金リストが見えますね。

＜文書2＞

To: Bryan Aspel, Office Manager, Redcorn Fashion

From: Fatima Pamba, CEO, Redcorn Fashion

Date: June 21

Subject: Training session

Dear Bryan,

1. 用件

Following the severe disruption caused by the computer virus last week, **I feel we need some expert advice about protecting ourselves online.** The last thing we want is for sensitive client data to be stolen.

2. 説明と対応

Therefore, I have arranged for a consultant from a Boston firm to come here on June 25th to give a training seminar. I think it will be most effective if we keep the group small, so I'll be asking only the seven members of the back-office team to attend.

＜文書2＞は，CEOが部下に送ったメールです。Subjectは Training session。本来のメールの書き方であれば，①目的＝トレーニングを導入，②説明（理由）＝コンピューターウイルスの被害にあったから，③追加情報＝コンサルの資料を配付，という展開です。ですが，今回は①と②が逆になっています。書き方の違いなので，それほど気にする必要はありません。「冒頭＝目的」というパターンは絶対ではないのです。

computer virus （ウイルス）

I feel we need some expert advice about protecting
ourselves online. （アドバイスの必要性）

I have arranged for a consultant from a Boston firm to come
here on June 25th to give a training seminar. （トレーニングセミナー
を手配した）

《ウイルス被害→助言の必要性→セミナー開催》，という展開が見え
ればOKです。特にラフなメールの場合，《①目的⇒②説明⇒③追加
情報》というスキーマにこだわらず，部分だけをメリハリ読みして，
情報を拾う方がいいでしょう。

3. 追加情報

The consultant has sent some pre-seminar information packs.
Could you pick them up from my office and hand them out to the
team today?

Many thanks,

Fatima

3 構文

Tips-1

Let Jurymark Consulting help your small business
reach its full potential.

⇒helpの語法に注意しましょう。[help+O+(to) do](Oが〜するのを手助けする)では，help+O+doというようにtoが省略されます。

Tips-2

Jurymark can create a customized training package and
deliver it either at your premises or at our own fully equipped
office in the heart of downtown Boston.

⇒andとor，2つの接続詞が何と何を並べているかに注意しましょう。create and deliver, either A or Bに気づくことが大事です。

Jurymark can create a customized training package
　　　　　　　　and
　　　deliver it either at your premises
　　　　　　　　　　　or
　　　　　　　　at our own fully equipped office ~

Tips-3

He will use his inside knowledge /to make sure /[your
business is not only complying with tax codes, /but also
using the rules to your advantage].

⇒[not only A but also B]（Aばかりでなく，Bもまた）の箇所は，意味が取りにくいです。「貴社の事業が，税の規則に従っているだけでなく，有利になるようにそれを使う，のを確実にする〜」と訳すと分からなくなるので，スラッシュで切って，左から右に読むのがベターです。

つまり，「知識を使います／確実にするために／貴社の事業が税法を遵守するだけでなく／その法を有利になるように使います」という感じですね。

Tips-4

[Following the severe disruption (caused by the computer virus last week)], I feel we need some expert advice about protecting ourselves online.

⇒このfollowingがクセ者です。「〜のあとで」の意味。Following the meeting, we'll go to the restaurant.（会議のあとで、レストランに行きます）のように使います。Following the severe disruptionは，「深刻な混乱のあとで」の意味。disruptionは「混乱，中断」の意味で，必須ワードです。

4 区切りながらキャッチ！

【Web page】

Jurymark Consulting	Jurymark コンサルティング
Providing business advice and solutions	ビジネスのアドバイスと解決法をご提供しています
for over 15 years //	15 年以上の間 //
Let Jurymark Consulting help your small business /	Jurymark コンサルティングに中小企業のお手伝いをさせてください /
reach its full potential. //	潜在能力を充分に出せるように //
Our team of experts, /	当社の専門家チームは /
each with their own specialty, /	一人一人が専門分野を持ち /
can give you advice and services /	アドバイスやサービスをお客様に提供することができます /
that are normally only available /	それらは通常…だけ利用できます /
to large companies. //	大企業に（だけ）//
Jurymark can create a customized training package /	Jurymark 社はカスタマイズしたトレーニングコースをつくれます /
and deliver it /	そして実施できます /
either at your premises /	貴社のオフィスか /
or at our own fully equipped office /	設備の整った当社のどちらかで /
in the heart of downtown Boston. //	ボストンの中心部にある //
Our consultants //	当社のコンサルタント //
・Kang Ling is our expert /	・Kang Ling は専門家です /

on customer service. //	カスタマーサービスに関する //
Kang shows your staff /	Kang が貴社の社員にお教えするのは /
how to make the customer feel special /	顧客に貴社のひいきになってもらう方法です /
and keep them coming back. //	そして何度も来てもらえるようにする（方法です）//
・Honne Lehtinen specializes in /	・Honne Lehtinen は専門家です /
cyber security, /	サイバーセキュリティの /
an increasingly serious problem. //	深刻さを増している問題である //
Firms /	会社は /
which lack the funds /	予算がない /
for a dedicated IT team /	優秀な IT チームの /
can secure their data /	データの保護ができます /
with Honne's guidance. //	Honne の指導によって //
・Keylon Jones is a former federal tax inspector. //	・Keylon Jones は元国税検査官です //
He will use his inside knowledge /	彼は自分の持つ知識を使います /
to make sure /	確実にするために /
your business is not only complying with tax codes, /	貴社の事業が税法に順守しているかのみならず /
but also using the rules /	さらに税法を利用します /
to your advantage. //	貴社に有利になるように //
・Yasmin Yassine provides unique methods /	・Yasmin Yassine は独自の方法をご提供します /
to motivate your employees. //	従業員のやる気を起こさせるための //
Her workshops have proven /	ワークショップは証明されています /

track records /	実績が /
in boosting job satisfaction /	仕事の満足度が高くなることにおいて /
and increasing productivity. //	そして，生産性が上がる（ことにおいて）//
Fees vary /	料金は異なります /
depending on location and attendee numbers. //	サービスの提供場所と参加人数により //
Please look at our pricing details below. //	当社の価格設定については下記をご覧ください //
（表省略）	
For sessions /	セッションは /
involving over 20 attendees, /	20人を超える出席者が関わる /
please contact us. //	当社にお問い合わせください //

【e-mail】

（宛先欄省略）	
Following the severe disruption /	深刻な問題の後で /
caused by the computer virus /	コンピューターウイルスで引き起こされた /
last week, /	先週 /
I feel /	私が感じたのは /
we need some expert advice /	専門家のアドバイスが必要だということです /
about protecting ourselves online. //	オンラインで会社を保護することについて //

The last thing we want is /	一番避けたいのは /
for sensitive client data /	顧客の機密データが /
to be stolen. //	盗まれることです //
Therefore, /	そのため /
I have arranged for a consultant /	コンサルタントに依頼しました /
from a Boston firm /	ボストンにある会社の /
to come here /	当社に来てもらい /
on June 25th /	6月25日に /
to give a training seminar. //	研修をしてもらいます //
I think /	私は思います /
it will be most effective /	最も効率的な研修になるだろうと /
if we keep the group small, /	参加グループを少人数にすれば /
so I'll be asking /	それでお願いする予定です /
only the seven members /	7人だけ /
of the back-office team /	事務管理部門の /
to attend. //	参加を //
The consultant has sent /	コンサルタントは送ってくれました /
some pre-seminar information packs. //	事前の配布資料を //
Could you pick them up /	持って行っていただけませんか /
from my office /	私のオフィスから /
and hand them out /	配っておいて（いただけませんか）/
to the team today? //	参加者に今日 //

5 訳と語句の確認！

【Web page】

https://www.jurymarkc.org

① Jurymark Consulting
Providing business advice and solutions for over 15 years

② Let Jurymark Consulting help your small business reach its full potential. ③ Our team of experts, each with their own specialty, can give you advice and services that are normally only available to large companies. ④ Jurymark can create a customized training package and deliver it either at your premises or at our own fully equipped office in the heart of downtown Boston.

⑤ Our consultants
- ⑥Kang Ling is our expert on customer service. ⑦ Kang shows your staff how to make the customer feel special and keep them coming back.
- ⑧ Honne Lehtinen specializes in cyber security, an increasingly serious problem. ⑨ Firms which lack the funds for a dedicated IT team can secure their data with Honne's guidance.
- ⑩ Keylon Jones is a former federal tax inspector. ⑪ He will use his inside knowledge to make sure your business is not only complying with tax codes, but also using the rules to your advantage.
- ⑫ Yasmin Yassine provides unique methods to motivate your employees. ⑬ Her workshops have proven track records in boosting job satisfaction and increasing productivity.

⑭ Fees vary depending on location and attendee numbers. ⑮ Please look at our pricing details below.

	At client's office	At our Boston office
Up to 10 attendees	$350	$500
11 to 20 attendees	$550	$850

⑯ For sessions involving over 20 attendees, please contact us.

---

https://www.jurymarkc.org

① Jurymark コンサルティング
15年以上の間, ビジネスのアドバイスと解決法をご提供しています

②中小企業が潜在能力を充分に発揮できるように, Jurymarkコンサルティングにお手伝いさせてください。③ それぞれが得意な専門分野を持つ当社の専門家チームは, アドバイスやサービスをお客様に提供することができます。それらは通常大企業だけが利用しているものです。④ Jurymark社は, トレーニングコースをカスタマイズいたします。貴社のオフィスにおいてのみならず, ボストンの中心部にあって設備の整った当社オフィスでもトレーニングを実施できます。

⑤ 当社のコンサルタント
• ⑥Kang Lingは当社のカスタマーサービスの専門家です。⑦ Kangは, 顧客を貴社のひいきになってもらい, また何度も来てもらえるようにする方法をお教えします。
• ⑧Honne Lehtinen は深刻さを増しつつある問題, サイバーセキュリティの専門家です。⑨ 優秀なIT専門チームの予算がない会社が, Honneの指導によって, データの保護ができます。
• ⑩Keylon Jonesは元国税検査官です。⑪ 内情の知識を使って, 貴社の事業を税法に順守させるのはもちろん, 貴社に有利になるように税法を取り扱います。
• ⑫Yasmin Yassineは従業員のやる気を起こさせる独自の方法を提

供します。⑬彼女のワークショップによって，仕事の満足度が高くなり，生産性が上がったという実績があります。

⑭料金はサービスの提供場所と参加人数により異なります。⑮当社の価格設定については下記をご覧ください。

	お客様の事務所で	当社のボストン事務所で
参加者10人まで	350ドル	500ドル
参加者11人から20人まで	550ドル	850ドル

⑯出席者が20人を超えるセッションは，当社にお問い合わせください。

① □ provide 動 …を提供する　□ advice 名 助言
② □ small business 中小企業　□ reach 動 …に達する・届く
　　□ potential 名 潜在能力
③ □ expert 名 専門家　□ specialty 名 専門分野
　　□ normally 副 ふつうは　□ available 形 利用可能な
④ □ customize 動 …をカスタマイズする, …を顧客の注文に応じて作る
　　□ premises 名 店舗　□ equipped 形 設備の整った
　　□ heart 名 中心　□ downtown 形 都心部の, 商業地区の
⑤ □ consultant 名 コンサルタント
⑧ □ specialize in …を専門に扱う　□ increasingly 副 ますます
⑨ □ firm 名 会社, 企業　□ lack 動 …が欠ける　□ fund 名 資金
　　□ dedicated 形 ひたむきな　□ secure 動 …を安全にする
⑩ □ former 形 元の, 以前の　□ federal tax inspector 国税の検査官
⑪ □ make sure 確実に…するようにする
　　□ comply with …に準拠する・適合する
　　□ advantage 名 有利, 好都合
⑫ □ unique 形 独特の, ユニークな　□ method 名 方法

□ motivate **動** (人) にやる気を与える

⑬ □ track record 実績, 業績　□ boost **動** …を高める・上げる

　　□ satisfaction **名** 満足度　□ increase **動** …を増やす

　　□ productivity **名** 生産性

⑭ □ vary **動** 異なる　□ depend on …次第である

　　□ attendee **名** 参加者

⑮ □ pricing **名** 価格設定, 価格表示　□ detail **名** 詳細

　　□ below **副** 下記に

⑯ □ involve **動** …を伴う

【e-mail】

① **To: Bryan Aspel, Office Manager, Redcorn Fashion**
From: Fatima Pamba, CEO, Redcorn Fashion
Date: June 21
Subject: Training session

Dear Bryan,

② **Following the severe disruption caused by the computer virus last week, I feel we need some expert advice about protecting ourselves online.** ③ **The last thing we want is for sensitive client data to be stolen.**

④ **Therefore, I have arranged for a consultant from a Boston firm to come here on June 25th to give a training seminar.** ⑤ **I think it will be most effective if we keep the group small, so I'll be asking only the seven members of the back-office team to attend.** ⑥ **The consultant has sent some pre-seminar information packs.** ⑦ **Could you pick them up from my office and hand them out to the team today?**

Many thanks,

Fatima

① 宛先：Bryan Aspel, オフィスマネジャー, Redcorn ファッション
差出人：Fatima Pamba, CEO, Redcorn ファッション
日付：6月21日
件名：トレーニングセッション

Bryan様,

② 先週, コンピューターウイルスで深刻な問題が発生して以降, オンラインの危険から会社を保護するためには専門家のアドバイスが必要だと感じました。③ 一番避けたいのは, 顧客の機密データが盗まれることです。

④ そのため, ボストンにあるコンサルタント会社の人に, 6月25日に当社で研修をするようお願いしました。⑤ 参加人数が少ないほうが効率的な研修になると思いますので, 事務管理部門の7人にだけ参加をお願いする予定です。⑥ コンサルタントの方は事前配布資料を送ってくれました。⑦ 私のオフィスで受け取って, 参加者に今日配っておいていただけませんか。

よろしくお願いいたします。
Fatima

---

② □ severe 形 ひどい　□ disruption 名 混乱, 分裂

　　□ cause 動 …の原因となる

　　□ computer virus コンピューターウイルス

　　□ protect 動 …を守る・保護する

③ □ last thing 最もしそうもないこと

　　□ sensitive 形 (問題などが) 取り扱いに注意を要する, 機密の

　　□ stolen < steal 動 …を盗む

④ □ arrange 動 手配する

⑤ □ effective 形 効果的な　□ back-office 形 事務管理部門の

　　□ attend 動 出席する

⑦ □ hand out …を配る

[Triple Passage編]

　いよいよPart 7のトリプル・パッセージです。TOEICのPart 7は，設問を1問1分で解くことが原則です。つまりPart 7のトリプル・パッセージは，3つの文書を読んで5問を解くのに，5分しかない計算になります。もちろんこれは目安ですが，効率的に読み，解かなければ，トリプル・パッセージを攻略できません。特にハードな設問には注意が必要です。What is indicated 〜? やNOT問題，そして複数の文書を見て解答するクロス問題などは，選択肢と本文との比較検討が必須であり，解答テクニックだけで対処するのはさすがに限界があります。

　これまでの講義で述べてきたように，メール，手紙，広告，通知，記事などのビジネス英語や一般的な日常英語の場合，文書に一定のパターンがあります。繰り返しますが，こうした知識のことを専門的には「スキーマ」と呼び，文書の展開を「予測」するのに役に立ちます。そして，このスキーマがないと，トリプル・パッセージを自由自在に読み，1問1分で解くのは，かなり厳しいのです。

　例として，「広告（advertisement）」「メール（e-mail）」「規定（policy statement）」のトリプル・パッセージを考えてみましょう。ダブル・パッセージ（DP）のときは，文書1と文書2の共通点を探しながら読むのが基本です。ですが，トリプル・パッセージの場合，3つの文書を意識するのは分量が多いので不可能です。では，どのように読むのが一番スムースでしょうか？ 答えは簡単。トリプル・パッセージを「ダブル・パッセージ的に読む」点につきます。

STEP 1

＜文書1＞と＜文書2＞の共通点を探す！

＜文書1＞「広告（advertisement）」

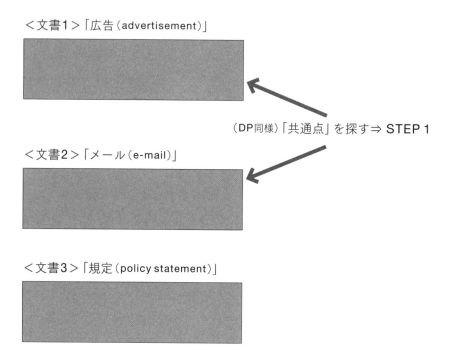

（DP同様）「共通点」を探す⇒ STEP 1

＜文書2＞「メール（e-mail）」

＜文書3＞「規定（policy statement）」

　最初のステップとして，ダブル・パッセージと同様，＜文書1＞と＜文書2＞の共通点を探しましょう。たとえば，文書1がオフィス家具の「広告」，文書2がオフィス家具の購入に関して指示をする「メール」という場合はどうでしょうか？　スキーマを踏まえて，考えてみましょう。

<文書1>「広告」スキーマ

広告【見出し】Brookline Office Furniture (BOF)

広告【本文】
①商品・サービス等の案内
(BOFの宣伝文句。BOFではお客様に最高の商品を届けます,etc)
②内容説明
(具体的な商品説明。デスクやチェアーなど)
③追加情報
(割引情報等。今月は20%オフ。オンラインストアでは在庫限定で30%オフなど)

「共通点を探す」

<文書2>「メール」スキーマ

To: A. Brown
From: M. Takahashi
Subject: New office desks
Date: April 5

メール【本文】
①用件
(オフィス改装に際し,デスクなどの家具を購入する必要がある。Takahashi氏からBrown氏への指示)
②説明と対応
(予算に限りがあるので,低予算で,保証期間が長いものを購入すること)
③追加情報(諸注意・連絡先)
(領収書は今月末までに会計課に提出,など)

まず，文書1（広告）をざっと見ます。「ざっと」というのは，広告なので商品の確認程度でOK。Office Furnitureなので，オフィス家具の広告だとわかりますね。次に，文書2（メール）のSubjectと冒頭（第1段落）を見ます。New office desksなので，オフィス家具についてです。冒頭を読むと，オフィスを改装するので，デスクなどを購入する必要があるなどと書かれています（TakahashiさんがBrownさんに，購入の指示をしています）。その程度の情報が取れれば十分です。

　文書1と文書2の「共通点」探しは，ダブル・パッセージ同様，できるだけ時短で，効率良く行うのがポイントです。共通点がわかれば，設問に対応するのも楽になります。スキーマがわかっていれば，文書のどこを見れば設問のヒントがあるかも簡単に回答可能です。たとえば，What is being advertised? （何が宣伝されていますか）や　What is indicated about Brookline Office Furniture? （BOFについて，何が述べられていますか）という典型的な設問では，文書1のBOF広告の前半を読めばOK。広告の前半では，商品の内容説明が書かれているからです。また，When can the coupon be used?（クーポンはいつ使えますか）やTo what items does the discount not apply?（割引が適用されない商品はどれですか）のように「割引」に関する設問では，文書1の終盤を見れば即答です。割引などの例外項目や連絡先などは，終盤に書かれているからです。そして，What does Mr. Takahashi indicate about the furniture?（Takahashiさんは家具についてどんなことを指摘していますか）のようなTakahashiさんの指示についての設問が出ても，文書2の中盤を見れば，指示や対応が書かれていますので，問題なく答えられます。スキーマがわかっていれば，設問のヒントの「場所」も予測できます。奇抜なテクニックを使わずとも，見るべき／読むべき場所がわかるのです。

STEP 2
DP（1&2）と＜文書3＞の関係性を見る！

＜文書1＞「広告（advertisement）」　　＋　　＜文書2＞「メール（e-mail）」

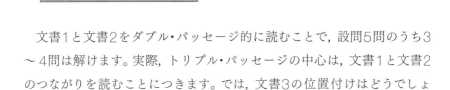

（1＆2のブロックに対し）文書3の関係性を見る⇒STEP 2

＜文書3＞「規定（policy statement）」

　文書1と文書2をダブル・パッセージ的に読むことで，設問5問のうち3～4問は解けます。実際，トリプル・パッセージの中心は，文書1と文書2のつながりを読むことにつきます。では，文書3の位置付けはどうでしょうか？

　文書1＆2のブロックに対し，補足的な情報が＜文書3＞に書かれます。上記の例で言えば，文書3は「商品の返品規定」などです。文書1は広告ですから，返品に関する記載は相応しくありません。ですが，文書1の商品は，壊れている場合もあれば，配送の遅延の可能性もあります。その際の対処方法や連絡先などが，文書3に書かれます。

＜文書3＞「規定」スキーマ

タイトル（商品を購入のお客様へ）

①商品の保証について
（All products we sell are covered by manufacturers' warranties.のような保証に関する記載。保証内容・範囲など）
②連絡先や送り先
（返品の仕方と送り先。カスタマーセンターの電話番号など）

　商品の保証規定であることが確認できれば，リーディングはほぼ完了です。文書3は原則的に短いので，保証規定であれば，①「商品はすべて保証します」＋②「返品の際は〜にお送りください」など，必要最低限のことしか書かれません。想定される設問も，「不良品はどこに送る必要がありますか」などで，文書3の後半をみれば即答です。これらもスキーマの知識があれば，設問予測は簡単です。

　では，実際に，上記とは異なる文書を読んで，トリプル・パッセージを攻略しましょう。

【記事・時刻表・メール (article, timetable, and e-mail)】

article ··

High-Speed Train Link Planned

December 2—Plans for a new high-speed train line named Sonix 3, linking the capital cities of Estonia, Latvia, and Lithuania, were jointly announced yesterday by the presidents of the three countries. The trains will travel at a top speed of 350km/h, and promise to cut journey times in half. The project will be rolled out in four stages, with the first stage scheduled for completion in two years. In that initial stage, two trains per day will run between Tallinn, Estonia and Riga, the capital of Latvia, stopping at one other city en route. In stage two, the number of trains will increase to five per day as more trains are built. The link will extend to Vilnius in Lithuania in stage three, and in the final stage, there will be a total of ten trains per day operating over the complete line.

German engineering firm Nuering won the contract to build the new trains and line, with work beginning in March next year. CEO of Nuering, Matheus Weber, said at the launch, "Sonix 3 will bring great economic benefits to the region. Furthermore, Nuering plans to hire the majority of workers from the three countries for the construction, so that the region experiences those benefits from the start." Images of the proposed route and trains can be viewed online at www.sonix3plans.com.

SONIX 3
TIMETABLE MAY – SEPTEMBER

Tallinn	Pärnu		Riga (Final Stop)
Depart	Arrive	Depart	Arrive
7:00 A.M.	8:20 A.M.	8:30 A.M.	10:20 A.M.
7:55 A.M.	9:15 A.M.	9:25 A.M.	11:15 A.M.
9:40 A.M.	11:00 A.M.	11:10 A.M.	1:00 P.M.
1:15 P.M.	2:35 P.M.	2:45 P.M.	4:35 P.M.
3:20 P.M.	4:40 P.M.	4:50 P.M.	6:40 P.M.

To	Ralph Bayer, Regional Manager, Magrita Copiers, Inc.
From	Maddi Toome, Area Head Manager, Magrita Copiers, Inc.
Subject	Our Tuesday meeting
Date	July 13

Dear Ralph:

Prior to our meeting at your office in Riga next week, I would like to ask you to do me a favor. As we will be deciding future production targets for our range of office copiers, I would appreciate it if you could e-mail me the last six months of sales figures. This will help to avoid the problem of unrealistic targets.

I will be taking the morning Sonix 3 train from Tallinn, leaving just before eight o'clock, so we will have plenty of time for our discussions. If you would like me to prepare anything for the meeting, please feel free to ask.

Best regards,

Maddi

1 レクチャー

文書ジャンルは，「記事」「時刻表」「メール」です。まず，文書1と文書2をダブル・パッセージ的に見て，「共通点」を見つけましょう。スキーマのチェックから始めます。

【STEP 1】

<文書1>「記事」スキーマ

記事【見出し】High-Speed Train Link Planned

記事【本文】
①トピック
(Sonix 3という高速鉄道計画が発表された)
②内容説明
(最高時速350キロ，所要時間は半分に。計画は4段階)
③評価と今後の展開
(ドイツの会社が建設契約。CEOのコメント)

「共通点」＝
高速鉄道Sonix 3

<文書2>「時刻表」スキーマ

①タイトル
(Sonix 3 時刻表)
②内容説明
(場所と時刻)

セオリー通り，文書1と文書2の共通点をサーチします。文書1のタイトルHigh-Speed Train Link Planned(高速鉄道が計画される)，冒頭のnew high-speed train line named Sonix 3をチェックします。次に，文書

2のタイトルSONIX 3とその下のTIMETABLE（時刻表）を見ます。これだけで，高速鉄道計画の記事と，そこで言及される列車の時刻表が，「high-speed train=Sonix 3」という共通点でつながります。

　「記事」と「時刻表」は，いわば客観的／一般的な情報です。この【STEP 1】を踏まえて，文書3（メール）を見ていきましょう。メールのスキーマから確認です。

【STEP 2】

＜文書3＞「メール」スキーマ

> To: Ralph Bayer, Regional Manager, Magrita Copiers, Inc.
> From: Maddi Toome, Area Head Manager, Magrita Copiers, Inc.
> Subject: Our Tuesday meeting
> Date: July 13
>
> メール【本文】
> ①用件
> ②説明と対応
> 　（お願い＝当社のコピー機の売上高をメールしてほしい）
> ③追加情報（諸注意・連絡先）
> 　（Sonix 3でTallinnを出る。何かあれば頼んでほしい）

文書1＋2との唯一の接点（共通点）
⇒文書1＋2のリーディング終了後にチェックでOK

　先にも述べたように，トリプル・パッセージで優先すべきは，文書1と文書2のリーディングです。文書1＋2の共通点を見つけ，スキーマを利用しながら，リーディングすることが大事。それができた後で，文書3へと移行

します。文書1＋2＋3の共通点を，一気に見つけようとしてはダメです。運良くすぐに見つかることはあるかもしれませんが，各文書が長文であればあるほど，それは不可能です。

　文書3は，文書1＋2の補足情報です。今回は，Sonix 3の記事と時刻表という客観的な情報に対し，文書3は主観的なメールです。

　メールのToとFromを見ると，Area Head ManagerからRegional Manager へ送られていますので，上司から部下へのメールですね。Subjectは「火曜日の会議」。文書3のメールは通常よりも短いので，①用件と②説明がセットになっています。そして，③追加情報が書かれています。文書3はあくまで情報を拾うという読み方がベスト。文書1＋2に重点を置いたリーディングを行い，文書3は要点／情報を拾う，というメリハリが大事です。

2 英文の流れをつかもう！

《STEP 1》

先にも言及したように，文書1と文書2の共通点を捉えます。最初に，
それぞれがHigh-speed train line ＝ Sonix 3という高速鉄道の「記事」
と「時刻表」である点を確認しましょう。文書1の細部を見ていきま
す。

＜文書1＞記事

High-Speed Train Link Planned

「記事」の冒頭では，タイトルHigh-Speed Train Link Plannedが
見えます。これだけだとトピックがはっきりしないので，本文を見ま
す。

1. トピック

**December 2—Plans for a new high-speed train line named
Sonix 3, linking the capital cities of Estonia, Latvia,
and Lithuania, were jointly announced yesterday by the
presidents of the three countries**.

記事の冒頭では、S was announced by 〜（Sが〜に発表されました）が定番です。ここでは「高速鉄道の計画が昨日、三カ国の大統領により共同発表されました」と書かれています。Sonix 3が「高速鉄道」の名称とわかるので、「時刻表」のタイトルとも一致し、2つの文書の共通点が確認できます。

スキーマに従って、文書1のリーディングを続けましょう。次は「内容説明」です。Sonix 3計画という具体的な名称が出てきた以上、それがどういう鉄道で、計画はどのようなものかなど、【抽象】⇒【具体】のロジックが展開するのは自明ですね。

2. 内容説明

The trains will travel at a top speed of 350km/h, and promise to cut journey times in half. **The project will be rolled out in four stages**, with the first stage scheduled for completion in two years. In that initial stage, two trains per day will run between Tallinn, Estonia and Riga, the capital of Latvia, stopping at one other city en route. In stage two, the number of trains will increase to five per day as more trains are built. The link will extend to Vilnius in Lithuania in stage three, and in the final stage, there will be a total of ten trains per day operating over the complete line.

Plans for Sonix 3 were announced ~
【抽象】＝トピック（Sonix 3計画の発表）

↓

The trains will travel at a top speed of 350km/h, and promise to cut journey times in half.
【具体①】（時速350キロ，所要時間は半分）

↓

The project will be rolled out in four stages, ~
【具体②】（計画は4段階）

↓

In that initial stage, ~（第1段階）
In stage two, ~（第2段階）
~ in stage three, and in the final stage ~（第3＆4段階）
【具体③】4段階の説明

Sonix 3計画の発表から始まり，それが徐々に具体的に提示されます。Sonix 3の速度や所要時間が言及され，4段階の計画が示されます。【抽象】⇒【具体】のロジックが，理想的に展開しているのがわかりますね。

3. 評価と今後の展開

German engineering firm Nuering won the contract to build the new trains and line, with work beginning in March next year. CEO of Nuering, Matheus Weber, said at the launch, "Sonix 3 will bring great economic benefits to the region. Furthermore, Nuering plans to hire the majority of workers from the three countries for the construction, so that the region experiences those benefits from the start." Images of the proposed route and trains can be viewed online at www.sonix3plans.com.

記事の最後は，「評価と今後の展開」です。German engineering firm Nuering won the contract to build the new trains and line, とあるように，Nuering社が新鉄道と路線の建設の契約を勝ち取ったことが書かれます。その後の引用符は，Nuering社のCEOのコメントです。

Part 7の記事で出題される英文では，基本的に後ろ向きのコメントは書かれません。実際，ここでも新鉄道が雇用に貢献し，利益をもたらすと述べられています。TOEICワールドでは，ネガティブなコメントはないと覚えておきましょう。

スキーマを駆使して文書1を読んでいくと，上記のように，高速鉄道 Sonix 3計画の概要と利点が報告されているのが分かりますね。

＜文書2＞時刻表

SONIX 3 TIMETABLE MAY – SEPTEMBER			
Tallinn	**Pärnu**		**Riga (Final Stop)**
Depart	Arrive	Depart	Arrive
7:00 A.M.	8:20 A.M.	8:30 A.M.	10:20 A.M.
7:55 A.M.	9:15 A.M.	9:25 A.M.	11:15 A.M.
9:40 A.M.	11:00 A.M.	11:10 A.M.	1:00 P.M.
1:15 P.M.	2:35 P.M.	2:45 P.M.	4:35 P.M.
3:20 P.M.	4:40 P.M.	4:50 P.M.	6:40 P.M.

文書2は，高速鉄道Sonix 3の時刻表です。タイトルをチェックしましょう。地名や時刻などは，一瞥でOK。

「数字」や「地名」「人名」などの固有名詞は，クロス問題のキーワードになるので，意識しておくことが大事です。

<文書3>メール

To: Ralph Bayer, Regional Manager, Magrita Copiers, Inc.
From: Maddi Toome, Area Head Manager, Magrita Copiers, Inc.
Subject: **Our Tuesday meeting**
Date: July 13

《STEP 2》

文書1＋2が高速鉄道Sonix 3について書かれているとわかったら，文書3へと移行します。「レクチャー」でも指摘したように，文書1＋2が客観的・一般的な文書であるのに対し，文書3は主観的な文書（メール）です。ToとFromを見て，上司から部下へのメールである点，Subjectから「火曜日の会議」である点を確認したら，文書3の本文へと進みましょう。

トリプル・パッセージでは，文書3は通常，簡略化されています。今回も通常のメールのスキーマ，①「用件」と②「説明と対応」がセットで提示されます。

1&2. 用件＆説明と対応

Dear Ralph:

Prior to our meeting at your office in Riga next week, **I would like to ask you to do me a favor**. As we will be deciding future production targets for our range of **office copiers**, **I would appreciate it if you could e-mail me the last six months of sales figures**. This will help to avoid the problem of unrealistic targets.

I would like to ask you to do me a favor.
①用件＝お願い。

↓

As we will be deciding future production targets for our range of office copiers, I would appreciate it if you could e-mail me the last six months of sales figures.
②説明＝コピー機の売上高をメールしてほしい。

ここまでだと，文書1＋2と全く関係のない内容です。ですが，次の段落③「追加情報」で，Sonix 3が確認できます。I will be taking the morning Sonix 3 train from Tallinn, と書かれていますので，文書2の地名Tallinnともつながりますね。

I will be taking the morning Sonix 3 train from Tallinn,
leaving just before eight o'clock, so we will have plenty of time
for our discussions. If you would like me to prepare anything for
the meeting, please feel free to ask.

Best regards,

Maddi

　トリプル・パッセージは, 文書1と文書2をダブル・パッセージ的に読む
ことが大事です。それを踏まえ, 補足情報として文書3を見れば, 実はそれ
ほど困難なことではありません。これらのSTEPを支えるのが, スキーマ
の知識であり, それを駆使したリーディングであることは覚えておいてく
ださい。

3 構文

Tips-1

> The project will be rolled out in four stages, ([with]
> the first stage scheduled for completion in two years).
> 　　　　　O　　　　　　C

　roll outは「広げる→〜の運用を開始する」の意味。「計画は4段階で実
施される」は理解できますね。問題はその後, 付帯状況の[with + O + C]
(OがCの状態で) です。OとCは, S+Vの関係です (これをネクサス構造といい
ます)。「最初の段階は, 2年後の完成を予定しています」となります。

Tips-2

> In stage two, the number of trains will increase to five per day (as more trains are built).

　このasは，何でしょうか？　接続詞のasで，「理由」（〜なので）を表します。「多くの列車が作られるので，列車の数は1日5本に増える」となります。

Tips-3

> "Sonix 3 will <u>bring great economic benefits</u> to the region.
> Furthermore , Nuering plans to <u>hire the majority of workers</u>
> from the three countries for the construction, [so that the
> region experiences those benefits from the start]."

　Nuering社のCEOのコメントです。引用符 " " の情報は，リーディングではあまり重要ではありませんが，ここはトレーニングに最適です。

<u>S will bring great economic benefits</u> to the region. （地域に経済的恩恵）
　　　↓
Furthermore , Nuering plans to <u>hire the majority of workers</u> from the three countries. （さらに，多くの雇用）
　　　↓
so that the region experiences those benefits from the start.
（その結果，地域はメリットを実感する）

　追加情報を述べるときは，[A. Furthermore, B]（A, さらにB）が定番です。また，[A, so that B]は，訳し上げずに左から右に読み，「A, その結果としてB」と考えます。ここでは，恩恵や利点を列挙しているだけなの

で,「Sonix 3はメリットがある」,とざっくりとイメージできればOK。

Tips-4

I would appreciate it if you could e-mail me the last six months of sales figures.

⇒I would appreciate it if you could 〜は,「〜してもらえたら, ありがたいです」の意味。依頼するときの定型文です。

4 区切りながらキャッチ！

文章部分だけをスラッシュ訳してあります。表やe-mailのあて先等は表示していません。

【article】

High-Speed Train Link Planned	高速鉄道路線，計画される
December 2— /	12月2日— /
Plans for a new high-speed train line /	新型の高速鉄道路線の計画が /
named Sonix 3, /	Sonix 3 という名前の /
linking the capital cities of Estonia, Latvia, and Lithuania, /	エストニア，ラトビア，リトアニアの各国の首都を連結する /
were jointly announced yesterday /	昨日，共同発表された /
by the presidents of the three countries. //	三カ国の大統領により //
The trains will travel /	列車は走る /
at a top speed of 350km/h, /	最高時速350km で /
and promise /	そして見込みだ /
to cut journey times /	所要時間を削減する /
in half. //	半分に //
The project will be rolled out /	計画は実施される予定だ /
in four stages, /	4段階に分けて /
with the first stage /	第1段階は /
scheduled for completion /	完了することが予定されている /
in two years. //	2年間で //

In that initial stage, /	その最初の段階で /
two trains per day will run /	1日当たり2本の列車が走行する /
between Tallinn, Estonia and Riga, the capital of Latvia, /	エストニアのタリンとラトヴィアの首都リガの間を /
stopping at one other city en route. //	途中でもう一つの都市に停車しながら //
In stage two, /	第2段階では, /
the number of trains will increase /	列車の本数が増加する /
to five per day /	1日5本に /
as more trains are built. //	製造される列車が増えるので //
The link will extend /	路線は延長される予定だ /
to Vilnius in Lithuania /	リトアニアのヴィルニュスまで /
in stage three, /	第3段階では /
and in the final stage, /	そして最終段階では /
there will be a total of ten trains per day /	1日合計10本の列車があるだろう /
operating over the complete line. //	完成した路線を運行する //
German engineering firm Nuering /	ドイツのエンジニアリング会社 Nuering が /
won the contract /	契約を勝ち取った /
to build the new trains and line, /	新列車と線路を建設する /
with work beginning in March next year. //	建設は来年の3月に始まる //
CEO of Nuering, Matheus Weber, /	Nuering の CEO, Matheus Weber 氏は /
said at the launch, /	事業の開始に際してこのように話した /

"Sonix 3 will bring great economic benefits /	「Sonix 3 は 多大な経済効果をもたらすだろう /
to the region. //	その地域に //
Furthermore, /	その上 /
Nuering plans /	Nuering は計画している /
to hire the majority of workers /	作業員の大半を雇用することを /
from the three countries /	三か国から /
for the construction, /	その工事のために /
so that the region experiences those benefits /	その結果，その地域はメリットを実感することだろう /
from the start." //	最初から」//
Images of the proposed route and trains /	提案された経路と列車の予想図は /
can be viewed online /	オンラインで見ることができる /
at www.sonix3plans.com. //	www.sonix3plans.com で //

【e-mail】

（宛先欄省略）	
Dear Ralph:	Ralph 様
Prior to our meeting /	私たちがする予定の会議の前に /
at your office in Riga next week, /	リガにあるあなたのオフィスで来週 /
I would like to ask you to do me a favor. //	お願いしたい事があります。//
As we will be deciding future production targets /	私たちは将来の生産目標を決定する予定なので /
for our range of office copiers, /	当社の事務用コピー機の /

I would appreciate it /	ありがたいです /
if you could e-mail me /	私にEメールで送ってもらえたら，/
the last six months of sales figures. //	過去6カ月の売上高を //
This will help /	この事は助けになるでしょう /
to avoid the problem of unrealistic targets.//	非現実的な目標を立ててしまうという問題を避けることの //
I will be taking the morning Sonix 3 train from Tallinn, /	私は朝タリンからSonix 3列車に乗り /
leaving just before eight o'clock, /	8時少し前に出発します /
so we will have plenty of time /	ですから，私たちは時間がたくさんあります /
for our discussions. //	話し合いのための //
If you would like me /	もし私にしてほしいことがあれば /
to prepare anything /	何か準備するべき /
for the meeting, /	会議のために /
please feel free to ask.//	遠慮なく頼んでください //
Best regards,	敬具
Maddi	Maddi

5 訳と語句の確認！

【article】

①High-Speed Train Link Planned

②December 2—Plans for a new high-speed train line named Sonix 3, linking the capital cities of Estonia, Latvia, and Lithuania, were jointly announced yesterday by the presidents of the three countries. ③The trains will travel at a top speed of 350km/h, and promise to cut journey times in half. ④The project will be rolled out in four stages, with the first stage scheduled for completion in two years. ⑤In that initial stage, two trains per day will run between Tallinn, Estonia and Riga, the capital of Latvia, stopping at one other city en route. ⑥In stage two, the number of trains will increase to five per day as more trains are built. ⑦The link will extend to Vilnius in Lithuania in stage three, and in the final stage, there will be a total of ten trains per day operating over the complete line.

⑧German engineering firm Nuering won the contract to build the new trains and line, with work beginning in March next year. ⑨CEO of Nuering, Matheus Weber, said at the launch, "Sonix 3 will bring great economic benefits to the region. ⑩Furthermore, Nuering plans to hire the majority of workers from the three countries for the construction, so that the region experiences those benefits from the start." ⑪Images of the proposed route and trains can be viewed online at www.sonix3plans.com.

①高速鉄道路線，計画される

②12月2日ー Sonix 3という名前の新型の高速鉄道でエストニア，ラトビア，リトアニアの各国の首都を連結する計画が昨日，三カ国の大統領により共同発表された。③列車は最高時速350kmで移動し，所要時間を半分に削減する見込みだ。 ④その計画は4段階に分けて実施される予定だ。第一段階は2年間で完了することが予定されている。⑤その最初の段階で，1日当たり2本の列車がエストニアのタリンとラトヴィアの首都リガを結び，途中もう一つの都市に停車する。⑥第二段階では，列車の本数が1日5本に増加する。製造される列車が増えるからだ。⑦第三段階では路線がリトアニアのヴィルニュスまで延長され，最終段階では完成した路線を1日合計10本の列車が運行することになる。

⑧ドイツのエンジニアリング会社Nueringがその新列車と路線の建設の契約を勝ち取った。建設は来年の3月に始まる。⑨NueringのCEO，Matheus Weber氏は，開始式典で「Sonix 3は 多大な経済効果をその地域にもたらすだろう。⑩その上，Nueringはその工事のためにその三か国から作業員の大半を雇用することを計画している。その結果，その地域は最初からメリットを実感することだろう」と話した。⑪提案された経路と列車の予想図はwww.sonix3plans.comでオンラインで見ることができる。

② □ jointly 副 共同で，連帯的に　□ announce 動 …を知らせる

　　□ president 名 大統領

③ □ promise 動 …の見込みがある

　　□ journey times 旅行にかかる時間

④ □ roll out …(市場に製品等)を展開する　□ completion 名 完了

⑤ □ initial 形 最初の　□ en route 副 途中で，途上で

⑥ □ the number of …の数　□ increase 動 増える

⑦ □ extend 動 延長する，延びる　□ total 名 合計

　　□ operate 動 作動する　□ complete line 完成した路線

⑨ □ launch 名 (新サービスなどの)発表　□ benefit 名 利益

□ region **名** 地域

⑩ □ majority **名** 大多数, 大部分　□ construction **名** 建設

⑪ □ proposed **形** 提案された　□ route **名** ルート, 線路

【timetable】

SONIX 3 TIMETABLE MAY – SEPTEMBER			
Tallinn	**Pärnu**		**Riga (Final Stop)**
Depart	Arrive	Depart	Arrive
7:00 A.M.	8:20 A.M.	8:30 A.M.	10:20 A.M.
7:55 A.M.	9:15 A.M.	9:25 A.M.	11:15 A.M.
9:40 A.M.	11:00 A.M.	11:10 A.M.	1:00 P.M.
1:15 P.M.	2:35 P.M.	2:45 P.M.	4:35 P.M.
3:20 P.M.	4:40 P.M.	4:50 P.M.	6:40 P.M.

SONIX 3 時刻表　5月 – 9月			
タリン	パルヌ		リガ（終点）
出発	到着	出発	到着
7:00 A.M.	8:20 A.M.	8:30 A.M.	10:20 A.M.
7:55 A.M.	9:15 A.M.	9:25 A.M.	11:15 A.M.
9:40 A.M.	11:00 A.M.	11:10 A.M.	1:00 P.M.
1: 15 P.M.	2:35 P.M.	2:45 P.M.	4:35 P.M.
3: 20 P.M.	4:40 P.M.	4:50 P.M.	6:40 P.M.

【e-mail】

①To: Ralph Bayer, Regional Manager, Magrita Copiers, Inc.
From: Maddi Toome, Area Head Manager, Magrita Copiers, Inc.
Subject: Our Tuesday meeting

Date: July 13

Dear Ralph:

② Prior to our meeting at your office in Riga next week, I would like to ask you to do me a favor. ③ As we will be deciding future production targets for our range of office copiers, I would appreciate it if you could e-mail me the last six months of sales figures. ④ This will help to avoid the problem of unrealistic targets.

⑤ I will be taking the morning Sonix 3 train from Tallinn, leaving just before eight o'clock, so we will have plenty of time for our discussions. ⑥ If you would like me to prepare anything for the meeting, please feel free to ask.

Best regards,

Maddi

①宛先：Ralph Bayer, 地方担当マネジャー, Magritaコピー機会社
差出人：Maddi Toome, 地域担当ヘッドマネジャー, Magritaコピー機会社
件名：私たちの火曜のミーティング
日付：7月13日

Ralph様

②リガにあるあなたのオフィスで来週私たちが行なう会議に先立ち, お願いしたい事があります。③私たちは当社製品の事務用コピー機の将来の生産目標を決定する予定でいるので, 過去6カ月の売上高を私にEメールで送っていただけると, 大変ありがたいです。④これにより非現実的な目標を立てるのを避けることができるでしょう。

⑤私はタリンから朝Sonix 3列車に乗り，8時少し前に出発します。ですから私たちは話し合える時間がたくさんあります。⑥もし会議のために私に何か準備してほしいことがあれば，遠慮なく頼んでください。

敬具

Maddi

③ □ decide 動 …を決める　□ production 名 生産　□ target 名 目標
　　□ appreciate 動（人の好意など）をありがたく思う
　　□ sales figures 売上高，販売数量
④ □ avoid 動 …を避ける　□ unrealistic 形 非現実的な
⑤ □ plenty of たくさんの…　□ discussion 名 議論
⑥ □ prepare 動 …を準備する　□ feel free to *do* 自由に…する

【社内通知・アンケート・メール (memo, survey, and e-mail)】

memo ....

To: All stylists of Central Cuts Salon
From: Cassandra Parker, Owner
Subject: May schedule
Date: April 25

Dear everyone,

Thank you for your hard work this month. As you know, the salon has been getting busier, so I have decided to hire an additional hair stylist. His name is Pierre Garner, and he will be starting on May 1. Please check your working times for May on the schedule below. There will be a welcome party for Pierre at Bistro Marche on May 3 in the evening, and I hope everybody can come.

Please note that from May, customers will be able to make appointments through the salon's Web site. This should reduce the number of calls we receive and help us to focus on the clients more.

Monday	Tuesday	Wednesday	Thursday	Friday	Saturday	Sunday
Pierre	Pierre	CLOSED	Anna	Anna	Pierre	Eva
Anna	Cassandra		Mark	Eva	Anna	
					Eva	

Cassandra

Central Cuts Salon

Tel: 0437-555-4930

Customer Questionnaire

We appreciate you completing this brief survey. Your answers will help us to improve your next appointment.

Customer name: **Natalie Kueller**

Stylist name: **Cassandra**

Date of visit: **May 2**

What service did you receive today?

Cut & Style ☐   Perm ☐

Coloring ☐   Nails ☑

Please rate the following:

(1 = Poor; 5 = Excellent)

	1	2	3	4	5
Stylist's skill	1	2	3	4	(5)
Staff friendliness	1	2	3	4	(5)
Salon facilities	1	2	3	(4)	5
Price	1	(2)	3	4	5

Comments

I've been here a few times now, and I always enjoy the experience. The staff is so friendly and the quality I received today was very good. I just wish the prices were a little lower. Despite this, I'll be coming back later this month for a cut and style.

To: Natalie Kueller

From: Cassandra Parker, Central Cuts Salon

Subject: Re: Your appointment

Date: May 13

Dear Ms. Kueller,

Thank you for making an online appointment for a cut and style on May 16 at 3:30 P.M. Unfortunately, I have suddenly become unavailable at that time. However, I have arranged for another stylist to take your appointment instead. If this change is not acceptable, please call or e-mail by tomorrow.

I apologize for the inconvenience, and our staff look forward to seeing you on the 16th.

Warmest regards,

Cassandra Parker
Central Cuts Salon

1 レクチャー

「メモ」「調査用紙（アンケート）」「メール」のトリプル・パッセージです。先に試みたトリプル問題にならい，【STEP 1】⇒【STEP 2】の2ステップを確認します。

【STEP 1】

ダブル・パッセージ同様，文書1と文書2の「共通点」を探しましょう。

<文書1>「メモ」（社内メモ）

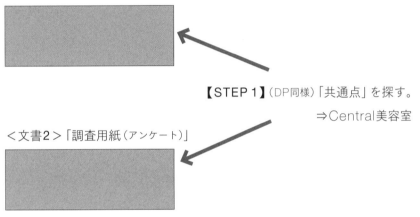

【STEP 1】(DP同様)「共通点」を探す。
⇒Central美容室

<文書2>「調査用紙（アンケート）」

文書1のToとFromを見ると，オーナーから，Central美容室（Central Cuts Salon）の全従業員に送ったメモ（社内通知）だとわかります。本文の冒頭にもthe salonの文字が見えますね。文書2のタイトルには，セントラル美容室のお客様アンケート（Customer Questionnaire）とあります。「共通点」は，Central美容室。文書1は美容室の社内通知，文書2は美容室のアンケートです。

トリプル・パッセージのSTEP 1は，上記のような「共通点」のチェックです。これが確認できた後で，文書1を「社内通知」のスキーマを使ってリーディングしましょう。

＜文書1＞「メモ（社内通知）」スキーマ

```
社内通知【本文】

①（通知の）目的 ⇒「報告」に近い
   （新しい美容師採用のお知らせ。Pierre Garner）
②理由と説明 ⇒「指示」に近い
   （スケジュールの確認と5月からの予約方法について）
③追加情報 ⇒「図表」
   （スケジュールの図表）
```

　このメモはメール形式ですが、内容は上司から部下への「社内通知」です。ただ、「社内規定の変更」のような典型的な通知ではなく、上司からの報告と指示に近い点は注意すべきです。実際、上司は、スタッフ増員を報告した後で、スケジュールの確認を促し、予約方法について注意するように指示していますね。

＜文書2＞「調査／アンケート」スキーマ

```
タイトル Central美容室（Central Cuts Salon）

アンケート【本文】
①タイトル
   （お客様アンケート）
②質問事項
   （氏名や日付。サービスに関するアンケート（1〜5段階））
③追加情報
   （記述コメント。高評価だが値段が少し高い）
```

アンケートはざっと見るのが基本。③「追加情報」が記述コメントなので，評価をプラス／マイナスでチェックします。

【STEP 2】

次は，＜文書1＋2＞と＜文書3＞の関係性を見ていきます。

＜文書1＞「社内通知」　　　　＋　＜文書2＞「アンケート」

【STEP 2】（1＆2のブロックに対し）文書3の関係性を見る
　　　　　⇒（美容室から客への）予約についてのメール

＜文書3＞「メール」

メールのToとFromを見ると，美容室からNatalie Kuellerという個人へのメールです。冒頭では，予約に対するお礼が述べられるので，Natalieは「客」ですね。その直後，美容師の変更について書かれています。

<文書3>「メール」スキーマ

> To: Natalie Kueller
> From: Cassandra Parker, Central Cuts Salon
> Subject: Re:お客様のご予約
> Date: 4月25日
>
>
> メール【本文】
> ①用件+②説明と対応
> 　（予約の変更。別の美容師の手配）
> ③追加情報（諸注意・連絡先）
> 　（不都合ならば連絡してほしい）

メールの内容は, 担当美容師の変更です。文書3は, 文書1＋2の補足情報でしたね。メールは簡素化されていて, 必要最低限の情報しか書かれていません。

　先にも述べたように, トリプル・パッセージでは, 3つの文書の共通点を一気に把握することはできません。ダブル・パッセージの解き方を上手く使いながら, スキーマを軸に内容を予測して, ロジカルに読むことが大事です。

2 英文の流れをつかもう！

　文書1と文書2の共通点は, 「Central美容室」(Central Cuts Salon)。文書1は, オーナーから社員への「メモ(社内通知)」, 文書2は顧客への「アンケート」ですね。

　文書1については, 先述のように, 上司から部下への①「報告」と②「指

示」が書かれています。一般的な社内通知では《①「目的」⇒②「理由と説明」》という流れですが，今回のメモでは，現状報告（スタッフの増員）の後で，Please ～（～してください）というように，緩やかな「お願い」が続く点が重要です。これを見て，《①「報告」⇒②「指示」》というパターンに気づいてください。

　一方，文書2のアンケートでは，前半が質問事項，後半が自由記載のコメント欄というのが定番です。何のアンケートか，コメント欄の要点は何かなど，ピンポイントで情報を押さえることが必要です。

＜文書1＞メモ

To: All stylists of Central Cuts Salon
From: Cassandra Parker, Owner
Subject: May schedule
Date: April 25

Dear everyone,

1. 目的⇒「報告」

Thank you for your hard work this month. As you know, the salon has been getting busier, **so I have decided to hire an additional hair stylist**. **His name is Pierre Garner**, and he will be starting on May 1.

文書1の「メモ（社内通知）」を見ていきましょう。

Subjectは，「5月のスケジュール」（May schedule）です。冒頭では，美容室がとても忙しくなってきたので，もう一人美容師を雇うと述べています。この報告の後で，2つのPlease ～が出てきます。

2. 理由と説明⇒「指示」

Please check your working times for May on the schedule below. There will be a welcome party for Pierre at Bistro Marche on May 3 in the evening, and I hope everybody can come.

Please note that from May, customers will be able to make appointments through the salon's Web site. This should reduce the number of calls we receive and help us to focus on the clients more.

2つの「お願い」（Please ~）は，緩やかな「指示」である点が大事です。

1. <u>Please check your working times</u> for May on the schedule below.
⇒1つ目のPlease ~。Please check ~（~を確認してください）
新入社員Pierreが5月から働くので，「勤務時間を下の予定表で確認してください」と書かれます。「スケジュールの確認」の指示ですね。

↓

There will be a welcome party for Pierre at Bistro Marche on May 3 ~
⇒Pierreの歓迎会の案内が述べられます。

↓

2. <u>Please note that</u> from May, customers will be able to make appointments through the salon's Web site.
⇒2つ目のPlease ~。Please note that ~（~に注意してください）
「5月から，お客様は美容室のウェブサイト経由で予約できるようになることに注意してください」と，今度は「予約方法」について注意喚起します。

上司からの指示は，1「スケジュールの確認」と2「予約方法の変更」という2点です。《①「報告」⇒②「指示」》という展開にピタリと収まり，内容は明白です。この2点は，文書3に関係するので覚えておきましょう。

3. 追加情報⇒「図表」

Monday	Tuesday	Wednesday	Thursday	Friday	Saturday	Sunday
Pierre Anna	Pierre Cassandra	CLOSED	Anna Mark	Anna Eva	Pierre Anna Eva	Eva

Cassandra

「図表」などの追加情報は，設問で出題されます。ここでは，クロス問題に出題されやすい「曜日」と「人名」が並んでいますね。

<文書2>アンケート

1. タイトル

Central Cuts Salon

Tel: 0437-555-4930

Customer Questionnaire

We appreciate you completing this brief survey. Your answers will help us to improve your next appointment.

2. 質問事項

Customer name: Natalie Kueller

Stylist name: Cassandra

Date of visit: May 2

What service did you receive today?

Cut & Style ☐   Perm ☐

Coloring ☐   Nails ☑

> 文書2「アンケート」でも，スキーマに従い，《①「タイトル」⇒②「質問事項」⇒③「追加情報」》の展開を確認します。
>
> ①「タイトル」Customer Questionnaire
>   ↓
> ②「質問事項」
> What service did you receive today?（今日受けたサービスはどれですか）

Please rate the following:

(1 = Poor; 5 = Excellent)

	1	2	3	4	5
Stylist's skill	1	2	3	4	(5)
Staff friendliness	1	2	3	4	(5)
Salon facilities	1	2	3	(4)	5
Price	1	(2)	3	4	5

> 質問を確認したら，直後に並ぶ1～5段階の質問項目をざっと見ましょう。これらがすべてサービスに関係している点をチェックします。

3. 追加情報

Comments

I've been here a few times now, and I always enjoy the experience. The staff is so friendly and the quality I received today was very good. **I just wish the prices were a little lower**. Despite this, I'll be coming back later this month for a cut and style.

---

③「追加情報」

コメント（Comments）とは，自由記述です。I just wish the prices were a little lower.（料金がもう少しだけ安いといいと思います）は，質問項目で低評価だった「価格」について，再度強調しています。

＜文書3＞メール

To: Natalie Kueller
From: Cassandra Parker, Central Cuts Salon
Subject: **Re: Your appointment**
Date: May 13

Dear Ms. Kueller,

最後は，文書3「メール」です。ToとFromから，美容室から顧客へのメールであることを確認し，Subjectを見ます。「お客様のご予約」（Your appointment）ですね。先述のように，文書3は，文書1＋2の補足です。メールのスキーマも，①「用件」と②「説明と対応」がまとめて書かれるのが通例です。今回は，美容師の変更がポイントですが，その書かれ方に特徴があるので，ロジックを見ていきましょう。

1&2. 用件＆説明と対応

Thank you for making an online appointment for a cut and style on May 16 at 3:30 P.M. **Unfortunately, I have suddenly become unavailable at that time. However, I have arranged for another stylist** to take your appointment instead.

Subject: Re: Your appointment
⇒最初にチェック。メールの主題＝予約。

↓

①「用件」＋②「説明と対応」

1. Thank you for making an online appointment for a cut and style on May 16 at 3:30 P.M.

⇒顧客へのメールなので，Thank you for ~ という謝辞で始まるのが基本。

↓

2. Unfortunately, I have suddenly become unavailable at that time.

⇒Unfortunatelyや I'm afraid ~ は，「残念ながら～」という，《不都合のサイン》です。「スタイリストが，都合がつかない」と続きます。

↓

3. However, I have arranged for another stylist to take your appointment instead.

⇒However（しかしながら）と，さらに前文の内容をひっくり返して，「別の美容師を手配した」と述べています。

　冒頭の1.Thank you for ~ のプラスイメージに引きずられてはダメです。ここでは，お礼に対し，2.Unfortunatelyで内容を逆転させて，不都合を伝えます。さらに，3.Howeverで，その不都合に対

し，自分たちは対処した，と述べています。1⇒2⇒3とロジックが激しく展開するので，しっかりと内容をつかむことが大事ですね。UnfortunatelyやHoweverなど，ロジックを示すつなぎ語を「ディスコースマーカー」と言います。これらをチェックしながら読むことで，効率的で，正確なリーディングを目指してください。

3. 追加情報

If this change is not acceptable, please call or e-mail by tomorrow.

I apologize for the inconvenience, and our staff look forward to seeing you on the 16th.

Warmest regards,

Cassandra Parker
Central Cuts Salon

文末は追加情報です。please call or e-mail ~ という定型表現が確認できますね。

3 構文

Tips-1

> the salon has been getting busier, so I have decided to hire an additional hair stylist.

⇒ロジカルワードには注意しましょう。[A, so B] (A, だからB) は, 簡単ですが, 必須の表現です。「美容室が忙しくなっている」→so→「もう一人の美容師を雇うことを決めた」, という展開です。Part 6であれば, so前後のどちらかの文が「文挿入問題」として使われますし, Part 7では高確率で設問に関係します。

Tips-2

> This should reduce the number of calls (we receive) and help us to focus on the clients more.

⇒A and Bの文構造を押さえましょう。

This should reduce the number of calls (we receive)

　　　　　　　and

　　　　　　　help us to focus on the clients more.

動詞reduceとhelpが並んでいます。「このこと (ウェブ予約) によって, 〜が減り, 〜の助けになる」という意味です。

Tips-3

> Unfortunately, I have suddenly become unavailable at that time.

⇒先ほどUnfortunatelyに触れましたが, ここではunavailableを取り

438

上げます。availableは「利用できる，入手できる，手があいている」など，多くの辞書的な意味がありますが，「都合がいい」（unavailableだと「都合が悪い」）と覚えるとベターです。ただ，それでも意味に幅があるので，注意が必要です。

① Is this seat available? （この席は空いていますか）
② I'm not available right now. （今は都合が悪いです。手が離せません）
③ This ticket is unavailable. （このチケットは使えません）
④ Do you have options available? （選択肢がありますか）

4 区切りながらキャッチ！

【memo】

（宛先欄省略）

Subject: May schedule	件名：5月のスケジュール
Dear everyone, /	みなさんへ /
Thank you for your hard work this month. //	今月も懸命に働いてくれて，ありがとうございます。//
As you know, /	ご存じの通り，/
the salon has been getting busier, /	当美容院は忙しくなってきました /
so I have decided /	そこで，私は決めました /
to hire an additional hair stylist. //	もう一人美容師を雇うことに //
His name is Pierre Garner, /	彼の名前は Pierre Garner で /
and he will be starting on May 1. //	5月1日から働き始めます //

Please check your working times for May /	５月のみなさんの勤務時間を確認してください /
on the schedule below. //	下の予定表で //
There will be a welcome party for Pierre /	Pierre さんのために歓迎会を行います。/
at Bistro Marche /	Bistro Marche で /
on May 3 /	５月３日 /
in the evening, /	夕方に /
and I hope everybody can come.//	みなさんに来てもらえれば，うれしいです //
Please note that /	以下のことに注意してください /
from May, /	５月から /
customers will be able to make appointments /	お客様は予約できるようになることを /
through the salon's Web site. //	美容院のウェブサイト経由で //
This should reduce the number of calls /	この事は電話の本数を減らして /
we receive /	私たちが受ける /
and help us /	そして，私たちの助けになるでしょう /
to focus on the clients more. //	もっとお客様に集中する //

【survey】

Customer Questionnaire	お客様アンケート
We appreciate /	ありがたいです /
you completing this brief survey. //	この簡単なアンケートにご記入いただけたら //
Your answers will help us /	お客様の声が役立つことでしょう /
to improve your next appointment.//	次回のご予約を改善するのに //

（選択欄省略）

Comments	ご意見
I've been here a few times now, /	こちらには数回来ていますが /
and I always enjoy the experience.//	いつもサービスに満足しています //
The staff is so friendly /	スタッフは親しみやすく /
and the quality /	（サービスの）質は /
I received today /	今日してもらった /
was very good. //	すばらしかったです //
I just wish /	ただ，こう思います /
the prices were a little lower. //	料金がもう少しだけ安いといいのにと //
Despite this, /	それでも /
I'll be coming back later this month/	私はまた今月中に来ます /
for a cut and style. //	整髪のために //

【e-mail】

（宛先欄省略）

Re: Your appointment	Re: お客様のご予約
Dear Ms. Kueller,//	Kueller 様 //
Thank you for making an online appointment /	オンラインでご予約をしていただき，ありがとうございます /
for a cut and style /	整髪の /
on May 16 /	5 月 16 日の /
at 3:30 P.M. //	午後 3 時 30 分に //
Unfortunately, /	申し訳ございませんが /
I have suddenly become unavailable /	私は急に都合がつかなくなりました /
at that time. //	その時間 //
However, /	ですが，/
I have arranged for another stylist /	私は別の美容師を手配しました /
to take your appointment instead. //	代わりに予約して //
If this change is not acceptable, /	もしこの変更をご承諾いただけなければ，/
please call or e-mail /	お電話か E メールでお知らせください /
by tomorrow. //	明日までに //
I apologize for the inconvenience, /	ご不便をお詫びいたします /
and our staff look forward to seeing you /	またお迎えできることをスタッフ一同楽しみにしております /
on the 16th.//	16 日に //
Warmest regards,/	よろしくお願いいたします /

5 訳と語句の確認！

【memo】

①To: All stylists of Central Cuts Salon
From: Cassandra Parker, Owner
Subject: May schedule
Date: April 25

Dear everyone,

②Thank you for your hard work this month. ③As you know, the salon has been getting busier, so I have decided to hire an additional hair stylist. ④His name is Pierre Garner, and he will be starting on May 1. ⑤Please check your working times for May on the schedule below. ⑥There will be a welcome party for Pierre at Bistro Marche on May 3 in the evening, and I hope everybody can come.

⑦ Please note that from May, customers will be able to make appointments through the salon's Web site. ⑧This should reduce the number of calls we receive and help us to focus on the clients more.

Monday	Tuesday	Wednesday	Thursday	Friday	Saturday	Sunday
Pierre Anna	Pierre Cassandra	CLOSED	Anna Mark	Anna Eva	Pierre Anna Eva	Eva

Cassandra

①宛先：Central美容室のすべての美容師
差出人：(美容院の) オーナー，Cassandra Parker
件名：5月のスケジュール
日付：4月25日

みなさま

②今月も懸命に働いてくれて，ありがとうございます。③ご存じの通り，当美容院は忙しくなってきましたので，私は美容師をもう一人雇う事に決めました。④彼の名前はPierre Garnerで，5月1日から働き始めます。⑤5月のみなさんの勤務時間を下の予定表で確認してください。⑥5月3日の夕方に，Bistro MarcheでPierreさんのために歓迎会を行います。みなさんに来てもらえればうれしいです。

⑦5月からお客様が美容院のウェブサイト経由で予約できるようになることに留意してください。⑧この事は受ける電話の本数を減らして，私たちがもっとお客様に集中するための助けになるでしょう。

月曜	火曜	水曜	木曜	金曜	土曜	日曜
Pierre Anna	Pierre Cassandra	休業日	Anna Mark	Anna Eva	Pierre Anna Eva	Eva

Cassandra

③ □ hire 動 …を雇う　□ additional 形 追加の　□ hair stylist 美容師
⑥ □ welcome party 歓迎会
⑦ □ note that 節 …について注意する
　　□ make an appointment 予約する
⑧ □ reduce 動 …を減らす　□ focus on …に集中する
　　□ client 名 顧客

【survey】

①Central Cuts Salon
Tel: 0437-555-4930
Customer Questionnaire
②We appreciate you completing this brief survey.
③Your answers will help us to improve your next appointment.

④Customer name: Natalie Kueller
Stylist name: Cassandra
Date of visit: May 2
⑤What service did you receive today?

Cut & Style ☐   Perm ☐
Coloring ☐   Nails ☑

⑥Please rate the following:
(1 = Poor; 5 = Excellent)

Stylist's skill	1	2	3	4	⑤
Staff friendliness	1	2	3	4	⑤
Salon facilities	1	2	3	④	5
Price	1	②	3	4	5

⑦Comments
I've been here a few times now, and I always enjoy the experience. ⑧The staff is so friendly and the quality I received today was very good. ⑨ I just wish the prices were a little lower. ⑩Despite this, I'll be coming back later this month for a cut and style.

①Central 美容室
電話：0437-555-4930
お客様アンケート
②この簡単なアンケートにご記入いただけますと，ありがたいです。
③お客様の声が次回のご来店時の改善にも役立つでしょう。

④お客様氏名：Natalie Kueller
美容師氏名：Cassandra

ご来店日：5月2日
⑤本日受けたサービスはどれでしたか？
整髪　　　□　　　パーマ　□
髪染め　　□　　　ネイル　☑

⑥以下の評価をお願いします。
(1 = 最悪; 5 = 最高)

美容師の技術	1	2	3	4	⑤
美容師の好感度	1	2	3	4	⑤
美容院の設備	1	2	3	④	5
価格	1	②	3	4	5

⑦ご意見
こちらには数回来ていますが，いつもサービスに満足しています。
⑧スタッフは親しみやすいし，今日してもらった（サービスの）質はすばらしかったです。⑨ただ，料金がもう少しだけ安いといいかと思います。⑩それでも，私は今月中に整髪のためにまた来るつもりです。

① □ questionnaire 名 アンケート
② □ appreciate 動 (人の好意など) に感謝する
　　□ complete 動 …を完成させる　□ brief 形 短い
③ □ improve 動 …を改善する
⑥ □ skill 名 スキル, 腕前　□ facility 名 設備, 備品
⑧ □ quality 名 質, 品質
⑩ □ despite 前 …にもかかわらず

【e-mail】

①To: Natalie Kueller
From: Cassandra Parker, Central Cuts Salon
Subject: Re: Your appointment
Date: May 13

Dear Ms. Kueller,

②Thank you for making an online appointment for a cut and style on May 16 at 3:30 P.M. ③Unfortunately, I have suddenly become unavailable at that time. ④However, I have arranged for another stylist to take your appointment instead. ⑤If this change is not acceptable, please call or e-mail by tomorrow.

⑥I apologize for the inconvenience, and our staff look forward to seeing you on the 16th.

Warmest regards,

Cassandra Parker
Central Cuts Salon

①宛先：Natalie Kueller
差出人：Cassandra Parker, Central 美容室
件名：Re: お客様のご予約
日付：5月13日

Kueller様

②オンラインで5月16日の午後3時30分に整髪のご予約をしていただき，ありがとうございます。③申し訳ございませんが，私はその時間，急に都合がつかなくなってしまいました。④ですが，その代わりに別の美容師でご予約をとり，手配をいたしました。⑤もしこの変更をご承諾いただけない場合は，どうか明日までにお電話かEメールでお知らせください。

⑥ご不便をお詫びいたします。また16日にお迎えできることをスタッフ一同楽しみにしております。

よろしくお願いいたします。

Central美容室
Cassandra Parker

③ □ suddenly **副** 突然　□ unavailable **形** 都合がつかない

④ □ arrange **動** 手配する　□ instead **副** 代わりに

⑤ □ acceptable **形** 受け入れられる

⑥ □ apologize **動** 謝罪する　□ inconvenience **名** 不都合, 不便

　□ look forward to –ing …するのを楽しみにする

【通知と2つのメール (notice and e-mails)】

notice ···

Newark Central Hall is proud to present....

a series of talks by

Chester LeVelle

November 3, 5 & 6

Chester LeVelle is one of the foremost mountain climbers and conservationists of our time. He has climbed Mount Everest in a record 25 hours and scaled the highest mountains in each of the seven continents. Last year he risked his life staying at the freezing summit of Mount Denali for five days to collect vital climate data for his lab studies, leading to his ground-breaking publication on weather patterns.

Chester will share how he finds the strength of body and mind to complete his challenges. He will also talk about the environmental work he does to protect some of the world's most fragile landscapes.

Tickets cost $25 and can be purchased by calling (043) 555-0439 by November 1. The talks begin at 6 P.M. and last approximately 90 minutes. Mr. LeVelle will also hold a question and answer session after the November 6 talk.

From	Marcus Powell <mpowell@striver-unlimited.com>
To	Chester LeVelle <chester@levelleresearch.com>
Date	November 11
Subject	Branding proposition

Dear Mr. LeVelle,

My name is Marcus Powell, and I work for Striver Unlimited, a brand of outdoor goods. I was honored to meet you last week after your talk at Newark Central Hall. I appreciate you taking the time to chat with me, especially after the long question and answer session.

As we discussed, Striver would love to explore the possibility of signing a sponsorship deal with you. In return for your endorsement, we would be willing to fund your next expedition to Africa.

I have attached information on our four main product lines. I believe the camping goods and the sports equipment we sell don't link strongly to your work, but our range of XTF cereal bars or our PRO-5 hiking boots would be a perfect fit. Kindly let me know how you wish to proceed.

Sincerely,

Marcus Powell

From	Chester LeVelle <chester@levelleresearch.com>
To	Marcus Powell <mpowell@striver-unlimited.com>
Date	November 13
Subject	Re: Branding proposition

Dear Mr. Powell,

I have looked over the product material you sent me. I tend to agree with you regarding the unsuitability of some of your lines. Both your suggestions are good; however, I have a pre-existing arrangement with another brand of footwear. Therefore, I see a tie-up with your XTF range as the best way forward.

Please tell me a convenient time when I can come to your office to discuss the details of this deal.

Best regards,

Chester LeVelle

レクチャー

「通知」と2つの「メール」のトリプル・パッセージです。今回は2つの「メール」がポイント。メールをセットで考えるので，【STEP 1】⇒【STEP 2】の応用編です。

【STEP 1】

ダブル・パッセージ同様，文書1と文書2の「共通点」を探しましょう。

＜文書1＞「通知」

【STEP 1 ①】(DP同様)「共通点」を探す
⇒ Chester LeVelle

＜文書2＞「メール」

↓

＜文書3＞「メール」（返信）

【STEP 1 ②】
To & From, Subjectをチェック
⇒ PowellとLeVelleのやり取りメール

まず【STEP 1 ①】です。文書1（通知）のタイトルを見ましょう。Newark Central Hall is proud to present~（Newark中央ホールが自信を持って紹介する~）というのは，レクチャー（講演会）の定型表現です。その直

後を見ると，Chester LeVelleさんの連続講演（a series of talks by Chester LeVelle）とわかります。

　次に文書2（メール）のTo & Fromをチェックします。差出人Marcus Powellから，先の講演者Chester LeVelleへのメールだとわかります。Subjectは，Branding proposition（商品ブランド化の提案）。メールが2つ続くので，少し変則ですが，文書3のTo & From，Subjectを見ましょう。文書3は，文書2への返信だとわかりますね。これが【STEP 1 ②】。文書2 ⇒ 文書3（応答）というチェックを「先」にすることが大事です。3つの文書の共通点は，すべてChester LeVelleに関係しています。

　まとめると，文書1がChester LeVelleの講演のお知らせ，文書2がPowellからLeVelleへのメール，文書3はその返信メールです。

　では，次に文書1のスキーマを確認します。Noticeは「一般的な通知」，ここでは「講演のお知らせ」です。

＜文書1＞「通知」スキーマ

```
通知【見出し】⇒Chester LeVelleによる連続講演

通知【本文】
①目的　⇒講演の目的（登山家・環境保護論者Chester
　LeVelleの仕事紹介）
②理由と説明　⇒講演内容（Chester LeVelleの精神論と
　環境保護）
③追加情報　⇒チケット情報，講演時間等
```

一般に向けての講演案内ですから，講演者とその経歴紹介が大半を占めます。特に文書1では，講演者がどんな人物であるかを把握しましょう。Chester LeVelleは登山家であり，環境保護論者です。気候パターンを調査したことが書かれていますね。こういった情報を踏まえて，文書2を見ていきます。

＜文書2＞「メール」スキーマ

From: Marcus Powell (Striver Unlimited社)
To: Chester LeVelle
Subject: 商品ブランド化の提案

メール【本文】
①用件　⇒Chester LeVelleとスポンサー契約を結びたい。
②説明と対応　⇒アフリカ探検資金を提供。
③追加情報（諸注意・連絡先）　⇒4つの製品ラインナップ。
　　今後への意見。

To & From，そしてSubjectを確認します。Chester LeVelleは，登山家であり，環境保護論者なのに，なぜSubjectが「商品ブランド化の提案」なのでしょうか。第1段落は挨拶文なので，メールの目的がわかりません。ですが，第2段落で，やっと「スポンサー契約」の話が出てきます。Chester LeVelleは登山家ですから，アウトドア商品の広告塔になってほしいようですね。

【STEP 2】

　STEP 2を見ていきましょう。セオリー通り，＜文書1＋2＞と＜文書3＞の関係性を見ていきます。先にも述べましたが，2つのメールをセットとして捉えてみます。

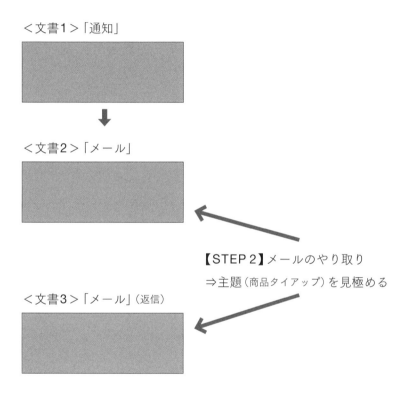

＜文書1＞「通知」

＜文書2＞「メール」

【STEP 2】メールのやり取り
⇒主題（商品タイアップ）を見極める

＜文書3＞「メール」（返信）

文書3は，文書2に対する返信です。文書2では，Striver社のMarcus Powellが，Chester LeVelleに対し，スポンサー契約を申し出ます。文書3は，それに対する応答と提案です。

＜文書3＞「メール」（返信）スキーマ

From: Chester LeVelle
To: Marcus Powell（Striver Unlimited社）
Subject: Re: 商品ブランド化の提案

メール【本文】
①用件　⇒①と②で、タイアップへの合意と提案。
②説明と対応
③追加情報（諸注意・連絡先）⇒打ち合わせの時間に関する問い合わせ。

メールの内容は，（靴ではなくXTFに関する）タイアップへの合意です。文書2と文書3をセットで捉えることが大事。文書3は簡素化されているので，主題を見抜くことは簡単ですね。

2 英文の流れをつかもう！

　【STEP 1】のセオリー通り，文書1と文書2の共通点を探します。共通点はChester LeVelleという人物。文書1は彼の講演，文書2は彼へのメールです。この大枠を意識しながら，文書1をリーディングします。

＜文書1＞通知

Newark Central Hall is proud to present...
a series of talks by
Chester LeVelle
November 3, 5 & 6

> タイトルから情報を取りましょう。「連続講演のお知らせ」ですから，この後の冒頭を読めば，Chester LeVelleがどんな人物かがわかります。noticeの目的はとてもクリアです。

1. 目的

Chester LeVelle is one of the foremost mountain climbers and conservationists of our time. He has climbed Mount Everest in a record 25 hours and scaled the highest mountains in each of the seven continents. **Last year he risked his life staying at the freezing summit of Mount Denali for five days to collect vital climate data for his lab studies**, leading to his ground-breaking publication on weather patterns.

冒頭（第1段落）では，Chester LeVelleの情報を取ります。何をした人物かは，冒頭の単語（名詞）を拾って，イメージしましょう。
Chester LeVelle is one of the foremost mountain climbers and conservationists of our time. のmountain climbers and conservationistsに注目。「登山家で環境保護論者」のようですね。

2. 理由と説明

Chester will share how he finds the strength of body and mind to complete his challenges. **He will also talk about the environmental work** he does to protect some of the world's most fragile landscapes.

第2段落では，講演内容の説明が書かれます。Chester LeVelleが何を話すのか，という点に注目しましょう。

1. Chester will share how he finds the strength of body and mind to complete his challenges.　⇒心と身体を強くする。
　　↓
2. He will also talk about the environmental work he does to protect some of the world's most fragile landscapes.　⇒環境保護の仕事。

Chester will share ~（〜を共有します⇒話します）やHe will talk about ~（〜について話します）という表現が目印です。彼は登山の精神論と，実際の環境保護の仕事について話すようですね。

3. 追加情報

Tickets cost $25 and can be purchased by calling (043) 555-0439 by November 1. The talks begin at 6 P.M. and last approximately 90 minutes. Mr. LeVelle will also hold a question and answer session after the November 6 talk.

第3段落では，追加情報が連続して書かれます。

1. Tickets cost $25 and can be purchased by calling (043) 555-0439 by November 1.
   ↓（チケットの値段と購入方法）

2. The talks begin at 6 P.M. and last approximately 90 minutes.
   ↓（講演開始時間）＋（講演時間）

3. Mr. LeVelle will also hold a question and answer session after the November 6 talk.
   （質疑応答）

＜文書2＞メール 1

From: Marcus Powell <mpowell@striver-unlimited.com>
To: Chester LeVelle <chester@levelleresearch.com>
Date: November 11
Subject: **Branding proposition**

Dear Mr. LeVelle,

My name is Marcus Powell, and I work for Striver Unlimited, a brand of outdoor goods. I was honored to meet you last week after your talk at Newark Central Hall. I appreciate you taking the time to chat with me, especially after the long question and answer session.

文書2(メール)では，To & From，Subject「商品ブランド化の提案」をチェックします。メールの送信者に関する情報は，第1段落につまっています。

1. <u>My name is</u> Marcus Powell, and <u>I work for</u> Striver Unlimited, a brand of outdoor goods.
   ↓（名前（Powell）と所属（アウトドア会社）を述べる。）
2. <u>I was honored to meet you</u> last week after your talk at Newark Central Hall.
   ↓（謝辞1）
3. <u>I appreciate you</u> taking the time to chat with me, especially after the long question and answer session.
   （謝辞2）

冒頭では，名前と所属を述べ，感謝の意を伝えています。I was honored to meet you（お会いできて光栄です）やI appreciate you（感謝します）と連続して書かれていますね。謝辞はあいさつのようなものなので，さらっと流して次にいきましょう。

1. 目的

As we discussed, **Striver would love to explore the possibility of signing a sponsorship deal with you**.

2. 説明と対応

In return for your endorsement, we would be willing to fund your next expedition to Africa.

第2段落では，間髪入れずに，メールの目的（スポンサー契約）を伝えます。

4. As we discussed, Striver would love to explore the possibility of <u>signing a sponsorship deal with you</u>.

　　↓（スポンサー契約の申し出）＝目的

5. In return for your endorsement, we would be willing to <u>fund your next expedition</u> to Africa.

　　（アフリカ探検の資金提供）＝対応

スポンサー契約の希望を提示した直後，資金提供の意思を伝えます。契約してくれたら援助しますよ，という分かりやすい申し出ですね。

3. 追加情報

I have attached information on our four main product lines. I believe the camping goods and the sports equipment we sell don't link strongly to your work, **but our range of XTF cereal bars or our PRO-5 hiking boots would be a perfect fit. Kindly let me know how you wish to proceed**.

Sincerely,

Marcus Powell

> 第3段落では，our range of XTF cereal bars or our PRO-5 hiking boots would be a perfect fit. (シリアルバーとブーツ) というように，契約する商品が具体的に示されます。文書2の分量は少し多めですが，メールの目的が「スポンサー契約」とわかれば，枝葉の情報はカットしながら読めますね。

＜文書3＞メール2
From: Chester LeVelle <chester@levelleresearch.com>
To: Marcus Powell <mpowell@striver-unlimited.com>
Date: November 13
Subject: Re: Branding proposition

Dear Mr. Powell,

1. 目的 + 2. 説明と対応
I have looked over the product material you sent me. I tend to agree with you regarding the unsuitability of some of your lines. Both your suggestions are good; however, I have a pre-existing arrangement with another brand of footwear. Therefore, I see a tie-up with your XTF range as the best way forward.

最後は，文書3（返信メール）です。

To & From を見て，Chester LeVelle から Striver 社の Marcus Powellへの返信である点を確認します。文書2の「スポンサー契約」に対し，文書3ではどのように反応しているのかをつかみましょう。

1. Both your suggestions are good; however, I have a pre-existing arrangement with another brand of footwear.
　　　↓（提案は素晴らしいが，別会社と靴の契約がある）
2. Therefore, I see a tie-up with your XTF range as the best way forward.
　　　（XTFシリアルバーはOK）

文書3において，Chester LeVelle は，Striver社の提案をgoodとしていますが，靴は他の会社と契約していると述べています。ですが，XTF rangeの方はタイアップできると書かれています。この箇所が理解できればOK。

3. 追加情報

Please tell me a convenient time when I can come to your office to discuss the details of this deal.

Best regards,

Chester LeVelle

追加情報では，次回，会う日取りへの言及がなされます。契約は上手くいきそうですね。TOEICワールドの「契約」は，基本的に合意が定番です。

　トリプル・パッセージの読み方＆解き方は，ダブル・パッセージと大差ありません。ダブル・パッセージの読み方で，文書1と文書2の共通点を探し，【STEP 1】⇒【STEP 2】と進めながら，文書3との共通点を探します。その際，各文書の「スキーマ」を意識して，文書内容や展開を予測しながら読むことが大事です。何が書かれているのかを手探りで読むのではなく，スキーマで予測しながら読むことで，リーディングのスピードや正確性が増し，それはスコアアップに直結するのです。

3 構文

Tips-1

Last year he risked his life /staying at the freezing summit of Mount Denali /for five days /(to collect vital climate data for his lab studies), /leading to his ground-breaking publication on weather patterns.

　一文がとても長いので注意が必要です。スラッシュで切って，左から右に読むことが有効です。He risked his life（命の危険を冒した）→staying at ～（～に滞在して）→to collect vital climate data（重要な気象データを集めた）→leading to ～（その結果，～につながった），という具合に，カタマリ／ブロックで，意味を取りながら読むといいでしょう。lead to ～は「～という結果につながる」の意味。

Tips-2

Striver would love to <u>explore the possibility</u> of signing a
sponsorship deal with you.

explore the possibility(可能性を探る)は，少々回りくどい表現ですが
覚えておきましょう。

Tips-3

I tend to agree with you (regarding the unsuitability of some of
your lines).

regarding ~(~に関して)は重要表現。また，unsuitability of some
of your linesは「貴社の製品(lines)のいくつかが(私には)向いていない」
の意味。unsuitabilityの辞書的な意味は「不適切性」ですが，やさしく言
うと「向いていないこと，適切でないこと」です。意味が取りづらい場合は，
簡単な言葉で言い換えてみましょう。

Tips-4

however, I have a pre-existing arrangement with another
brand of footwear.

have an arrangementは「取り決めがある→契約がある」の意味。
pre-existingは「前から存在している→既存の」の意味。

4 区切りながらキャッチ！

【notice】

Newark Central Hall is proud to present ... /	Newark 中央ホールが自信を持ってご提供する… /
a series of talks /	連続講演 /
by Chester LeVelle //	Chester LeVelle 氏の //
November 3, 5 & 6 //	11 月 3 日，5 日，6 日 //
Chester LeVelle is one of the foremost mountain climbers and conservationists /	Chester LeVelle 氏は最も優れた登山家であり，また環境保護論者の一人です /
of our time. //	今の時代で //
He has climbed Mount Everest /	彼はエベレスト山に登り /
in a record 25 hours /	記録破りの 25 時間で /
and scaled the highest mountains /	そして最も高い山を登り切りました /
in each of the seven continents. //	七大陸それぞれで //
Last year he risked his life /	昨年彼は命の危険を冒して /
staying at the freezing summit of Mount Denali /	デナリ山の凍り付く山頂に滞在し /
for five days /	5 日間 /
to collect vital climate data for his lab studies, /	彼の研究所の調査のために重要な気候データを集めました /
leading to his ground-breaking publication /	それは彼の画期的な発表につながりました /
on weather patterns. //	気候パターンについての //
Chester will share /	Chester さんは話をします /

how he finds the strength of body and mind /	心と体の強さを見つける方法について /
to complete his challenges. //	彼の挑戦をなしとげるため //
He will also talk about the environmental work /	彼はまた環境保護の仕事についても話をします /
he does /	彼が行なっている /
to protect some of the world's most fragile landscapes. //	世界で最も壊れやすい景観のいくつかを保護するため //
Tickets cost $25 /	講演のチケットは 25 ドルで /
and can be purchased /	そして，購入できます /
by calling (043) 555-0439 /	(043) 555-0439 にお電話で /
by November 1. //	11 月 1 日までに //
The talks begin at 6 P.M. /	講演は午後 6 時に始まり /
and last approximately 90 minutes. //	おおよそ 90 分です //
Mr. LeVelle will also hold a question and answer session /	LeVelle 氏はまた質疑応答の時間を持つ予定です /
after the November 6 talk. //	11 月 6 日の講演の後で //

【e-mail 1】

（宛先欄省略）

Subject: Branding proposition	件名：商品ブランド化のご提案
Dear Mr. LeVelle, /	拝啓 LeVelle 様 /
My name is Marcus Powell, /	私の名前は Marcus Powell といいます /
and I work for Striver Unlimited, /	Striver アンリミテッド社で働いています /

a brand of outdoor goods. //	アウトドア用品のブランドの //
I was honored /	私は光栄でした /
to meet you last week /	先週，あなたにお会いできて /
after your talk at Newark Central Hall. //	Newark 中央ホールでのご講演の後で //
I appreciate you /	ありがとうございました /
taking the time /	お時間をさいていただき /
to chat with me, /	あなたが私と話をするために /
especially after the long question and answer session. //	長い質疑応答の時間の後にもかかわらず //
As we discussed, /	お話しした通り /
Striver would love /	Striver 社は切に望んでいます /
to explore the possibility /	可能性を探ることを /
of signing a sponsorship deal with you. //	あなたとスポンサー契約を結ぶための //
In return for your endorsement, /	あなたから（当社商品を）ご推薦いただければ，お礼として /
we would be willing /	当社は喜んでします /
to fund your next expedition /	あなたが次回探検するための資金提供を /
to Africa.//	アフリカへの //
I have attached information /	資料を添付しています /
on our four main product lines. //	当社の４つの主な製品のラインアップに関する //
I believe /	私は思います /
the camping goods and the sports equipment /	キャンプ用品とスポーツ用品は /

we sell /	当社の販売する /
don't link strongly to your work, /	あなたのお仕事に強くは結びつかないと /
but our range of XTF cereal bars /	ですが，当社の XTF シリアルバーのシリーズや /
or our PRO-5 hiking boots /	PRO-5 登山靴は /
would be a perfect fit. //	完全に合っているでしょう //
Kindly let me know /	ご希望をお聞かせください /
how you wish to proceed. //	今後どのように進めていきたいか //
Sincerely, /	敬具 /
Marcus Powell //	Marcus Powell //

【e-mail 2】

（宛先欄省略）

Subject: Re: Branding proposition	件名：Re: 商品ブランド化のご提案
Dear Mr. Powell, //	拝啓 Powell 様 //
I have looked over the product material /	製品についての資料を確認しました /
you sent me. //	あなたに送っていただいた //
I tend to agree with you /	私はあなたの意見に同意します /
regarding the unsuitability of some of your lines. //	貴社の製品のいくつかは（私の用途には）向いていないという意見に //
Both your suggestions are good; /	あなたの提案（くださった製品）はどちらもいいものです /
however, /	ですが /
I have a pre-existing arrangement /	私はすでに契約しています /

with another brand of footwear.//	別の登山靴のブランドの会社と //
Therefore, /	ですから /
I see a tie-up with your XTF range /	私は貴社の XTF のシリーズとのタイアップを考えます /
as the best way forward. //	ぜひ進めたい最善策だと //
Please tell me a convenient time /	ご都合のいいお時間をお教えいただけますか /
when I can come to your office /	私が貴社の事務所へ伺うのに /
to discuss the details of this deal. //	この案件の詳細を相談するため //
Best regards, /	敬具 /
Chester LeVelle //	Chester LeVelle //

5 訳と語句の確認！

【notice】

①Newark Central Hall is proud to present...
a series of talks by
Chester LeVelle
November 3, 5 & 6

②Chester LeVelle is one of the foremost mountain
climbers and conservationists of our time. ③He has
climbed Mount Everest in a record 25 hours and
scaled the highest mountains in each of the seven
continents. ④Last year he risked his life staying at
the freezing summit of Mount Denali for five days to
collect vital climate data for his lab studies, leading to
his ground-breaking publication on weather patterns.

⑤Chester will share how he finds the strength of body and mind to complete his challenges. ⑥He will also talk about the environmental work he does to protect some of the world's most fragile landscapes.

⑦Tickets cost $25 and can be purchased by calling (043) 555-0439 by November 1. ⑧The talks begin at 6 P.M. and last approximately 90 minutes. ⑨Mr. LeVelle will also hold a question and answer session after the November 6 talk.

①Newark 中央ホールが自信を持ってご提供する…
Chester LeVelle氏の
連続講演
11月3日，5日，6日

②Chester LeVelle氏は現代の最も優れた登山家であり，また環境保護論者の一人でもあります。③彼はエベレスト山に記録破りの25時間で登り，七大陸それぞれで最も高い山を登り切りました。④昨年彼は命の危険を冒してデナリ山の凍り付く山頂に5日間滞在し，彼の研究所の調査のために重要な気候データを集めました。それが気候パターンについての彼の画期的な発表につながりました。

⑤Chesterさんは，挑戦をなしとげるため，心と体の強さを見つける方法について話をします。⑥彼はまた世界で最も壊れやすい景観のいくつかを保護するために行なっている環境保護の仕事についても話をします。

⑦講演のチケットは25ドルで，11月1日までに (043) 555-0439までお電話で購入できます。⑧講演は午後6時に始まり，おおよそ90分です。⑨LeVelle氏はまた11月6日の講演の後で，質疑応答の時間を持つ予定です。

②□ foremost 形 一番の，主要な　□ climber 名 登山家
　□ conservationist 名 環境保護論者

③ □ scale 動 …に登る　□ continent 名 大陸

④ □ risk 動 …を危険にさらす　□ freezing 形 凍えるような, 極寒の

　　□ summit 名 山頂　□ collect 動 …を集める

　　□ vital 形 きわめて重要な　□ climate 名 気候

　　□ lab 名 (laboratory) 研究室, 実験室

　　□ ground-breaking 形 草分けとなる, 革新的な

　　□ publication 名 出版 (物), 公表, 発表

⑤ □ complete 動 …を完成させる

⑥ □ environmental 形 環境の　□ protect 動 …を保護する

　　□ fragile 形 壊れそうな, もろい　□ landscape 名 景観, 景色

⑦ □ purchase 動 …を買う

⑧ □ approximately 副 およそ, 約

⑨ □ question and answer session 質疑応答

【e-mail 1】

① From: Marcus Powell <mpowell@striver-unlimited. com>
To: Chester LeVelle <chester@levelleresearch.com>
Date: November 11
Subject: Branding proposition

Dear Mr. LeVelle,

② My name is Marcus Powell, and I work for Striver Unlimited, a brand of outdoor goods. ③ I was honored to meet you last week after your talk at Newark Central Hall. ④ I appreciate you taking the time to chat with me, especially after the long question and answer session.

⑤ As we discussed, Striver would love to explore the possibility of signing a sponsorship deal with you. ⑥ In return for your endorsement, we would be willing to fund your next expedition to Africa.

⑦I have attached information on our four main product lines. ⑧I believe the camping goods and the sports equipment we sell don't link strongly to your work, but our range of XTF cereal bars or our PRO-5 hiking boots would be a perfect fit. ⑨Kindly let me know how you wish to proceed.

Sincerely,

Marcus Powell

---

①差出人：Marcus Powell <mpowell@striver-unlimited.com>
宛先：Chester LeVelle <chester@levelleresearch.com>
日付：11月11日
件名：商品ブランド化のご提案

拝啓 LeVelle様

②私の名前はMarcus Powellといいます。アウトドア用品のブランドのStriverアンリミテッドで働いています。③先週, Newark中央ホールでのご講演の後であなたにお会いできて光栄でした。④長い質疑応答の時間の後にもかかわらず, 私と話すためにお時間をさいていただき, ありがとうございます。

⑤お話しした通り, Striver社はあなたとスポンサー契約を結ぶ事を切に望んでいます。⑥あなたから（当社商品を）ご推薦いただければ, お礼としてあなたが次回アフリカへ探検するための資金を, 当社は喜んで提供します。

⑦当社の４つの主な製品のラインアップに関する資料を添付します。⑧当社の販売するキャンプ用品とスポーツ用品はあなたのお仕事とは強くは結びつかないと私は思います。しかし, 当社のXTFシリアルバーのシリーズやPRO-5登山靴は完全に合っているのではないでしょうか。⑨今後どのような進め方がご希望かお聞かせください。

敬具

Marcus Powell

① □ branding 名 ブランド化, ブランディング　□ proposition 名 提案
③ □ honor 動 …に光栄だと思わせる
④ □ appreciate 動 …に感謝する　□ chat 動 おしゃべりする
⑤ □ discuss 動 …のことを話し合う
　　□ explore the possibility of …の可能性を検討する
　　□ sponsorship 名 スポンサーであること, 後援
⑥ □ in return for …のお返しに・返礼として
　　□ endorsement 名 承認, 推薦　□ be willing to do 喜んで…する
　　□ fund 動 …に資金を提供する　□ expedition 名 遠征, 探検
⑦ □ attach 動 …を添付する　□ product line 商品ラインアップ
⑧ □ equipment 名 設備, 備品　□ cereal bar シリアルバー
　　□ perfect fit (何かの用途に) 最適なもの
⑨ □ proceed 動 続ける

【e-mail 2】

①From: Chester LeVelle <chester@levelleresearch.
com>
To: Marcus Powell <mpowell@striver-unlimited.com>
Date: November 13
Subject: Re: Branding proposition

Dear Mr. Powell,

②I have looked over the product material you sent me.
③I tend to agree with you regarding the unsuitability
of some of your lines. ④Both your suggestions are
good; however, I have a pre-existing arrangement with
another brand of footwear. ⑤Therefore, I see a tie-up

with your XTF range as the best way forward.

⑥Please tell me a convenient time when I can come to your office to discuss the details of this deal.

Best regards,

Chester LeVelle

---

①差出人: Chester LeVelle <chester@levelleresearch.com>
宛先: Marcus Powell <mpowell@striver-unlimited.com>
日付: 11月13日
件名: Re: 商品ブランド化のご提案

拝啓 Powell様

②送っていただいた製品の資料を確認しました。③貴社の製品のいくつかは（私の用途には）向いていないというあなたの意見に同意したいと思います。④あなたの提言（した製品）はどちらもいいものです。ですが，私はすでに別の登山靴のブランドの会社と契約しております。⑤ですから，私は貴社のXTFシリーズとのタイアップをぜひ進めたいと考えています。

⑥この案件についてくわしく相談するため，私が貴社の事務所へいつ伺えばよいかご都合のよいお時間をお教えいただけますか。

敬具

Chester LeVelle

---

② □ look over …を調べる，…を見て確認する　□ material 名 資料
③ □ I tend to *do* 私としては…するのですが（控えめに）
　　□ agree with （人）に同意する　□ regarding 前 …に関して
　　□ unsuitability 名 不適切さ

④ □ suggestion 名 提案　□ pre-existing 形 以前から存在する

　　□ arrangement 名 約束, 契約

⑤ □ see A as B　A を B と考える　□ tie-up 名 組むこと, タイアップ

　　□ forward 副 今後

⑥ □ convenient 形 便利な, 都合のつく　□ detail 名 詳細

　　□ deal 名 取り組み, 取引　□ Best regards （手紙で）敬具

模試

- 解答時間：75分
- 問題は実際の試験と同様，101から200まで
  あります。
- マークシートはP.625に，正解と解説はP.523
  〜にあります。

101. Plesta, Inc.'s new car navigation equipment comes with a range of entertainment -------.
(A) balances
(B) enterprises
(C) features
(D) answers

102. Verplant County ------- its options for disposing of household garbage in a greener way.
(A) was explored
(B) has been explored
(C) is exploring
(D) explore

103. The VX-4 office printer was recalled by the manufacturer because the touch panel was not working -------.
(A) properly
(B) definitely
(C) differently
(D) closely

104. We measure the success of an online campaign by the number of people who ------- to the advertisement.
(A) responds
(B) respondent
(C) responding
(D) respond

105. Oakler Hotels trains its staff to treat ------- guest as a family member.
(A) all
(B) every
(C) such
(D) most

106. ------- you have completed the safety questionnaire, please hand it to your section supervisor.
(A) While
(B) Besides
(C) Meanwhile
(D) Once

107. Harriot Gym members can park their vehicles free of charge in the lot directly ------- the main doors.
(A) opposite
(B) between
(C) among
(D) from

108. Before each shift, delivery drivers must ensure ------- vehicle's back doors are locked and undamaged.
(A) they
(B) their
(C) them
(D) theirs

109. ------- you have received permission from a team leader, employees are required to start work no later than 9:30 A.M.
(A) Unless
(B) At least
(C) Whereas
(D) So that

110. Lakeland Medical Clinic's new online appointment system allows it to process patients more -------.
(A) effect
(B) effected
(C) effective
(D) effectively

111. Berry Bottle Foods was forced to take ------- action after failing a routine hygiene inspection.
(A) drastic
(B) eligible
(C) refined
(D) overall

112. To ensure your package is delivered promptly, kindly ------- a date and time period you are likely to be at home.
(A) specifies
(B) specify
(C) specific
(D) specification

113. Thanks to being featured on national television, toy manufacturer Xebibo, Inc. reported ------- good sales figures.
(A) suspiciously
(B) exceptionally
(C) consequently
(D) feasibly

114. Dates when the factory is closed for maintenance can be found in the orientation pack ------- was given to you yesterday.
(A) where
(B) whose
(C) but
(D) that

115. If you have any questions about the product, please wait ------- the demonstration is over.
(A) until
(B) already
(C) before
(D) while

116. Forklift truck drivers must use ------- when operating inside the warehouse, as staff is often walking in the corridors.
(A) cautious
(B) caution
(C) cautioned
(D) cautiously

117. Client contact details should be printed and kept safe ------- there is a problem with the computer systems.
(A) or else
(B) as if
(C) in case
(D) at once

118. Flooding in the basement last night did not damage the data servers, as they ------- upstairs well in advance.
(A) were moving
(B) were being moved
(C) had been moved
(D) had been moving

119. ------- keep unsold products in storage, Pennydown Stores decided to sell them to customers at a huge discount.
(A) Rather than
(B) Nonetheless
(C) Despite
(D) Provided that

120. CEO Wang will speak to the plant managers ------- to hear their ideas on increasing productivity.
(A) direct
(B) directly
(C) directing
(D) directions

121. Trantor Restaurant Group plans to ------- its network of outlets across China over the next five years.
(A) overcome
(B) expand
(C) complicate
(D) raise

122. After receiving four bids, the contract to build Westlaw City Council's new swimming pool is under -------.
(A) consider
(B) considering
(C) considerable
(D) consideration

123. Employees are asked not to recharge their company-issued mobile devices overnight ------- the risk of fire.
(A) in order to
(B) by way of
(C) due to
(D) just as

124. Ryder Gym is extending its opening hours in an attempt to ------- the needs of its growing membership.
(A) satisfy
(B) satisfaction
(C) satisfactory
(D) satisfactorily

125. Forms to request refunds of travel expenses can be ------- from the accounts section on the third floor.
(A) obtained
(B) explained
(C) assumed
(D) recognized

126. Nallister College is proud that over 90% of its business school students find ------- within six months after graduating.
(A) employs
(B) employed
(C) employment
(D) employable

127. Online stock brokerages are soon due to surpass traditional brokerages in the number of ------- they process per day.
(A) accumulations
(B) transactions
(C) substitutions
(D) expressions

128. Due to customer feedback on our smartphones, the power cable for model 27-P has been -------.
(A) lengthened
(B) witnessed
(C) facilitated
(D) selected

129. Users of the Power-100 weight training machine should lift two 1 kilogram weights at first and ------- increase the number.
(A) terminally
(B) allegedly
(C) robustly
(D) gradually

130. Please note that due to Blast Salon's busy schedule, your ------- stylist may not always be available to cut your hair.
(A) prefer
(B) preference
(C) preferred
(D) preferring

Questions 131-134 refer to the following advertisement.

Introducing Halo Handypeople—the home-maintenance and repair company you can trust to get the job done—fast! If you are in ------- of a **131.** plumber for a leaky pipe, a carpenter to install kitchen cabinets, or a cleaner for your kitchen, just give Halo a call. We have branches throughout Nebraska, which means our skilled ------- can respond to any **132.** emergency. Halo also provides free estimates ------- all construction work, **133.** including landscaping. -------. Call Halo Handypeople 039-555-2323 to **134.** arrange a service or hear about our competitive prices.

131. (A) need
(B) needs
(C) needing
(D) needed

132. (A) doctors
(B) hosts
(C) technicians
(D) educators

133. (A) by
(B) whenever
(C) on
(D) during

134. (A) For example, house cleaning is $30 per hour.
(B) In fact, we can even cut your lawn.
(C) Therefore, advanced booking is recommended.
(D) After that, you can return home.

Questions 135-138 refer to the following e-mail.

From: reception@earlymoonhotel.com
To: mrollo@setmymail.com
Subject: Your booking
Date: June 12, 2:54 P.M.

Dear Mr. Rollo,

Thank you for your booking of an executive single room for tomorrow,
June 13. Unfortunately, the room that you were to stay in has become
unavailable. This is due to a cracked window, which cannot be ------- in
135.
time for you to check in. Since there are no other executive single rooms
free, we need to change your room type. -------.
136.

We have prepared a twin room with separate lounge area. You will be
charged the rate of your original room. As this represents an -------, I hope
137.
it is acceptable to you. ------- you have any questions, please contact me
138.
or my colleagues using this e-mail address.

We look forward to welcoming you.

Piret Makin
Reception, Early Moon Hotel

135. (A) replacement
(B) replace
(C) replaced
(D) replacing

136. (A) You can find more information on our Web site.
(B) Please accept our sincere apologies for the inconvenience.
(C) Early check-ins can be arranged by calling the front desk.
(D) We therefore require a copy of your passport or driving license.

137. (A) upgrade
(B) organization
(C) extension
(D) accommodation

138. (A) Should
(B) Were
(C) Because
(D) Even

Questions 139-142 refer to the following notice.

Notice to Residents

September 4

The building management ------- to install a secure entry system at the
139.
front of the condominium. This will have the dual effect of preventing
non-residents access to the building, thus improving safety, and also
------- junk mail. Postal workers and genuine delivery personnel will still
140.
be able to enter. -------.
141.

Construction will be completed by September 21, and the entry system
will be activated at 1:00 A.M. on September 24. All residents will receive
two electronic access cards which will be delivered to their door at least
one week before the system goes live. Please keep ------- safe, as extra
142.
cards will require a payment of $25.

139. (A) was decided
(B) has decided
(C) is deciding
(D) will decide

140. (A) registering
(B) distributing
(C) eliminating
(D) collecting

141. (A) Building management is not responsible
for lost or damaged items.
(B) Shipping fees will be included in the
final price.
(C) Please give your code to the custodian
by September 19.
(D) Residents will need to open the door
manually for guests.

142. (A) it
(B) them
(C) all
(D) some

June 9

Jasmine LaFay
40 Millview Avenue
Minden, LA 71555

Dear Ms. LaFay,

Thank you for your telephone call ------- a brochure of Vess Home's range
                                    143.
of single-family homes. -------. For single people and couples, the modern
                        144.
Nex-T home is the perfect fit. Its space-saving room layout is enhanced
by a sleek fashionable exterior. Our Prolog model, ------- its four spacious
                                                    145.
bedrooms, is a popular selection for large or growing families. Finally, the
Harwood is a classic ranch style house and is an excellent choice for
countryside living.

If you wish to see the three models in person, you're welcome to visit the
show homes in our Deerpark development. I would be delighted to give
you a ------- and answer any questions. Please call or e-mail to make an
      146.
appointment.

Sincerely,

Kyle Pieterson
Assistant sales director
Vess Homes

Enclosure

143. (A) requests
    (B) request
    (C) requested
    (D) requesting

144. (A) You will find us close to Exit 9 on I-92.
    (B) We are always looking for talented
         people to recruit.
    (C) Our three models suit a range of
         tastes and budgets.
    (D) Building work will commence on
         August 11.

145. (A) with
    (B) among
    (C) as
    (D) since

146. (A) discount
    (B) tour
    (C) brochure
    (D) date

Questions 147-148 refer to the following form.

Organa Bay Hotel

24 Sapano Drive

Valletta, Malta VLT 5550

Guest name:	Andrea Miller
Check in / Check out:	March 3 / March 6
Room Number:	205
Form completed by:	Tyson Gillet

Nature of request

Dining ☑   Room ☐   Check out ☐

Cleaning ☐   Facilities ☐   Other ☐

Further details

Guest follows a strict non-dairy diet. She brought her own soy milk and butter substitute and asked for them to be kept in the hotel kitchen's refrigerator. The wait staff should bring them to her table each breakfast time.

147. What is the purpose of the form?

(A) To show guests' requests
(B) To note a hotel reservation
(C) To record customer complaints
(D) To order room supplies

148. What is suggested about Ms. Miller?

(A) She works with Mr. Gillet.
(B) She has special dietary needs.
(C) She does not require breakfast.
(D) She wants to check out of her room late.

Questions 149-150 refer to the following text-message chain.

11:32 A.M.

Geraldine McArthur 11:18 A.M.
Hi, Dae Suk. I'm in the middle of my meeting with Evanish Legal, and I need some advice.

Dae Suk Lee 11:21 A.M.
Sure, what is it?

Geraldine McArthur 11:23 A.M.
They're considering doubling their monthly copy paper order from us, but they're looking for a 15% discount. Can I go ahead and give them what they want?

Dae Suk Lee 11:24 A.M.
That's quite a big reduction. Give me a minute to check the figures.

Dae Suk Lee 11:28 A.M.
Okay, we can do it, providing they commit to at least twelve monthly orders at the new size.

Geraldine McArthur 11:30 A.M.
Got it. I'll give them our terms then contact you later.

Dae Suk Lee 11:31 A.M.
That's great, and well done!

149. Where most likely do the writers work?

(A) At a law firm
(B) At an office supplies business
(C) At a financial advice company
(D) At an electronics manufacturer

150. At 11:28 A.M., what does Mr. Lee most likely mean when he writes, "Okay, we can do it"?

(A) He is able to come to a meeting.
(B) A client deadline is possible.
(C) His company can handle a large order.
(D) He is willing to cut a price.

Mayer Brothers Dry Cleaning
81 Farland Avenue, Ottawa K2B 4XR

Mayer Brothers offers the fullest range of garment cleaning in town. Our competitively-priced services include:

- 1-Hour express cleaning
- Cleaning of large blankets and comforters
- 11 P.M. late opening on Monday–Thursday
- Ironing included in full cleaning packages
- And from May, a clothing repair service for rips and holes

When you join our customer reward program and bring five garments or more at one time, Mayer Brothers will drop off the cleaned items at your door —free of charge!

151. What is indicated about Mayer Brothers?
(A) It will launch a new service.
(B) It operates multiple branches in Ottawa.
(C) It is not open at weekends.
(D) It does not clean bedding.

152. What can regular customers receive?
(A) A sneaker cleaning service
(B) A discount on future orders
(C) Free delivery
(D) A promotional T-shirt

Questions 153-154 refer to the following notice.

NOTICE TO EMPLOYEES

It has recently come to the management's attention that some employees have not been following the correct hygiene and safety procedures. May we remind all kitchen staff to tie their hair back tightly when preparing food. This also applies to the wait staff. Furthermore, employees must use the face masks and plastic gloves provided when adding food to the buffet trays. This is not only hygienic, but it also gives a good image to the customers. Finally, if you feel unwell in any way, which includes having a cold or a cough, please inform the management immediately so that your shift can be covered by someone else. Failure to follow the above rules may result in having to retake the food safety training class.

153. Where does the notice most likely appear?

(A) In a clinic
(B) In a clothes store
(C) In a restaurant
(D) In a photo studio

154. What are employees required to do?

(A) Keep their hair short
(B) Maintain a hygienic appearance
(C) Greet customers as they enter
(D) Get a medical check-up

Maybell Furniture Stores
Cardiff branch
91 Dolan Drive, Cardiff CF7 6BQ
Tel: (029) 5555-2020

March 13

Rita Pradeer
19 Cochrane Way
Cardiff, CF95 1TC

Dear Ms. Pradeer,

Thank you for your recent visit to Maybell Furniture. I am glad I could assist you in choosing a new sofa from our 'Starlight' range. —[1]—. As promised, please find enclosed a book containing samples of the five different coverings that this particular sofa comes in. —[2]—. When you have decided, you can let me know by phone or letter, and I will start the ordering process. It should be ready around two weeks after you inform me of your choice.

As the Starlight range of furniture is slightly bigger than average, I need to confirm that the sofa can fit through your front door. —[3]—. I would appreciate it if you could tell me the width of your house's doorway when next contacting me. If this is inconvenient, I can send a store employee to your home to measure it for you. —[4]—.

Please feel free to contact me if you have any questions.

Best regards,

Alan Durst

Alan Durst
Senior sales representative

155. Why was the letter written?

(A) To confirm order details
(B) To request further information
(C) To give a delivery date
(D) To promote a range of furniture

156. What is Mr. Durst concerned about?

(A) A shipment may be delayed.
(B) Staff might be unable to visit Ms. Pradeer.
(C) A customer's address is wrong.
(D) An item may be too large.

157. In which of the positions marked [1], [2], [3], and [4] does the following sentence best belong?

"Please take your time selecting which one is most suitable."

(A) [1]
(B) [2]
(C) [3]
(D) [4]

New Development for Miles City

(7 February) Plans for a new business park featuring a range of companies were announced yesterday. The development, on the site of an old school in the south-west of Miles City, will have space for up to ten factories and offices. Five businesses have already committed to building facilities at the park. These include an international sportswear maker and local firm Reese Copiers, which manufactures photocopiers and projectors.

The mayor of Miles City, Ken Hollister, welcomed the news. Hollister said, "In the first stage, the park will bring over one hundred new jobs to the city, rising to two hundred in the second year." At least fifty jobs of the two hundred will be training jobs for young people, leading to high-quality careers. Martha Ling, founder of 'Ling Kitchens', a producer of baked goods that will also operate from the park, said, "We can't wait to set up here. We hope to begin operations from November this year." The planning application is expected to be approved in March, with work on the site commencing the month after.

---

158. What type of company is NOT mentioned to be entering the business park?

(A) A clothing manufacturer
(B) A house builder
(C) An office equipment firm
(D) A food producer

159. What is indicated about the business park?

(A) It will be in the center of Miles City.
(B) It will initially employ around one hundred people.
(C) It is for local firms only.
(D) It will be built on farmland.

160. When is construction scheduled to begin?

(A) In February
(B) In March
(C) In April
(D) In November

Questions 161-164 refer to the following online chat discussion.

Sung, Jung-Nam [9:04 A.M.]
Hello. As the FarX-9 product demonstration event is only two days away, I'd like to hear how preparations are going.

Norberg, Margret [9:06 A.M.]
I'm assuming it's pretty much a repeat of the demonstration we did last week for clients.

Sung, Jung-Nam [9:07 A.M.]
More or less. However, as this event will be exclusively for our own overseas sales staff, we can spend some time on the FarX-9's weaknesses too. That will help prepare the staff for potential customer questions.

Wang, Li-Na [9:08 A.M.]
Good point. I've been working on a group of slides which addresses exactly that.

Sung, Jung-Nam [9:09 A.M.]
That's excellent, Li-Na. I'd like to look it over when you've finished. As far as preparing the room goes, where are we on that?

Norberg, Margret [9:12 A.M.]
That's my responsibility. I've received 25 confirmations so far, but I'd like to prepare seating and facilities for 35 attendees. We may get some last-minute confirmations, especially from German and Belgian staff, since they can travel over very easily. What do you think?

Sung, Jung-Nam [9:14 A.M.]

I think that's safer. Now, as most of the participants speak English, we won't be needing interpreters. But, it would be nice to make the slides and handouts multi-lingual.

Greene, Ronald [9:18 A.M.]

I have time to do that. My French and German are good enough.

Sung, Jung-Nam [9:20 A.M.]

Thank you, Ronald. Can everyone please try to e-mail Ronald your finished work by noon tomorrow?

---

161. What is indicated about the presentation?

(A) It will focus on recent sales performance.

(B) It will take place at noon tomorrow.

(C) It will feature all new material.

(D) It will be attended by company employees only.

162. At 9:14 A.M., what does Mr. Sung mean when he writes, "I think that's safer"?

(A) He wants to increase the number of security staff.

(B) He believes an early start time is best.

(C) He wants to have extra seats available.

(D) He is worried about some people not coming.

163. What does Mr. Greene volunteer to do?

(A) Translate some documents

(B) Greet visitors in their own language

(C) Call an overseas branch

(D) Distribute information packs

164. What will Ms. Wang most likely give Mr. Greene?

(A) A client's telephone number

(B) A list of attendees

(C) Details of a product's weak points

(D) Her timesheet

Questions 165-167 refer to the following instructions.

Forkway Bikes
Electric Bicycle Instructions

General Safety Notes

- Use only the battery supplied with your bicycle. For replacement batteries, please order from the official Forkway Bikes Web site at www.forkwaybikes.com.

- Never leave the battery recharging in an unattended room. Overheating may occur.

- Before beginning a ride, ensure the saddle is at a comfortable height, and your feet can touch the ground while seated.

- When riding, always wear head protection. Wearing brightly-colored clothing which can be easily seen is advisable.

- Do not look at the bicycle control panel for an extended period while riding. Keep your eye on the road ahead.

- Your electric bicycle still requires the rider to pedal. Do not ride if you are ill or injured. It is best to seek professional medical advice before starting any intense exercise.

- If you notice damage to your new bicycle, or if the electric system is malfunctioning, please call customer service at 631-555-8989. For any damage caused by riding, please visit an approved Forkway Bikes dealer. Repairs are not covered in the one-year warranty.

165. In the instructions, what is NOT given as advice?

(A) Using official products
(B) Consulting a doctor
(C) Wearing gloves
(D) Monitoring the battery

166. What should people do before riding?

(A) Check the seating position
(B) Adjust their clothing
(C) Look at the control panel
(D) Visit the Forkway Bikes' Web site

167. In what situation should people call the listed number?

(A) If they have an accident
(B) If they want to renew the warranty
(C) If their product arrives in bad condition
(D) If there are no dealers in their local area

To: All on Staff List

From: Sanjay Chopra <chopras@alonashotel.com>

Subject: Feedback from guests

Date: 14 August

Dear everyone,

I wanted to let you know about some of the feedback we have been getting from guests who have stayed at the hotel this summer, both in online reviews and in person. The majority of comments, in fact over 90%, have been positive, especially concerning the service. For that, I would like to say how much I appreciate all your hard work. Furthermore, since I moved from assistant manager to manager after Ms. Walker retired last month, everyone has been so supportive. I'm very grateful for all your help.

Although the reviews have been great, we can still improve in some areas. Therefore, I'd like to have a team training session after breakfast service tomorrow. I think it will be useful for the newer staff to hear from the more experienced employees.

To make sure we focus on specific weak areas, I hope you can find time today to visit some of the main review Web sites. Make a note of any negative comments you see, and we can discuss how to deal with them at the meeting.

Sincerely,

Sanjay

168. What is the purpose of the e-mail?

(A) To announce a work schedule
(B) To check some information
(C) To thank staff
(D) To give customer service advice

169. What is suggested about Mr. Chopra?

(A) He is preparing to retire.
(B) He operates a popular Web site.
(C) He made a mistake on the schedule.
(D) He was recently promoted.

170. What is indicated about the meeting?

(A) It will be held in the morning.
(B) Only new staff will attend.
(C) Food will be provided.
(D) Employees need to confirm their attendance.

171. Why is the staff encouraged to visit a Web site?

(A) To answer customer complaints
(B) To prepare for the meeting
(C) To upload their photographs
(D) To promote the hotel

Favorstar Management, Inc.
53 West Nile Ave.
San Diego, CA 91940
(858) 555-9041

Allow Favorstar Management to take the trouble out of leasing your property with our complete service package. —[1]—. Leave the stress of day-to-day property management and tenant dealings to us, giving you the time to focus on developing your portfolio.

—[2]—. Services we provide to our customers include rent collection and negotiation, carrying out basic repairs, tenant complaint resolution, and finding the right renters for your vacant properties —fast. Our team of property managers consists of experienced, mature professionals who are always just one phone call or e-mail away. Moreover, you will have access to a full back-office service. We can assist with tax returns, draw up tenant contracts, and ensure you comply with all local rental laws.

We have been in business in the San Diego area for over thirty years, and in that time we've built up a network of trusted contractors and lawyers. —[3]—. As a client of Favorstar, you can hire their services from our network at favorable rates much lower than contacting them directly. This can add up to thousands of dollars saved in the long term.

For further information on the benefits of teaming up with Favorstar, visit www.favorstar-man.com. You can also call to book an appointment. —[4]—.

172. Who is the advertisement most likely targeting?

(A) House builders
(B) Apartment tenants
(C) Property investors
(D) Store owners

173. What service does Favorstar Management, Inc. NOT provide?

(A) Dealing with complaints
(B) Locating vacant land
(C) Fixing minor damage
(D) Collecting money

174. According to the advertisement, how can customers save money?

(A) By having access to special prices
(B) By getting free parking facilities
(C) By using Favorstar's office equipment
(D) By receiving tax advice

175. In which of the following positions marked [1], [2], [3], and [4] does the following sentence best belong?

"Either drop by our office, or we'll come to one of your units and give a free estimate of the rent you can expect to achieve!"

(A) [1]
(B) [2]
(C) [3]
(D) [4]

Questions 176-180 refer to the following notice and form.

Allentown Fishing Resources Commission
Fishing Licenses

To fish at any public lake or river within Allentown requires a license issued by the Allentown Fishing Resources Commission (AFRC). To qualify for a license, the applicant must:

- ✔ Be a resident of Allentown (proof required)
- ✔ Be over the age of 12 at the time of applying
- ✔ Have read and signed the AFRC's regulations (R-84)
- ✔ Submit all documents and pay the correct fee in person at the AFRC office

Two different classes of license are available. Class A licenses are valid for one year and allow fishing at both lakes and rivers. Class B licenses are for a six-month period and only allow holders to fish at lakes. Prices are as follows:

Class A: $55
Class B: $30

Proceeds from fishing license fees help to meet the costs of maintaining local wildlife habitats and creating better public fishing facilities. For more details on how funds are spent, visit our Web site: www.allentownfrc.com

FISHING LICENSE
Issued by the AFRC

Holder's name	Gina Hu
Valid until	13 August
License class	B

You must keep this license with you at all times when fishing and present it to an AFRC employee if asked. Please note this license does not permit you to leave your vehicle at AFRC facilities. For this, a separate daily charge must be paid. Please see the signs at the fishing facility for more information.

176. What is NOT necessary to obtain a license?

(A) Living in Allentown
(B) A signed document
(C) A social security number
(D) Visiting the commission's office

177. According to the notice, what can be found on the AFRC's Web site?

(A) Maps of fishing areas
(B Information on conservation projects
(C) A list of regulations
(D) Photographs from fishing contests

178. In the notice, the word "meet" in paragraph 3, line 1, is closest in meaning to

(A) gather
(B) react
(C) match
(D) fund

179. What is suggested about Ms. Hu?

(A) She is an employee of the AFRC.
(B) She will fish at lakes only.
(C) She paid for a yearly permit.
(D) She owns a fishing vessel.

180. What is stated on the license?

(A) Parking fees are extra.
(B) AFRC members receive a special discount.
(C) Licenses should be attached to clothing.
(D) It can only be used at one fishing facility.

https://www.jurymarkc.org

Jurymark Consulting

Providing business advice and solutions for over 15 years

Let Jurymark Consulting help your small business reach its full potential. Our team of experts, each with their own specialty, can give you advice and services that are normally only available to large companies. Jurymark can create a customized training package and deliver it either at your premises or at our own fully equipped office in the heart of downtown Boston.

Our consultants

- Kang Ling is our expert on customer service. Kang shows your staff how to make the customer feel special and keep them coming back.
- Honne Lehtinen specializes in cyber security, an increasingly serious problem. Firms which lack the funds for a dedicated IT team can secure their data with Honne's guidance.
- Keylon Jones is a former federal tax inspector. He will use his inside knowledge to make sure your business is not only complying with tax codes, but also using the rules to your advantage.

- Yasmin Yassine provides unique methods to motivate your employees. Her workshops have proven track records in boosting job satisfaction and increasing productivity.

Fees vary depending on location and attendee numbers. Please look at our pricing details below.

	At client's office	At our Boston office
Up to 10 attendees	$350	$500
11 to 20 attendees	$550	$850

For sessions involving over 20 attendees, please contact us.

To:	Bryan Aspel, Office Manager, Redcorn Fashion
From:	Fatima Pamba, CEO, Redcorn Fashion
Date:	June 21
Subject:	Training session

Dear Bryan,

Following the severe disruption caused by the computer virus last week, I feel we need some expert advice about protecting ourselves online. The last thing we want is for sensitive client data to be stolen.

Therefore, I have arranged for a consultant from a Boston firm to come here on June 25th to give a training seminar. I think it will be most effective if we keep the group small, so I'll be asking only the seven members of the back-office team to attend. The consultant has sent some pre-seminar information packs. Could you pick them up from my office and hand them out to the team today?

Many thanks,

Fatima

181. What is indicated in the Web site about Jurymark Consulting?

(A) It does not run seminars for groups of more than 20 people.
(B) Its consultants work together in teams.
(C) It is located in a city's financial district.
(D) It specializes in serving the small business community.

182. What was Keylon Jones's previous occupation?

(A) A government employee
(B) A financial planner
(C) A business owner
(D) A university professor

183. Who most likely will conduct Redcorn Fashion's training seminar?

(A) Kang Ling
(B) Honne Lehtinen
(C) Keylon Jones
(D) Yasmin Yassine

184. How much will Jurymark Consulting charge Redcorn Fashion?

(A) $350
(B) $500
(C) $550
(D) $850

185. What does Ms. Pamba ask Mr. Aspel to do?

(A) Contact Jurymark Consulting
(B) Join the training seminar
(C) Write some instructions
(D) Distribute some material

High-Speed Train Link Planned

December 2—Plans for a new high-speed train line named Sonix 3, linking the capital cities of Estonia, Latvia, and Lithuania, were jointly announced yesterday by the presidents of the three countries. The trains will travel at a top speed of 350km/h, and promise to cut journey times in half. The project will be rolled out in four stages, with the first stage scheduled for completion in two years. In that initial stage, two trains per day will run between Tallinn, Estonia and Riga, the capital of Latvia, stopping at one other city en route. In stage two, the number of trains will increase to five per day as more trains are built. The link will extend to Vilnius in Lithuania in stage three, and in the final stage, there will be a total of ten trains per day operating over the complete line.

German engineering firm Nuering won the contract to build the new trains and line, with work beginning in March next year. CEO of Nuering, Matheus Weber, said at the launch, "Sonix 3 will bring great economic benefits to the region. Furthermore, Nuering plans to hire the majority of workers from the three countries for the construction, so that the region experiences those benefits from the start." Images of the proposed route and trains can be viewed online at www.sonix3plans.com.

SONIX 3 TIMETABLE MAY – SEPTEMBER			
Tallinn	**Pärnu**		**Riga (Final Stop)**
Depart	Arrive	Depart	Arrive
7:00 A.M.	8:20 A.M.	8:30 A.M.	10:20 A.M.
7:55 A.M.	9:15 A.M.	9:25 A.M.	11:15 A.M.
9:40 A.M.	11:00 A.M.	11:10 A.M.	1:00 P.M.
1:15 P.M.	2:35 P.M.	2:45 P.M.	4:35 P.M.
3:20 P.M.	4:40 P.M.	4:50 P.M.	6:40 P.M.

To	Ralph Bayer, Regional Manager, Magrita Copiers, Inc.
From	Maddi Toome, Area Head Manager, Magrita Copiers, Inc.
Subject	Our Tuesday meeting
Date	July 13

Dear Ralph:

Prior to our meeting at your office in Riga next week, I would like to ask you to do me a favor. As we will be deciding future production targets for our range of office copiers, I would appreciate it if you could e-mail me the last six months of sales figures. This will help to avoid the problem of unrealistic targets.

I will be taking the morning Sonix 3 train from Tallinn, leaving just before eight o'clock, so we will have plenty of time for our discussions. If you would like me to prepare anything for the meeting, please feel free to ask.

Best regards,

Maddi

186. What is stated about the new train line?

(A) It will involve building many tunnels.
(B) It will reduce travel times by 50%.
(C) It will be completed next year.
(D) It will be built by a national rail company.

187. Who is Matheus Weber?

(A) The president of a country
(B) An economics professor
(C) A tourism consultant
(D) The head of a company

188. According to the timetable, what is the latest project stage to have been completed?

(A) Stage 1
(B) Stage 2
(C) Stage 3
(D) Stage 4

189. What is the purpose of the e-mail?

(A) To confirm a date
(B) To thank a colleague
(C) To request some data
(D) To report a problem

190. What time will Ms. Toome's train arrive in Riga?

(A) 8:20 A.M.
(B) 10:20 A.M.
(C) 11:15 A.M.
(D) 2:35 P.M.

Questions 191-195 refer to the following memo, survey, and e-mail.

To: All stylists of Central Cuts Salon
From: Cassandra Parker, Owner
Subject: May schedule
Date: April 25

Dear everyone,

Thank you for your hard work this month. As you know, the salon has been getting busier, so I have decided to hire an additional hair stylist. His name is Pierre Garner, and he will be starting on May 1. Please check your working times for May on the schedule below. There will be a welcome party for Pierre at Bistro Marche on May 3 in the evening, and I hope everybody can come.

Please note that from May, customers will be able to make appointments through the salon's Web site. This should reduce the number of calls we receive and help us to focus on the clients more.

Monday	Tuesday	Wednesday	Thursday	Friday	Saturday	Sunday
Pierre	Pierre	CLOSED	Anna	Anna	Pierre	Eva
Anna	Cassandra		Mark	Eva	Anna	
					Eva	

Cassandra

Central Cuts Salon

Tel: 0437-555-4930

Customer Questionnaire

We appreciate you completing this brief survey. Your answers will help us to improve your next appointment.

Customer name: **Natalie Kueller**

Stylist name: **Cassandra**

Date of visit: **May 2**

What service did you receive today?

Cut & Style ☐   Perm ☐

Coloring ☐   Nails ☑

Please rate the following:

(1 = Poor; 5 = Excellent)

Stylist's skill	1	2	3	4	(5)
Staff friendliness	1	2	3	4	(5)
Salon facilities	1	2	3	(4)	5
Price	1	(2)	3	4	5

Comments

I've been here a few times now, and I always enjoy the experience. The staff is so friendly and the quality I received today was very good. I just wish the prices were a little lower. Despite this, I'll be coming back later this month for a cut and style.

To: Natalie Kueller
From: Cassandra Parker, Central Cuts Salon
Subject: Re: Your appointment
Date: May 13

Dear Ms. Kueller,

Thank you for making an online appointment for a cut and style on May 16 at 3:30 P.M. Unfortunately, I have suddenly become unavailable at that time. However, I have arranged for another stylist to take your appointment instead. If this change is not acceptable, please call or e-mail by tomorrow.

I apologize for the inconvenience, and our staff look forward to seeing you on the 16th.

Warmest regards,

Cassandra Parker
Central Cuts Salon

191. What information is NOT given in the memo?

(A) A store's opening hours
(B) Details of a new employee
(C) The date of an event
(D) An appointment method

192. When did Ms. Kueller visit Central Cuts Salon?

(A) On Monday
(B) On Tuesday
(C) On Thursday
(D) On Friday

193. According to the survey, what is indicated about Ms. Kueller?

(A) She is a new customer.
(B) She thinks the salon's prices are expensive.
(C) She received a free service.
(D) She was unhappy with the stylist's work.

194. In the survey, the word "rate" in paragraph 3, line 1, is closest in meaning to

(A) charge
(B) mention
(C) assess
(D) speed

195. Who will be Ms. Kueller's stylist at her next appointment?

(A) Cassandra
(B) Anna
(C) Mark
(D) Pierre

Newark Central Hall is proud to present...

a series of talks by

Chester LeVelle

November 3, 5 & 6

Chester LeVelle is one of the foremost mountain climbers and conservationists of our time. He has climbed Mount Everest in a record 25 hours and scaled the highest mountains in each of the seven continents. Last year he risked his life staying at the freezing summit of Mount Denali for five days to collect vital climate data for his lab studies, leading to his ground-breaking publication on weather patterns.

Chester will share how he finds the strength of body and mind to complete his challenges. He will also talk about the environmental work he does to protect some of the world's most fragile landscapes.

Tickets cost $25 and can be purchased by calling (043) 555-0439 by November 1. The talks begin at 6 P.M. and last approximately 90 minutes. Mr. LeVelle will also hold a question and answer session after the November 6 talk.

From	Marcus Powell <mpowell@striver-unlimited.com>
To	Chester LeVelle <chester@levelleresearch.com>
Date	November 11
Subject	Branding proposition

Dear Mr. LeVelle,

My name is Marcus Powell, and I work for Striver Unlimited, a brand
of outdoor goods. I was honored to meet you last week after your talk
at Newark Central Hall. I appreciate you taking the time to chat with
me, especially after the long question and answer session.

As we discussed, Striver would love to explore the possibility of
signing a sponsorship deal with you. In return for your endorsement,
we would be willing to fund your next expedition to Africa.

I have attached information on our four main product lines. I believe
the camping goods and the sports equipment we sell don't link
strongly to your work, but our range of XTF cereal bars or our PRO-5
hiking boots would be a perfect fit. Kindly let me know how you wish
to proceed.

Sincerely,

Marcus Powell

From	Chester LeVelle <chester@levelleresearch.com>
To	Marcus Powell <mpowell@striver-unlimited.com>
Date	November 13
Subject	Re: Branding proposition

Dear Mr. Powell,

I have looked over the product material you sent me. I tend to agree with you regarding the unsuitability of some of your lines. Both your suggestions are good; however, I have a pre-existing arrangement with another brand of footwear. Therefore, I see a tie-up with your XTF range as the best way forward.

Please tell me a convenient time when I can come to your office to discuss the details of this deal.

Best regards,

Chester LeVelle

196. What does the notice suggest about the talks?

(A) Multiple topics will be discussed.
(B) They will include visual aids.
(C) They will take place over five days.
(D) Ticket fees should be paid upon entering.

197. What is implied about Mr. LeVelle?

(A) He lives in Newark.
(B) He only climbs mountains in cold climates.
(C) His trips are funded by donations from supporters.
(D) He is a trained scientist.

198. When did Mr. Powell meet Mr. LeVelle?

(A) On November 1
(B) On November 3
(C) On November 6
(D) On November 11

199. What does Mr. Powell offer to do?

(A) Arrange a trip
(B) Finance a project
(C) Send some product samples
(D) Visit Mr. LeVelle's office

200. What type of product is Mr. LeVelle happy to endorse?

(A) Camping goods
(B) Sports equipment
(C) Cereal bars
(D) Hiking boots

コラム⑥

TOEICのスコアが意味するもの

　TOEICスコアの見方についてここでお話ししたいと思います。テストの結果は，Official Score Certificate「公式認定書」（公開テストの場合）という形で通知されます。リスニング（5～495）とリーディング（5～495）のスコアと，それぞれの合計（10～990）が表示されています。この数字は，その回に受験した他の受験者のスコアに対する相対的な位置を示していて，例えば600点なら，そのときテストを受けた受験者全体の，60％よりも上位にいるということを意味します。このように，スコア結果は，集団基準準拠テスト（受験者を得点により一直線上に並べることで，個々の受験者を他の受験者と相対的数値を使って比較するもの）におけるパーセンタイルで表されます。

　英語でコミュニケーションできる能力には，言語知識とそれを運用する力以外に，社会言語的な知識（その場にあった適切な言葉の使い方）や異文化に対する社会背景的な知識など，実に多岐な要因が複雑に絡んでいます。世間では，TOEICスコアを神格化し，何か絶対的なものであるかのような風潮が時折みられますが，これには注意が必要です。TOEICテストも他のテスト同様，測定誤差があります。同じ人が複数回受けた場合，およそ±70点（各パート±35）の誤差があると言われています。これは本当の実力からプラスマイナス70点の範囲にある確率が68％であることを意味しています。この数値が示すことは，たとえ実力が変わらなかったとしても，そのときの体調や問題との相性，周りの環境などで，スコアには揺れが出る。つまりスコア幅があることを示していま

す。よくスコアが5点下がったとか，10点上がったということで一喜一憂している受験者を見かけますが，測定誤差内での変動にあまり過敏に反応する必要はないと言えます。

　ところで，このスコアの解釈をめぐって，以前実業界から興味深い話を聞いたことがあります。とある大手企業の「経営戦略と求める人材」についての講演を聞く機会に恵まれたのですが，社員の英語力に話が及んだ際，TOEICスコアというのは，各人の目標達成度のpotentiality（可能性）を探る目安になる，という旨の話をされました。つまり当初400点台であった人物が，自助努力でそれなりの期間を使って600点を獲得したとするなら，この点数差が意味することは，この人物は，自分で目標を設定し，それに向かってプランを立て，限られた時間をやりくりしながら，粘り強くあきらめず結果を出すだけの力がある，と判断する1つの材料になるとのことでした。人事採用の観点からすると，スコアの背後にある努力や姿勢など，数値に表れない部分を評価する手段として，利用しているそうです。確かに，スコアレベルによってかかる時間，困難度は異なりますが，200点近い伸びというのは，測定誤差を考慮しても，まぐれで出せるスコアでは決してありません。途中で誰しもが経験するスコアが伸び悩む停滞時期を腐らず，あきらめずに乗り越え，能力レベルがあがったことを意味します。このようにTOEICスコアは単に英語のリスニング，リーディング力を測るのみならず，個人の持つ資質を見極める手段として利用されているのですね。

模試
正解と解説

　間違えたり，理解できていない問題は，もう一度それぞれの講義を読みましょう（◉ P.15のように示しました）。

　語句と全訳は講義ページをご参照ください。

(101)　講義 2 ◉ P.42　　　　和訳と語句は ◉ P.45

Plesta, Inc.'s new car navigation equipment comes with a range of entertainment -------.

(A) balances 　　　　均衡
(B) enterprises 　　　企業
(C) features 　　　　機能 [正解]
(D) answers 　　　　回答

解説 選択肢から語彙問題だとわかる。カーナビの設備についての文なので，entertainment（娯楽）と相性が合うのは(C) features（機能）。ここは「名詞＋名詞」の形で一つの名詞句を作り上げている。TOEICではよくみられる形で，他にjob opening（求人），expiration date（有効期限），traffic congestion（交通渋滞）なども類例。この文は単純な「S+V+前置詞句」からなる第1文型で，動詞のcomeにはこのように後ろに前置詞withを伴った「～が備わった，～がある」という意味もあるので覚えておこう。

(102) 講義2 ● P.46　　　　　　和訳と語句は ● P.49

Verplant County ------- its options for disposing of household garbage in a greener way.

(A) was explored 　　受動態過去形
(B) has been explored 受動態現在完了形
(C) is exploring 　　現在進行形 正解
(D) explore 　　　　動詞原形

解説 動詞の形に関する問題。この英文には受動態は合わないため, (A),(B) は消去できる。また, 主語が三人称単数だから(D)exploreは不可。三単現のsが必要。よってここは現在進行形の(C)が正解。文型は「S (Verplant County) + V(is exploring)+ O(its options)+前置詞句」。なお英語のルールとして, 前置詞の後ろは名詞(句)がくる。よって動詞を持ってくるときは動名詞の形にする。forの後がdisposing of(〜を処理する)となっている点にも意識を向けよう。

(103) 講義2 ● P.51　　　　　　和訳と語句は ● P.54

The VX-4 office printer was recalled by the manufacturer because the touch panel was not working -------.

(A) properly 　　きちんと 正解
(B) definitely 　　絶対に
(C) differently 　　異なって
(D) closely 　　　　接近して

ふさわしい意味の副詞を選択する問題。becauseで始まる文の主語はthe touch panel, 動詞はwork(作動する)の進行形なので, 意味的に関係がある副詞はproperly(正常に)。この文は「S(the VX-4 office printer)+V(was recalled)+前置詞句(by the manufacturer)+接続詞(because)+文」という形。work「働く」には, このように「(機械が)動く」という意味があり, 他に「(計画が)うまくいく」「(薬などの)効き目がある」の意味もある。

(104) 講義2 ❶ P.55   和訳と語句は ❶ P.59

We measure the success of an online campaign by the number of people who -------- to the advertisement.

(A)	responds	動詞三人称単数現在形
(B)	respondent	名詞「応答者, 回答者」
(C)	responding	動詞現在分詞
(D)	respond	**動詞原形** 正解

関係代名詞及び動詞の形に関する問題。関係代名詞whoが使われているので, 主格であるとわかる。よって空欄には動詞が入る。ここで注意しなくてはならないのは, the number は単数扱いだが, whoの先行詞は直前の名詞people(複数形)なので, 三単現のs がつく(A)ではなく(D)を選ぶ。広告に反応するのは, 「数(the number)」ではなく「人々(people)」である。間違えやすいので気をつけよう。ちなみにこの文は「S+V+O(the success of an online campaign)+前置詞句」という形。

 **講義 2 ● P.60**　　　　　　　　和訳と語句は ● P.62

Oakler Hotels trains its staff to treat ------- guest as a family member.

(A) all　　　　　　　すべての
(B) every　　　　　　すべての 正解
(C) such　　　　　　こんな
(D) most　　　　　　ほとんどの

 　形容詞の問題。空所の後ろの名詞guestがここでは単数形であることに注目しよう。正解のeveryは後ろに単数名詞をとる。(A)allは数を表すとき（可算）は複数扱い，量を表すとき（不可算）は単数扱い。guestは単数なので不可。(C)suchは「そのような」の意味で単数にも複数にも用いられるが，guest が単数であることから，単数のときの形 such a になっていないので不可。mostは形容詞としても使われるが，その場合後ろにくる名詞は可算名詞なら複数形になる。guestが単数なので不可。正解のeveryと同様な使い方をするものにeach（おのおのの）がある。

(106) **講義 2 ● P.63**　　　　　　　　和訳と語句は ● P.65

-------- you have completed the safety questionnaire, please hand it to your section supervisor.

(A) While　　　　　〜する間
(B) Besides　　　　そのうえ
(C) Meanwhile　　　その間に，その一方で
(D) Once　　　　　いったん〜すると 正解

半のyou have completed the safety questionnaireという文と後半のplease hand it to your section supervisor.の意味関係を考えよう。have completedと現在完了形を使った文は，動作が完了した状態を表し，その後，手渡す（hand）とすると流れがスムーズになる。そこで完了形と一番合うのが(D) once（いったん〜すると）になる。(B)のbesidesは接続副詞といって，接続詞とよく似ているが，主に文と文との間で使われ，句読点（セミコロンなど）を用いてI'm tired; besides, I'm sleepy.「疲れているうえ眠い」のような形をとる。

---

(107) 講義2 ● P.67　　　和訳と語句は ● P.69

Harriot Gym members can park their vehicles free of charge in the lot directly -------- the main doors.

(A) opposite　　　〜と反対の [正解]
(B) between　　　（2つ）の間の
(C) among　　　（3つ以上）の間の
(D) from　　　〜から

解説 位置関係を示す前置詞の問題。「正面ドアの……にある駐車場」という位置を示す単語を選ぶ。(B)betweenは「〜と〜の間」という意味で「正面にあるドアとドアの間」となってしまい不適切。(C)amongは「3つ以上のものの間」なのでこれも不可。(D)fromはドア「から」という起点を示すのでおかしい。正解は「〜の向いに，反対側に」を表すopposite。「副詞＋前置詞」の形で，directlyという副詞は，その後にくる前置詞に「ちょうど，すぐに」という意味を加え，directly above 〜（〜の真上に），directly across 〜（〜の真向いに），directly below 〜（〜の真下に），directly next to ~（〜のすぐ隣に）のように使う。

（108）　**講義2 ◐ P.70**　　　　　　**和訳と語句は ◐ P.73**

Before each shift, delivery drivers must ensure -------
vehicle's back doors are locked and undamaged.

(A)	they	代名詞三人称複数形主格
(B)	their	代名詞三人称複数形所有格 [正解]
(C)	them	代名詞三人称複数形目的格
(D)	theirs	三人称複数形所有代名詞

　代名詞の格の問題。まず，カンマの前のBefore each shiftは前置詞句で修飾語なので，省いて考えよう。空所は名詞句vehicle's back doorsを説明するので所有格が入る。主格のtheyや目的格のthemは不適格。また，theirsは「彼らのもの」という意味でこれも使えない。よって(B) theirが正解。この文は「S (delivery drivers)+V (must ensure) + that節」のSVOの形でthat節が目的語になっている。このensureのように後ろにthat節の目的語をとり，かつthatが省略される動詞にはannounce (that)「〜ということを発表する」，claim (that)「〜ということを主張する」，regret (that)「〜ということを後悔する」，state (that)「〜ということを述べる，明言する」などがありTOEICリーディングパートの頻出語。

------- you have received permission from a team leader, employees are required to start work no later than 9:30 A.M.

(A) Unless　　　　　もし〜でないなら 正解
(B) At least　　　　 少なくとも
(C) Whereas　　　　〜であるのに
(D) So that　　　　 〜するために

カンマの前後に2つの文があるので，それぞれの文を結びつける接続詞を選ぶ。この文は106.と同じ「接続詞＋文，文」という構造になっている。後半の文は「従業員は午前9:30より早く働き始めることが求められている」，前半は「チームリーダーからの許可を受ける」なので，この2つを意味的につなぐにはunless「〜でないなら」という接続詞が一番つじつまが合う。(C) whereas「〜であるのに対して〜だ」は2つを対照して表現するとき，(D) so that「〜するために」は目的をあらわすときに使い，通常は文中で使われ，so that ~ can/may/will...（〜できるように，〜するために）のように助動詞を伴った文の形でよく使われる。

Lakeland Medical Clinic's new online appointment system allows it to process patients more -------.

(A) effect　　　　　名詞，動詞原形
(B) effected　　　　動詞過去形，過去分詞
(C) effective　　　　形容詞

(D) effectively　　　副詞 [正解]

 品詞を選ぶ問題。この文は「S (Lakeland~system)＋V (allows) ＋O (it)＋to不定詞句 (to process patients more ------)」という形。動詞allow「～を許可する」はallow＋O＋to不定詞「Oが～することを許可する，可能にする」という形をよく取るので覚えておこう。to process patients more ------に注目。more ------はprocessをどのようにするかを説明している。したがって空欄には副詞が入る。選択肢のうちeffectivelyが副詞なので，(D)が正解。語尾の-lyは副詞によくみられる形。これをヒントにしよう。allow＋O＋to不定詞と同じ形をとる動詞にcause, enable, force, permitなどがある。

---

(111)　講義2 ◐ P.86　　　　**和訳と語句は ◐ P.90**

Berry Bottle Foods was forced to take -------- action after failing a routine hygiene inspection.

(A) drastic　　　　　徹底した [正解]
(B) eligible　　　　　資格のある，適格な
(C) refined　　　　　洗練された
(D) overall　　　　　全体の，包括的な

解説 語彙問題。意味を考えるときにキーワードになるのはwas forced to (～することを強いられた)。そしてafter以下で「検査(inspection) で不合格になった(fail)後で」とある。どのような行動(action)をとることを余儀なくされるかを考えると，意味的に(A) drastic(徹底した) が最も合う。inspection(検査) という言葉に反応してeligible(適格な) を選びたくなるかもしれないが，eligibleは人が選ばれるのに必要な条件を満たしている

状態を言い，take eligible actionは不適切。drasticは「思い切った，抜本的な」という意味の形容詞で，take drastic measures（抜本的な対策を取る）もTOEICでよく目にする組み合わせ。

 112 講義2 ▶ P.91　　　　　　**和訳と語句は ▶ P.95**

To ensure your package is delivered promptly, kindly -------
a date and time period you are likely to be at home.

(A) specifies　　　　　　動詞三人称単数現在形

(B) specify　　　　　　**動詞原形** 正解

(C) specific　　　　　　形容詞

(D) specification　　　　名詞

解説 品詞の問題。空所のある文は，副詞kindlyで始まっている命令文で「kindly + V（空所）+ O (a date~)」（どうかOをVしてください）という形。命令文は主語youが省略されているので，空所には動詞が入る。よって (C) specific＝形容詞や(D) specification＝名詞は消去できる。語尾で判断しよう。命令文の動詞は原形なので，正解は(C) specify。語尾が-fyで終わっている単語は，satisfy(~を満足させる)，notify(~に通知する)，clarify(~を明確にする) などのように動詞を意味する。なおこの文は，元々後ろにあった目的を表す不定詞が文頭に出てきたもの。動詞ensureは108で出てきたので，再度語法を復習しよう。

(113) 講義2 ○ P.96　　　和訳と語句は ○ P.98

Thanks to being featured on national television, toy manufacturer Xebibo, Inc. reported ------- good sales figures.

(A) suspiciously　　　疑わしく

(B) exceptionally　　　非常に, 例外的に 正解

(C) consequently　　　結果的に, その結果

(D) feasibly　　　　　実行できるように

解説 語彙問題。選択肢はすべて-lyで終わる副詞で, goodという形容詞を説明するのにふさわしい語を選ぶ。意味的に「非常に」＋「いい(good)」＋「売上額(sales figures)」とするとスムーズにつながる。よって(B) exceptionallyが正解。このような「副詞＋形容詞（分詞）＋名詞」のカタマリにconveniently located place（立地のよい場所）, newly installed system（新しく導入されたシステム）, highly competitive market（競争の激しい市場）などがありTOEIC英文でよくみられる。文頭にあるthanks to ~（~のおかげで）は「名詞＋前置詞」で, 前置詞句のような働きをしている。その後の文は,「S(toy~Inc.) + V(reported) + O(------- good sales figures)」という第3文型。

(114) 講義2 ○ P.100　　　和訳と語句は ○ P.104

Dates when the factory is closed for maintenance can be found in the orientation pack ------- was given to you yesterday.

(A) where 関係副詞

(B) whose 関係代名詞

(C) but 接続詞

(D) that 関係代名詞 正解

解説 関係詞の問題。この文から名詞を補足説明する関係詞を取ったシンプルな骨格はDates can be found in the orientation pack.という「S(Dates)+V(can be found)+前置詞句(in ~)」。つまり第1文型。whenは関係副詞といって，時などを表す名詞 (ここではdates) について説明するときに使われる。関係代名詞との違いは，後ろにきちんとした文がくること。ここもthe factory is closed for maintenance.という完成した文になっている。さて，空所は前に名詞のpack，後ろの文に主語がなく不完全な文となっているのでこういう場合は関係代名詞が入る。packが人ではないので，主格のwhich あるいはthatとなり(D) thatが正解。Dates can be found in the orientation pack.とThe orientation pack was given to you yesterday. の2つの文が関係代名詞によって1文になっている。選択肢にある(A)の関係副詞whereは前の名詞が場所を表すplaceや，状況を表すsituation, caseのような語のときに使われる。(B)のwhoseの場合は，直後に名詞が必要。

(115) 講義2 ◐ P.105　　和訳と語句は ◐ P.108

If you have any questions about the product, please wait
------- the demonstration is over.

(A) until ～するまでは 正解

(B) already すでに，もう

(C) before ～する前に

(D) while　　　　　　　　〜する間，〜する一方で

接続詞の問題。waitの後にthe demonstration is over. という文が続き，「特定の時点」を表していると言える。「実演が終わるまでお待ちになってください」とするとスムーズに意味が通るので，空所には「〜までずっと」と継続を表す(A) untilが正解。until には前置詞の用法もあり，by「〜までに」とよく混同される。byは期限を表す「(いついつ) までに」のこと。Please submit the report by 9 o'clock. なら「9時までにレポートを提出してください」の意。TOEICもこの点をPart 5で狙ってくることがあるのでしっかり違いを理解しておこう。

(116) 講義 2 ◉ P.111　　　　　　和訳と語句は ◉ P.114

Forklift truck drivers must use ------- when operating inside the warehouse, as staff is often walking in the corridors.

(A) cautious　　　　　　形容詞
(B) caution　　　　　　　名詞 正解
(C) cautioned　　　　　　動詞過去形, 過去分詞
(D) cautiously　　　　　　副詞

品詞の問題。空所の前の動詞useは他動詞なので，直後に動作の対象となる目的語が必要。目的語になれるのは？ そう名詞や代名詞。よって(B)cautionが正解。-tionは名詞をつくる語尾なのでそれを手がかりにするといい。この英文は，「S(forklift truck drivers)＋ V(must use)＋ O(caution)」の第3文型に，時を表す接続詞whenで文をつなげ，さらにその文に原因・理由を表す接続詞asを使ってつなげたもの。ちなみに時を表す接続詞when はWhen (they are) operatingのように(　　　)

講義1　講義2　講義3　講義4　模試　解説

模試 正解と解説 パート5

内の主語(Forklift truck drivers)が、メインとなる文と同じときは省略される点にも注意。TOEICの文でよく使われる。

(117) 講義2 ▶ P.115　　　　　　和訳と語句は ▶ P.121

Client contact details should be printed and kept safe
------- there is a problem with the computer systems.

(A)	or else	あるいは
(B)	as if	まるで〜のように
(C)	in case	〜だといけないから、に備えて [正解]
(D)	at once	ただちに、すぐに

解説 空所の前後に2つの文があるため、両者の文をつなげる接続詞が必要。 (A) or elseは「あるいは、さもないと〜してしまう」、(D) at onceは「ただちに」という熟語で、どちらも意味的につながらない。また後者は前置詞のカタマリでもあり、それでは文をつなぐことはできない。(B) as if「まるで〜のように」も意味的に不自然。唯一、(C) in case「〜の場合にそなえて」なら、前後の流れがスムーズに通る。in caseは接続詞なので、後にS+Vを含む文をとることができる。ちなみにin case of は3語から成る熟語で、前置詞句。in caseと品詞が違うので混同しないように。

(118) 講義2 ▶ P.123　　　　　　和訳と語句は ▶ P.126

Flooding in the basement last night did not damage the
data servers, as they ------- upstairs well in advance.

(A)	were moving	過去進行形
(B)	were being moved	受動態過去進行形
(C)	had been moved	受動態過去完了 [正解]
(D)	had been moving	過去完了進行形

解説 時制と態の両方を問う問題。まず空所のあるas ~の文の中の主語はthey。これはthe data serversを指している。選択肢の動詞はすべてmoveだが，the data serversは「する」側ではなく「される」側なので，「移動される」と受動態になることに気づこう。次に時制を示すキーワードを探す。前半にlast nightとdid notがあるので，過去のことだとわかる。後半にwell in advance「十分前に」とあるので，last night（時制は過去）の浸水が起こるまでには移動を完了させていたということ。よって過去のある時点（ここではlast night）よりも前のことを表す大過去で受動態の形，すなわち受動態過去完了の(C) had been movedが正解となる。過去完了(had +過去分詞)は，過去の中でも前後の時間のズレを表したいときに用いる。またこの文は接続詞asによって結ばれた形であるが，asは因果関係がはっきりしているというより，「~というのも」のように原因・理由を補足的に付け加えたいときに使われる。

⑲ 講義 2 ▶ P.128　　和訳と語句は ▶ P.131

------- keep unsold products in storage, Pennydown Stores decided to sell them to customers at a huge discount.

(A)	Rather than	~よりもむしろ [正解]
(B)	Nonetheless	それにもかかわらず
(C)	Despite	~にもかかわらず
(D)	Provided that	もし~だとすれば，~と仮定して

2つの文をつなげる接続詞を選ぶ問題。ここでは，前後の文が対比の関係になっているので，「～よりもむしろ～」の意味の(A) Rather thanを選ぶと自然な流れになる。rather thanにはこのように接続詞的な働きがあり，文頭にきて後ろに動詞の原形をとることができる。構造的には「(they) + keep + unsold products + in storage」と考えるとわかりやすい。「売れていない製品を倉庫に保管する」という意味。後半の文は，「S(Pennydown Stores)+ V(decided)+ O(to sell them)」の形。(B) nonethelessは副詞で「それにもかかわらず～である」という意味からも文意が合わないので不可。(C) despiteは前置詞なので，文と文はつなげない。選択肢の並びから，なんとなく接続詞に見える気もするが，実は前置詞。(D) provided thatは「もし～だとすれば，～との条件で」の意味でifと同義だが，堅い言い方で契約書などによく使われる。接続詞だが，直後に主語が必要になるため，この文には合わない。ちなみに正解のrather thanは動詞原形以外に，rather than to keep unsold products ~, rather than keeping unsold products ~のようにto不定詞や動名詞をとることもできる。

(120) 講義2 ◗ P.132　　　　和訳と語句は ◗ P.135

CEO Wang will speak to the plant managers ------- to hear their ideas on increasing productivity.

(A) direct　　　　　　　形容詞

(B) directly　　　　　　副詞 [正解]

(C) directing　　　　　動詞現在分詞

(D) directions　　　　　名詞

解説 品詞問題。この文は「S (CEO Wang) + V(will speak to) + O (the plant managers . . .) + M(不定詞句)」の形。to hear ~の不定詞句は，speakの目的を補足情報として述べている。この文は空所部分がなくても完全な文になっていることから，空所には動詞speakを修飾する副詞が入ることがわかる。語尾が ---lyで終わる(B)directlyが正解。副詞の位置は，speak directly to the plant managersのように動詞の直後の場合も多いが，この文のように離れている場合もある。(A) directは形容詞「まっすぐな，直接の」，(C) directing は現在分詞「指示している，監督している」。空所がなくても構造的にきちんとした文になっている場合は，副詞が入ると覚えておこう。

(121) 講義2 ◐ P.136　　　和訳と語句は ◐ P.139

Trantor Restaurant Group plans to ------- its network of outlets across China over the next five years.

(A) overcome　　　～を克服する
(B) expand　　　～を拡大する 正解
(C) complicate　　　～を複雑にする
(D) raise　　　～を上昇させる

解説 語彙問題。この文は「S(Trantor Restaurant Group) + V(plans) + O(to不定詞 . . .) + M(前置詞across + 名詞) + M(前置詞over + 名詞句)」の形。選択肢の動詞の中から，its network of outletsを目的語にして意味の合う動詞を選ぶ。(A) overcomeは「(問題や感情を) 克服する」，(C) complicateは「(ことがらを) 複雑に，面倒にする」なので，どちらも意味的に合わない。(D) raiseは「～を上げる，高める」で，系列店舗のネットワークとは結びつかない。よって(B) expand「～を拡大する」が正解。前置詞

across（〜にわたって，〜中）ともしっくりくる。また，over the 〜 years（〜年間で）という表現は，ある特定の期間にわたって動作が継続する状況を表し，over the past ten years（過去10年間にわたって）などのように使う。

(122) 講義2 ● P.140　　　和訳と語句は ● P.144

After receiving four bids, the contract to build Westlaw City Council's new swimming pool is under -------.

(A) consider　　　　　　動詞原形
(B) considering　　　　 動詞現在分詞
(C) considerable　　　　形 かなりの
(D) consideration　　　 名 考慮 正解

解説 品詞問題。underは前置詞なので，後には名詞や名詞句が入る。よって語尾が-tionで終わっている(D) considerationが正解。TOEICには，このように全文を読まなくても空所の前後だけで正解が導ける問題も何問かある。時間節約のためこういうタイプはさらっと終わらせよう。前置詞underは名詞と結びついて「人やものが何かに影響されている，あるいは何かの過程の途中である」ことを示すのでunder considerationは「考慮中」の意。この文の主語contract「契約」という語と相性がいい。類例に，under investigation（調査中で），under warranty（保証期間内で），under discussion（審議中で），under inspection（検査中で），under threat（危機に瀕して）などがある。considerationの形容詞はconsiderate「思いやりがある」。ただし，(C) considerableも形容詞だが，意味が異なることに注意。「かなりの」という意味でa considerable amount（かなりの量）などのように用いる。よくTOEICで狙われるポイントでもあるのできちんと区別できるようにしておこう。ちなみにこの文は「前置詞句（前置

詞＋動名詞句)，S (the contract) + V (is) + C (under -------)」が骨格で
第2文型。to build ~ swimming poolは，主語のcontractを説明してい
る不定詞の形容詞的用法。主語が頭でっかちで，動詞のisまで距離がある
ので要注意。

(123) 講義2 ▶ P.145　　　和訳と語句は ▶ P.149

Employees are asked not to recharge their company-issued
mobile devices overnight ------- the risk of fire.

(A)　in order to　　　〜するために
(B)　by way of　　　〜経由で
(C)　due to　　　　　〜のため [正解]
(D)　just as　　　　　ちょうど〜のように

解説 前置詞句の問題。空所の直後のthe risk of fireが名詞句であること
に注目すると，空所には前置詞が入ることが推察できる。(A) in
order to は動詞が直後にくる。よって不可。(B)(C)(D)はいずれも前置詞
句で，意味的に後ろにthe risk of fireを続けることができるのは，(C)due
to「〜のため」。これなら「火事の恐れがあるため」と原因を表し，意味的に
つながる。(B) by way of は「〜を経由して」，(D) just as ~は「ちょうど
〜のように」を表し，いずれもthe risk of fireとは意味的に合わない。な
おこの文は，「S (Employees) + V (are asked) + O (not to ~ devices)
+ 副詞 (overnight) + M(前置詞句)」という形。overnightは副詞で，動詞
rechargeにかかっている点を間違えないように。「一晩中」→「充電する」
ということ。

541

124 講義 2 ● P.150 　和訳と語句は ● P.155

Ryder Gym is extending its opening hours in an attempt to
------- the needs of its growing membership.

(A) satisfy 　　　　動詞原形 正解
(B) satisfaction 　　名詞
(C) satisfactory 　　形容詞
(D) satisfactorily 　副詞

解説 品詞問題。空所前の名詞an attempt「試み」がキーワード。ここは
an attemptを形容詞のように説明するto不定詞。よって，空所に
は動詞の原形である(A)satisfyが入る。このように後ろにto不定詞を取り
やすい名詞に，ability(能力)，chance(機会)，failure(失敗)，opportunity
(機会)，refusal(拒絶)，tendency(傾向) などがある。この文の構造は「S (Ryder
Gym) + V (is extending) + O (its opening hours) + 前置詞句 (in an
attempt)＋to不定詞句」の第3文型。

125 講義 2 ● P.156 　和訳と語句は ● P.161

Forms to request refunds of travel expenses can be -------
from the accounts section on the third floor.

(A) obtained 　　　得られる 正解
(B) explained 　　　説明される
(C) assumed 　　　推測される
(D) recognized 　　認識される

語彙問題。この文の主語はformsでそれを受ける動詞はcan be ...の部分。形から受動態だとわかる。よって空所には動詞の過去分詞形が入る。意味を考えてforms（用紙）がどうされるのかに合う単語を選ぶ。(C) assumed「推測される」(D)recognized「認識される」では意味が合わないので消去できる。(B) explained「説明される」か(A) obtained「取得される」のどちらかということになる。ヒントは from the accounts section（会計課から）という部分。forms can be obtained from ~「~から用紙を取得できる」ならより意味が通りやすい。よって(A)obtainedが正解。この文も主語が頭でっかちのパターンで，不定詞を使って名詞formsを説明している。骨組みは「S(Forms)+ V(can be -------)+前置詞句(from ~)+ 前置詞句(on ~)」の第1文型。

(126) 講義2 ○ P.162　　　和訳と語句は ○ P.165

Nallister College is proud that over 90% of its business school students find ------- within six months after graduating.

(A) employs　　　動詞三人称単数現在形
(B) employed　　　動詞過去形，過去分詞
(C) employment　　名詞 [正解]
(D) employable　　形容詞

解説 品詞問題。この文は「S(Nallister College)+ V(is)+ C(proud)+ that節」の第2文型。that節の中は「SVO+前置詞句+前置詞句」で主語がA of Bの形。空所の前の動詞findは他動詞なので，直後に目的語が必要。目的語になれるのは名詞か代名詞。よって語尾が-mentで終わる(C) employment（雇用，仕事）が正解。動詞employ（~を雇用する）の名詞形

543

には他にemployer（雇用者）とemployee（従業員）があり，どちらもTOEIC
頻出語。ちなみにproudと同じように後ろにthat節がとれる形容詞に，
glad（喜んで），content（満足して），sorry（残念な），upset（取り乱して）など
がある。

 講義2 ▶ P.166　　　　　**和訳と語句は ▶ P.169**

Online stock brokerages are soon due to surpass traditional
brokerages in the number of ------- they process per day.

(A) accumulations　　　蓄積物
(B) transactions　　　　取引 正解
(C) substitutions　　　　代替
(D) expressions　　　　表現

解説 語彙問題。この文は「S (online stock brokerages) + V (are) + C
(due) + to不定詞句 + 前置詞句 + 関係代名詞節 ((that) they
process per day)」という構造で第2文型。補語である形容詞dueは「（あ
る決められた時にあることが起こるのが）予定・予期されている」という意味。起
こる予定をto不定詞で表し，to surpass traditional brokerages in the
number of ------ (that) they process per dayのtheyはonline stock
brokeragesを指している。また，空所の直後に関係代名詞(that)を補っ
て考えると，空所にはprocessの目的語が入るとわかる。証券会社が処理
するものと言えば，金融商品の取引なので，(B) transactionsが正解。他
の選択肢は処理する対象として不適。in the number of ~ は「~の数に
おいて」の意。ちなみに形容詞dueに関して一言。TOEICでは以下のよう
な支払い関係の文のほか，due toで原因・理由を表す前置詞句としてもよ
く使われる。

Payment is <u>due</u> upon receipt of invoice.（請求書が届き次第お支払いください）
The plane arrived late <u>due to</u> inclement weather.（悪天候のため飛行機が遅れた）

---

 (128) 講義2 ● P.171 和訳と語句は ● P.175

Due to customer feedback on our smartphones, the power cable for model 27-P has been -------.

(A) **lengthened**　　　長くされる，のばされる [正解]
(B) **witnessed**　　　目撃される
(C) **facilitated**　　　促進される
(D) **selected**　　　　選ばれる

解説 語彙問題。M（修飾語）を除いて文の骨格を見ると，シンプルなS(the power cable) + V(has been ------)の第1文型だとわかる。受動態の文なので，電気ケーブルがどうされたかを示す語を選ぶ。まず，(B) witnessed「目撃される」，(C) facilitated「促進される」は，主語のthe power cable（電気ケーブル）と意味が合わないので消去できる。(A) lengthenedと(D) selectedから選ぶ際は，出だしの原因・理由を表す前置詞句due to（〜のために）を参考にする。 customer feedback on our smartphones「スマートフォンについての顧客フィードバック」のために，「電気ケーブルはさらに長くなった」とすると意味的に合うので(A) lengthenedが正解。動詞lengthen（長くする）は名詞length（長さ）に接尾辞enがついた語で，このように名詞や形容詞にenが付くことによって動詞「〜にする，〜になる」になる。類例としてheighten（高くする），darken（暗くする），sharpen（とがらせる），deepen（深くする），sadden（悲しませる）などがある。

129 講義 2 ○ P.176　　　和訳と語句は ○ P.179

Users of the Power-100 weight training machine should
lift two 1 kilogram weights at first and ------- increase the
number.

(A)　terminally　　　末期的に，定期的に
(B)　allegedly　　　申し立てによると
(C)　robustly　　　頑丈に，しっかりと
(D)　gradually　　　徐々に 正解

 動詞increaseと合う副詞を選ぶ語彙問題。キーワードはat first。「最
初は～で------数を増やす」ということなので，「徐々に」という意
味の(D)graduallyが最適。他の選択肢はこの文脈ではincreaseを説明す
る語としては意味が通らない。(A)の副詞terminallyはterminally ill（病気
が末期的な）としてよく耳にする。(B)のallegedlyは「〔真偽の程はわから
ないが〕申し立てによると，伝えられるところによれば」という意味で
ニュース記事での常連語。なお，M（修飾語）を除いたこの文の骨格は，
「S(Users) + V(should lift) + O(two 1 kilogram weights) + 接続詞 (and)+
V(increase) + O(the number)」となり，graduallyの前にS (users) +
V(should)が略されているので，全体としては「SVO and SVO」の形となっ
ている。

130 講義 2 ○ P.180　　　和訳と語句は ○ P.183

Please note that due to Blast Salon's busy schedule, your
------- stylist may not always be available to cut your hair.

(A) **prefer**　　　　　　動詞原形

(B) **preference**　　　　名詞

(C) **preferred**　　　　動詞過去分詞 正解

(D) **preferring**　　　　動詞現在分詞

解説 品詞問題。文の構造としてはPlease note that ~の命令文の形。この型はビジネスメールでよく使われる常套句で，please be reminded that ~（~をお忘れにならないようお願いします），please be informed that ~（~をお知らせいたします），please be advised that ~（~とご承知おきください）などがあり，いずれも堅く響く言い回し。さて，that節の中は「副詞句，S (your ------ stylist)＋V (may not be)＋C (available)＋to不定詞句」という構造。後ろのstylistが名詞なので，空所には形容詞が入るとすぐわかる。選択肢の中で形容詞の働きがあるのは，過去分詞か現在分詞。分詞は形容詞になれるということを今一度思い出そう。過去分詞は「される」側で現在分詞は「する」側だが，名詞stylistはprefer「好む」のではなく「好まれる」側。よって過去分詞である(C) preferredが正解。preferred stylistは「好まれた美容師」ということで，preferring stylistでは「美容師が好んでいる」ことになってしまう。類例に以下のようなものがある。

　　attached file（添付ファイル），registered mail （書留郵便），
　　authorized user（認可を受けた利用者），experienced instructor
　　（経験豊かな指導者），detailed information （詳細情報），qualified
　　applicant （資格のある応募者），expired food（賞味期限切れ食品）

なお，これらは動詞の過去分詞形というより，すでに形容詞という地位を確立した分詞形容詞と呼ばれる単語たちで，いずれもTOEIC常連語。

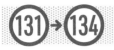

Questions 131-134 refer to the following advertisement.

Introducing Halo Handypeople—the home-maintenance and repair
company you can trust to get the job done—fast! If you are in ------- of a
　　　　　　　　　　　　　　　　　　　　　　　　　　　　131.
plumber for a leaky pipe, a carpenter to install kitchen cabinets, or a
cleaner for your kitchen, just give Halo a call. We have branches
throughout Nebraska, which means our skilled ------- can respond to any
　　　　　　　　　　　　　　　　　　　　　　　132.
emergency. Halo also provides free estimates ------- all construction work,
　　　　　　　　　　　　　　　　　　　　　133.
including landscaping. -------. Call Halo Handypeople 039-555-2323 to
　　　　　　　　　　134.
arrange a service or hear about our competitive prices.

131.

(A) need	名詞単数形 [正解]
(B) needs	名詞複数形
(C) needing	動詞現在分詞
(D) needed	動詞過去形, 過去分詞

解説　前置詞の後ろは名詞 (句) がくる。よって, ここは名詞の(A) need。
ちなみにneedには, 動詞と名詞「必要なもの, 必要性」両方の品詞
があることを思い出そう。このように「前置詞+……+of」の形を見たら
名詞を選ぼう。同様に「冠詞(the/a/an) +……+ of」の形もTOEICでよく
出題される。空所には名詞が入る。名詞を見分けるには, 単語の語尾を見
ると判断しやすい。-ment, -tion, -sion, -ity, -al, -ness, -ianなど。形
で品詞が判断できるように。これができると知らない単語でも正解できる
ようになる。

548

132

(A) doctors　　　　　医師たち

(B) hosts　　　　　　主人たち

(C) technicians　　　技術者たち 正解

(D) educators　　　　教育者たち

解説 文脈を追うと，a plumber for a leaky pipe（配管の水漏れのために配管工），a carpenter to install kitchen cabinets（台所用キャビネットの設置のために大工），a cleaner for your kitchen（キッチンの清掃員）と続いているので，この後には，これらを総称した職種の人がくるのではないかと推測できる。関係があるのは(C) technicians（技術者たち）。

133.

(A) by　　　　　　　～により

(B) whenever　　　　～（する）時はいつでも

(C) on　　　　　　　～について 正解

(D) during　　　　　～の間

解説 ここはestimates（見積り）とall construction work（すべての工事業務）を結ぶ前置詞を選ぶ。選択肢のなかで一番適切なのは，「すべての工事業務についての/関する見積り」という意味になる (C) on。このonはaboutと同じ意味だが，より堅く響くため公的な文章や論文などでよく使われる。また，核となる意味が「接触」なので，そこから限定感，特定感が出せるのも特徴。

134.

(A) For example, house cleaning is $30 per hour.

たとえば, ハウスクリーニング代は1時間当たり30ドルです。

(B) In fact, we can even cut your lawn.

実は, 私たちはお客様の芝を刈ることもできます。 正解

(C) Therefore, advanced booking is recommended.

そのために, 事前のご予約をお勧めします。

(D) After that, you can return home.

その後で, あなたは家に戻ることができます。

解説 パッセージの英文というのは1文1文がなんらかの意味的関連性を持ってつながっている。そこで, 前文のall construction work, including landscaping(造園作業を含めて工事業務のすべて)と関連のある選択肢を探すと, この中では(B)のcut your lawn(芝を刈る)が関連する内容だとわかる。このように文挿入の問題では, 判断の根拠を前の箇所に求めて意味的につながりのあるものを選ぼう。

Questions 135-138 refer to the following e-mail.

From: reception@earlymoonhotel.com
To: mrollo@setmymail.com
Subject: Your booking
Date: June 12, 2:54 P.M.

Dear Mr. Rollo,

Thank you for your booking of an executive single room for tomorrow, June 13. Unfortunately, the room that you were to stay in has become unavailable. This is due to a cracked window, which cannot be ------- in **135.** time for you to check in. Since there are no other executive single rooms free, we need to change your room type. -------. **136.**

We have prepared a twin room with separate lounge area. You will be charged the rate of your original room. As this represents an -------, I hope **137.** it is acceptable to you. ------- you have any questions, please contact me **138.** or my colleagues using this e-mail address.

We look forward to welcoming you.

Piret Makin
Reception, Early Moon Hotel

135.

(A)	replacement	名詞
(B)	replace	動詞原形
(C)	replaced	動詞過去分詞 正解
(D)	replacing	動詞現在分詞

解説 品詞問題。空所のある文は関係代名詞の主格whichを用いた文で, S(which=a cracked window)+ V(cannot be ------)となっている。「窓が〜されることができない」という受動態の文と考えられる。よって過去分詞(C)replacedが正解。関係代名詞whichの前にカンマがあることから非制限用法と呼ばれるもので, 必要な情報というより思いついて追加的に補足する感じになる。

136.

(A) You can find more information on our Web site.

私たちのウェブサイトでより多くの情報を得ることができます。

(B) Please accept our sincere apologies for the inconvenience.

ご不便をおかけすることを, 心からお詫び致します。 正解

(C) Early check-ins can be arranged by calling the front desk.

早いチェックインはフロントデスクに電話すれば手配することができます。

(D) We therefore require a copy of your passport or driving license.

そのため, パスポートか運転免許証の写しが必要です。

解説 最初の段落では, 顧客が予約していた部屋がホテル側の都合で別の部屋に変更になる経緯を説明している。次の段落で変更についての詳細を述べる前に謝罪するのが自然な流れなので, 正解はapologies「謝罪」という言葉の入っている (B)。この文は改まった文書で用いられる定型の謝罪文なので覚えておこう。We sincerely apologize for the inconvenience this causes you.「この件でご不便をおかけ致しまして誠に申し訳ございません」も類似の定型表現。

137.

(A) upgrade 　　　　上のグレードへの変更, アップグレード 正解
(B) organization 　組織
(C) extension 　　　延長
(D) accommodation 宿泊設備

解説 名詞を選択する語彙問題。thisの内容を考えると, エグゼクティブシングルルームから, ラウンジ付きのツインルームへの変更だとわかる。これは部屋のアップグレードにあたるので, (A)が正解。それ以外の選択肢は意味的に当てはまらない。名詞upgradeは動詞でも同じ形で, We will upgrade your seat.「お席のアップグレードをいたします」のように用いる。動詞representは「意味する, 表す」の意味で, this is an upgradeよりも改まった表現。

138.

(A) Should 　　もし〜なら 正解
(B) Were 　　　〜だった
(C) Because 　〜のために
(D) Even 　　　〜ですら

解説 コンマの前後の部分はそれぞれS+Vがある完成した文になっているので，前半と後半をつなげる役割の語を探す。were you have ~は英文として成り立たないので，(B)Wereは消去できる。接続詞である(C) Becauseなら文をつなぐことができるが，意味的に合わない。(D) Even は副詞で，副詞は文と文をつなげないのでこれも消せる。コンマの後の please contact me ~ではメールで連絡するように述べているので，空所のある前半部分は，「もし質問があれば」になると意味的につながる。正解は(A)Should。この形は「If+you（主語）+should+have（動詞の原形）~」が本来の形だが，ifが省略されて主語youと助動詞shouldが倒置になったもの。TOEICはもちろん，公式文書では頻繁に出てくる。ちなみに「if+主語+should+動詞の原形~」は未来について「可能性は低いと思うが，もし~の状況が起こったら」の意味で，20% ~ 30%くらいの実現する確率の低い事柄を表す。そこから改まった感じで，丁寧なニュアンスが生み出されている。Should you have any questions, please (don't hesitate to) contact me.という文は改まった場面でよく用いられる定型文なので，覚えておこう。

Questions 139-142 refer to the following notice.

Notice to Residents

September 4

The building management ------- to install a secure entry system at the
139.
front of the condominium. This will have the dual effect of preventing

non-residents access to the building, thus improving safety, and also

------- junk mail. Postal workers and genuine delivery personnel will still
140.
be able to enter. -------.
141.

Construction will be completed by September 21, and the entry system

will be activated at 1:00 A.M. on September 24. All residents will receive

two electronic access cards which will be delivered to their door at least

one week before the system goes live. Please keep ------- safe, as extra
142.
cards will require a payment of $25.

139.

(A) **was decided**　　受動態過去形

(B) **has decided**　　現在完了形 [正解]

(C) **is deciding**　　現在進行形

(D) **will decide**　　未来, 意志の助動詞will＋動詞原形

解説　ふさわしい動詞の形を考える問題。この文の主語Sはthe building
managementで, 動詞Vが空所になっていて, その後to不定詞が
続く形。文型は「S＋V＋O(to不定詞句)＋M(前置詞句)」の第3文型。to
install a secure entry system(防犯入場システムを設置すること)が目的語な
ので, the building management(ビル管理者)は設置することをdecide

する側だとわかる。よって受動態の(A)was decidedは消去できる。時制
については、第一段落でははっきりしないが、第二段落の最初の文で工事
について具体的に述べているので、システムの導入は(C)今決定している
ところなのではなく、また(D)これからするのでもなく、もうすでに決定
されていると推察できる。したがって現在完了形の(B) has decidedが正
解。

140.

(A)	registering	登録している
(B)	distributing	分配している
(C)	eliminating	排除している 正解
(D)	collecting	集めている

解説 前後から文脈上ふさわしい意味を選ぶ語彙問題。この文は構造的に
はS(this)+V(will have)+O(the dual effect)の後の前置詞of に①
preventing, ②improving and ③ 空所と「of A, B, and C」と動名詞が
並列していると考えるとわかりやすい。英語はこのように接続詞andの前
後は形式を統一するルールがある。そして、空所は後ろにあるjunk mail(迷
惑メール)と相性がいいものを探す。次の文で郵便局員と宅配配達員につい
てはこれからも入場可能と述べているのがヒントになる。それ以外の迷惑
メール(広告など)の配達は排除していると考えられる。よって正解は「排除
する」eliminateを使った(C)eliminating。

141.

(A) Building management is not responsible for lost or
damaged items.

ビル管理者は紛失した、もしくは損傷を受けた商品には責任を負い

ません。

(B) Shipping fees will be included in the final price.

送料は最終価格の中に含まれる予定です。

(C) Please give your code to the custodian by September 19.

9月19日までに管理人にあなたのコードを知らせてください。

(D) Residents will need to open the door manually for guests.

居住者は訪問者のために手動でドアを開けることが必要になります。
正解

解説 前後と意味的につながる文を挿入する問題。空所の前の話は,「防犯入場システムを導入後は居住者以外の入場を制限」し,「配達員も正式な人しか入れない」から,この後は,訪問客の場合はどう対応するのかを述べた文が次に続くと自然な流れになる。よって(D)が正解。

142.

(A) it　　　　　　　それは,それを
(B) them　　　　　それらを 正解
(C) all　　　　　　すべて
(D) some　　　　　いくつか,いくらか

解説 代名詞の問題。前文で居住者はカードを2枚受け取ると述べている。keepする対象は2枚のカード。よってcardsを代名詞で言い換えた(B)のthemが正解。(C)allは数を表す場合は3個以上を指す。なお3枚のカードの時でもthemが使えるが,「すべて」と言いたい時にはall of themとする必要がある。keep them safeは「keep + O + C(形容詞)」という形で「(意図的に)OをCの状態にしておく」という意味。keep ~

separate(離しておく), keep ~ warm(暖かくしておく), keep ~ clean(きれいな状態にしておく), keep ~ fresh(新鮮に保つ), keep ~ open(開いた状態にしておく)などTOEICでもよく目にする。文中に動詞keepがあればこの形を疑ってみよう。

Questions 143-146 refer to the following letter.

June 9

Jasmine LaFay
40 Millview Avenue
Minden, LA 71555

Dear Ms. LaFay,

Thank you for your telephone call ------- a brochure of Vess Home's range
143.
of single-family homes. -------. For single people and couples, the modern
144.
Nex-T home is the perfect fit. Its space-saving room layout is enhanced
by a sleek fashionable exterior. Our Prolog model, ------- its four spacious
145.
bedrooms, is a popular selection for large or growing families. Finally, the
Harwood is a classic ranch style house and is an excellent choice for
countryside living.

If you wish to see the three models in person, you're welcome to visit the
show homes in our Deerpark development. I would be delighted to give
you a ------- and answer any questions. Please call or e-mail to make an
146.
appointment.

Sincerely,

Kyle Pieterson
Assistant sales director
Vess Homes

Enclosure

143.

(A)	requests	三人称単数現在
(B)	request	動詞原形
(C)	requested	過去形, 過去分詞
(D)	requesting	**現在分詞** 正解

 動詞の正しい形を選択する問題。空所はforで導かれる前置詞句の中にある。前置詞はS+Vを含む文, つまり節は取れないのでV(動詞)である(A)(B)は削除できる。ここには名詞句your telephone callを説明する形容詞の働きができる語が入る。選択肢の中で形容詞の働きをするのは(C)過去分詞, (D)現在分詞のどちらか。こういう場合は, 前の名詞が「する」側か「される」側かで判断する。your telephone call「電話」は, request「求める」を「する」側なので, (D)現在分詞「(パンフレットを)求めている」が正解。(C)過去分詞requestedでは「求められた電話」になってしまいここでは意味が通じない。

144.

(A) You will find us close to Exit 9 on I-92.
あなたはI-92の9番出口の近くで私たちを見つけられます。

(B) We are always looking for talented people to recruit.
私たちは才能ある人たちを採用するべく, 常に探しています。

(C) Our three models suit a range of tastes and budgets.
私たちの3つのモデルは好みと予算の範囲に合っています。 正解

(D) Building work will commence on August 11.
建設工事は8月11日に開始する予定です。

解説 前後と意味的につながる文を挿入する問題。144の次の文からは各モデルの具体的な説明に移っているので, 144には該当モデルがい

くつあるかを述べる文(C)が入ることがわかる。他の選択肢はすべて話の流れ上つながらない。ちなみに選択肢(C)のsuitは名詞では「スーツ, 訴訟」を表すが, 動詞では「〜に合う, 〜に適する」の意味になる。

145.

(A)	with	〜と一緒に [正解]
(B)	among	〜の間に
(C)	as	〜として
(D)	since	〜以来

解説 適切な前置詞を選ぶ問題。空所はS(Our Prolog model), ..., V(is) ~ とカンマに挟まれている。よってProlog モデルハウスについての情報を追加するために挿入されている箇所だとわかる。(B) amongはモデルハウスが4つの寝室の間にあることになり, 意味が通らない。(C) asや(D) sinceも意味的に合わない。モデルハウスと寝室の関係を考えると「モデルハウスに寝室が備わっている」ので正解は(A) with。このwithは付帯を表し「〜を持って, と一緒に」という意味がある。一緒にくっついているというイメージ。例えば, a man with blue eyes(青い目をした男), an apartment with a garage(車庫つきのアパート), tea with lemon(レモンティー), a purple dress with pockets(ポケットのある紫色のドレス) など, withの前のものにくっついて付随している感じ。

146.

(A)	discount	値下げ
(B)	tour	ツアー [正解]
(C)	brochure	パンフレット
(D)	date	日付

解説「モデルハウスに是非いらしてください」の文の直後にあることと、146の後に「喜んで質問にお答えします」と続くことがヒントになる。(C) brochureはこの手紙に同封して送付するので消去できる。(D) dateは特定の日付のことを指すが、give a dateでは文の後半とつながらない。(A) discountについてはgive a discount（割引をする）という言い方はできるが、文の流れからすると割引の話がここで出るのは唐突な感じがする。(B)のgive a tourの方が、you're welcome to visit「ぜひ訪問してください」→give a tour「ご案内します」→answer any questions「質問にお答えします」という流れでより適切。

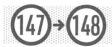

Questions 147-148 refer to the following form.

① Organa Bay Hotel

24 Sapano Drive

Valletta, Malta VLT 5550

② **Guest name:**   Andrea Miller

Check in / Check out: March 3 / March 6

Room Number: 205

Form completed by: Tyson Gillet

③ Nature of request

Dining ☑   Room ☐   Check out ☐

Cleaning ☐   Facilities ☐   Other ☐

④ Further details

Guest follows a strict non-dairy diet. She brought her own soy milk and butter substitute and asked for them to be kept in the hotel kitchen's refrigerator. The wait staff should bring them to her table each breakfast time.

---

147. What is the purpose of the form?

このフォームの目的は何ですか？

(A) To show guests' requests

客の要望を示す

(B) To note a hotel reservation

ホテルの予約のメモをとる

(C) To record customer complaints

顧客の不満を記録する

(D) To order room supplies

部屋の備品を注文する

解説 フォームの種類を見抜く！ フォームの目的が問われている。Guest（顧客）の情報は, ③Nature of request（要望の内容）と④Further details（詳細）に記載。Diningのチェックから, 顧客の要望を読み取れる。④にはさらに詳しい要望が書かれているので, 正解は(A)。

---

148. What is suggested about Ms. Miller?

ミラーさんについて何が示唆されていますか？

(A) She works with Mr. Gillet.

Gilletさんと働いている。

(B) She has special dietary needs.

彼女は食事について特別に必要なことがある。

(C) She does not require breakfast.

彼女は朝食を必要としない。

(D) She wants to check out of her room late.

彼女は遅い時間に部屋をチェックアウトしたい。

解説 「詳細」がポイント！ フォームでは「詳細」が重要。Millerさんに関する設問なので,「詳細」をざっと見て, 選択肢と対応させよう。④Guest follows a strict non-dairy diet.（乳製品のない食事を取る）とあるので, 食事の要望だ。正解は(B)。

Questions 149-150 refer to the following text-message chain.

11:32 A.M.

Geraldine McArthur   11:18 A.M.
① Hi, Dae Suk. I'm in the middle of my meeting with
Evanish Legal, and I need some advice.

Dae Suk Lee   11:21 A.M.
② Sure, what is it?

Geraldine McArthur   11:23 A.M.
③ They're considering doubling their monthly copy paper
order from us, but they're looking for a 15% discount.
④ Can I go ahead and give them what they want?

Dae Suk Lee   11:24 A.M.
⑤ That's quite a big reduction. ⑥ Give me a minute to
check the figures.

Dae Suk Lee   11:28 A.M.
⑦ Okay, we can do it, providing they commit to at least
twelve monthly orders at the new size.

Geraldine McArthur   11:30 A.M.
⑧ Got it. I'll give them our terms then contact you later.

Dae Suk Lee   11:31 A.M.
⑨ That's great, and well done!

149. Where most likely do the writers work?

二人はどこで働いていると考えられますか？

(A) At a law firm

法律事務所で

(B) At an office supplies business

事務用品の会社で

(C) At a financial advice company

ファイナンシャルアドバイスの会社で

(D) At an electronics manufacturer

電子機器メーカーで

解説 言い換えに注意！ ①Evanish Legalを見て法律事務所と早とちりしないこと。McArthurさんの2つ目のメッセージ③にcopy paper orderとあるので，コピー用紙などを取り扱う仕事だとわかる。copy paper→office supplies（事務用品）に言い換えた(B)が正解。

150. At 11:28 A.M., what does Mr. Lee most likely mean when he writes, "Okay, we can do it"?

午前11時28分に，Leeさんが"Okay, we can do it"と書いた時，彼は何を意味していると考えられますか？

(A) He is able to come to a meeting.

彼は会議に行くことができる。

(B) A client deadline is possible.

客が要求した納期は対応可能だ。

(C) His company can handle a large order.

彼の会社は大きな注文に対応する事ができる。

(D) He is willing to cut a price.

彼は喜んで価格を下げる。

解説 **ターゲット文は「前」にヒント！** ターゲット文"Okay, we can do it"の意味が問われている。文脈から解くのが基本だが，特に「前」からの流れをチェックしよう。McArthurさんの2つ目のメッセージ③では，取引先の15％の割引き要求を述べている。それに対し，Leeさんが二度返答するという流れ。 we can do it の it は， 15% discountなので，これを言い換えた(D)が正解。

Questions 151-152 refer to the following advertisement.

① Mayer Brothers Dry Cleaning
81 Farland Avenue, Ottawa K2B 4XR

② Mayer Brothers offers the fullest range of garment cleaning in town. ③ Our competitively-priced services include:

④ • 1-Hour express cleaning

⑤ • Cleaning of large blankets and comforters

⑥ • 11 P.M. late opening on Monday–Thursday

⑦ • Ironing included in full cleaning packages

⑧ • And from May, a clothing repair service for rips and holes

⑨ When you join our customer reward program and bring five garments or more at one time, Mayer Brothers will drop off the cleaned items at your door—free of charge!

151. **What is indicated about Mayer Brothers?**

Mayer Brothersについて何が示されていますか？

(A) **It will launch a new service.**

新しいサービスを始める予定だ。

(B) **It operates multiple branches in Ottawa.**

オタワで複数の支店を運営している。

(C) It is not open at weekends.

　週末には営業していない。

(D) It does not clean bedding.

　寝具類はクリーニングしない。

解説 　**選択肢の名詞をチェック！**　　indicate問題では，本文と選択肢の比較検討が必要。選択肢の名詞(new service, Ottawaなど)を本文でサーチして，対応関係を見てみよう。①と(B), ⑥と(C), ⑤と(D)が不一致。5月から修繕サービスをすると⑧に書かれている。これをnew serviceと言い換えた(A)が正解。

152. **What can regular customers receive?**

　常連客は何を受け取れますか？

(A) A sneaker cleaning service

　スニーカーのクリーニング・サービス

(B) A discount on future orders

　将来の注文の値引き

(C) Free delivery

　無料の配達

(D) A promotional T-shirt

　販売促進用のTシャツ

解説 　**広告の最後は追加情報！**　　広告では，最後に追加サービス等の情報が書かれる。設問のregular customers(常連客)は，本文のcustomer reward program加入者に対応しているね。その直後に，1回5着以上持ってきた場合，お届け無料と書かれている。よって，正解は(C)。

Questions 153-154 refer to the following notice.

---

①NOTICE TO EMPLOYEES

② It has recently come to the management's attention that some employees have not been following the correct hygiene and safety procedures. ③ May we remind all kitchen staff to tie their hair back tightly when preparing food. ④ This also applies to the wait staff. ⑤ Furthermore, employees must use the face masks and plastic gloves provided when adding food to the buffet trays. ⑥ This is not only hygienic, but it also gives a good image to the customers. ⑦ Finally, if you feel unwell in any way, which includes having a cold or a cough, please inform the management immediately so that your shift can be covered by someone else. ⑧ Failure to follow the above rules may result in having to retake the food safety training class.

---

153. Where does the notice most likely appear?

このお知らせはどこにあると考えられますか？

(A) In a clinic　　　　　診療所で

(B) In a clothes store　衣料品店で

(C) In a restaurant　　レストランで

(D) In a photo studio　写真スタジオで

解説 告知の場所は冒頭！ 冒頭のワードをつなげて，告知の場所をイメージしよう。③all kitchen staff to tie their hair back tightly when preparing food（食事を準備する時に，すべてのキッチンスタッフは髪を後ろでしっかり束ねること）から，飲食店だとわかる。正解は(C)。

154. What are employees required to do?

従業員は何をすることを要求されていますか？

(A) Keep their hair short

髪を短くしておく

(B) Maintain a hygienic appearance

衛生的な身なりを保つ

(C) Greet customers as they enter

客が入ってきたらあいさつする

(D) Get a medical check-up

健康診断を受ける

解説 「要求」を見抜く！　従業員への要求が問われています。③May we remind all kitchen staff to tie ~や⑤employees must use ~のような要求の表現に注目しよう。スタッフは，髪を束ね，フェイスマスクと手袋を着用することが求められている。⑥でそのことをまとめている。正解は(B)。

Questions 155-157 refer to the following letter.

---

① **Maybell Furniture Stores**
Cardiff branch
91 Dolan Drive, Cardiff CF7 6BQ
Tel: (029) 5555-2020

March 13

Rita Pradeer
19 Cochrane Way
Cardiff, CF95 1TC

Dear Ms. Pradeer,

② Thank you for your recent visit to Maybell Furniture. ③ I am glad I could assist you in choosing a new sofa from our 'Starlight' range. —[1]—. ④ As promised, please find enclosed a book containing samples of the five different coverings that this particular sofa comes in. ⑤ —[2]—. ⑥ When you have decided, you can let me know by phone or letter, and I will start the ordering process. ⑦ It should be ready around two weeks after you inform me of your choice.

⑧ As the Starlight range of furniture is slightly bigger than average, I need to confirm that the sofa can fit through your front door. —[3]—. ⑨ I would appreciate it if you could tell me the width of your house's doorway when next contacting me. ⑩ If this is inconvenient, I can send a store employee to your home to measure it for you. —[4]—.

⑪ Please feel free to contact me if you have any questions.

Best regards,

Alan Durst

Alan Durst
Senior sales representative

---

155. Why was the letter written?

この手紙はなぜ書かれましたか？

(A) To confirm order details

注文の詳細を確認するため

(B) To request further information

さらに情報を求めるため

(C) To give a delivery date

配達日を知らせるため

(D) To promote a range of furniture

家具のシリーズの販売促進のため

解説 冒頭を読み込む！ 手紙の目的も冒頭にヒントがある。②Thank you ～ で始まっていて，④please find ～ や⑥you can let me know ～ のように，お願い表現が続く。つまり，（まだ商品を買っていない）顧客への要望なので，正解は(B)。店側は顧客の情報が欲しいのだ。

156. What is Mr. Durst concerned about?

Durstさんは何を心配していますか？

(A) A shipment may be delayed.

配送が遅れるかもしれない。

(B) Staff might be unable to visit Ms. Pradeer.

店員がPradeerさんを訪問できないかもしれない。

(C) A customer's address is wrong.

顧客の住所が違う。

(D) An item may be too large.

商品が大きすぎるかもしれない。

解説 **マイナスの文脈を見抜く！** 販売員Durstさんの心配事が問われている。本文中で，心配事＝マイナスの文脈を捉えよう。第2段落⑧で，家具が少し大きいので，ドアをソファが通れるかを確認したい，と書かれている。些細な心配事だが，⑧を言い換えた(D)が正解。

---

157. In which of the positions marked [1], [2], [3], and [4] does the following sentence best belong?

[1], [2], [3], [4]と記された位置の中で次の文はどこにあてはまりますか？

"Please take your time selecting which one is most suitable."

「どれが一番いいかごゆっくりお選びください。」

(A) [1]

(B) [2]

(C) [3]

(D) [4]

解説 **挿入文にヒントあり！** 文挿入問題では，まず挿入文にヒントを探そう。「どれが一番いいかごゆっくりお選びください」なので，「選択」がポイント。本文中で，選択に言及しているのは，④five different

coverings（5種類のソファーカバー）。この中から選んで，というニュアンス
なので，その直後に挿入文を入れよう。正解は(B)。

158 → 160 講義 4 ○ P.297 和訳と語句は ○ P.306

Questions 158-160 refer to the following article.

---

① **New Development for Miles City**

② (7 February) Plans for a new business park featuring a range of companies were announced yesterday. ③ The development, on the site of an old school in the south-west of Miles City, will have space for up to ten factories and offices. ④ Five businesses have already committed to building facilities at the park. ⑤ These include an international sportswear maker and local firm Reese Copiers, which manufactures photocopiers and projectors.

⑥ The mayor of Miles City, Ken Hollister, welcomed the news. ⑦ Hollister said, "In the first stage, the park will bring over one hundred new jobs to the city, rising to two hundred in the second year." ⑧ At least fifty jobs of the two hundred will be training jobs for young people, leading to high-quality careers. ⑨ Martha Ling, founder of 'Ling Kitchens', a producer of baked goods that will also operate from the park, said, "We can't wait to set up here. ⑩ We hope to begin operations from November this year." ⑪ The planning application is expected to be approved in March, with work on the site commencing the month after.

---

158. What type of company is NOT mentioned to be entering the business park?

ビジネスパークに入ると述べられていないのは，どんな業種の会社ですか？

(A) A clothing manufacturer　　衣料品メーカー

(B) A house builder　　住宅建設業者

(C) An office equipment firm　　事務用機器の会社

(D) A food producer　　食品製造会社

解説 **NOT問題は，対応箇所のサーチが大事！** NOT問題は，本文と選択肢の比較検討が必要。第1段落の⑤で，ビジネスパークに参加する会社が並記されている。sportswear makerは(A)，local firm Reese Copiersは(C)に対応する。また，⑨のa producer of baked goodsは(D)にピタリ。正解は(B)。(D)のヒントが本文中では離れた箇所にあるので，それに気づくことが大事。

159. What is indicated about the business park?

ビジネスパークについて何が示されていますか？

(A) It will be in the center of Miles City.

Miles市の中心地にできる。

(B) It will initially employ around one hundred people.

最初は約100人を雇用する。

(C) It is for local firms only.

地元の会社だけのためのものだ。

(D) It will be built on farmland.

農地に建設される。

解説 **indicate問題を攻略！** indicate問題では，合っている選択肢を1つ選ぶ。選択肢の名詞(center of Miles City, local firmsなど)をサーチして，対応関係をチェックしよう。③south-west of Miles Cityと(A)，⑤international sportswear makerと(C)，③on the site of an old schoolと(D)がそれぞれ不一致。正解は(B)。(B)の根拠は，第2段落⑦に書かれているよ。

160. When is construction scheduled to begin?

建設工事はいつ開始する予定ですか？

(A)	In February	2月に
(B)	In March	3月に
(C)	In April	4月に
(D)	In November	11月に

解説 **数字のトリック！** 工事開始の月が問われている。「月」をサーチすると，⑪でapproved in Marchが見つかる。でも，大事なのはその後，with work on the site commencing the month after(1カ月後に現地作業が始まる)とあるので，3月の1カ月後，(C) 4月が正解。

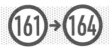 講義 4 **○ P.308** 和訳と語句は **○ P.318**

Questions 161-164 refer to the following online chat discussion.

Sung, Jung-Nam [9:04 A.M.]
① Hello. As the FarX-9 product demonstration event is only two days away, I'd like to hear how preparations are going.

Norberg, Margret [9:06 A.M.]
② I'm assuming it's pretty much a repeat of the demonstration we did last week for clients.

Sung, Jung-Nam [9:07 A.M.]
③ More or less. However, as this event will be exclusively for our own overseas sales staff, we can spend some time on the FarX-9's weaknesses too. ④ That will help prepare the staff for potential customer questions.

Wang, Li-Na [9:08 A.M.]
⑤ Good point. I've been working on a group of slides which addresses exactly that.

Sung, Jung-Nam [9:09 A.M.]
⑥ That's excellent, Li-Na. I'd like to look it over when you've finished. ⑦ As far as preparing the room goes, where are we on that?

Norberg, Margret [9:12 A.M.]
⑧ That's my responsibility. ⑨ I've received 25 confirmations so far, but I'd like to prepare seating and facilities for 35 attendees. ⑩ We may get some last-minute confirmations, especially from German and Belgian staff, since they can travel over very easily. ⑪ What do you think?

Sung, Jung-Nam [9:14 A.M.]

⑫ I think that's safer. ⑬ Now, as most of the participants speak English, we won't be needing interpreters. ⑭ But, it would be nice to make the slides and handouts multi-lingual.

Greene, Ronald [9:18 A.M.]

⑮ I have time to do that. ⑯ My French and German are good enough.

Sung, Jung-Nam [9:20 A.M.]

⑰ Thank you, Ronald. ⑱ Can everyone please try to e-mail Ronald your finished work by noon tomorrow?

161. What is indicated about the presentation?

プレゼンテーションについて何が示されていますか？

(A) It will focus on recent sales performance.

最近の営業成績に焦点を当てる。

(B) It will take place at noon tomorrow.

明日の正午に行う。

(C) It will feature all new material.

すべての新素材が目玉である。

(D) It will be attended by company employees only.

会社の従業員だけが参加する。

解説 プレゼンの概要をつかむ！ プレゼンに関する問い。冒頭の①で，Sungさんはプレゼンの進捗を尋ねている。その後，③でSungさんは，このイベントは社内ののために行うと述べているので，社内向けのプレゼンだと言っている (D)が正解。

162. At 9:14 A.M., what does Mr. Sung mean when he writes, "I think that's safer"?

午前9時14分にSung氏が「私はそれがより確実だと思う」と書く時，彼は何を意味していますか？

- **(A)** He wants to increase the number of security staff.
  警備スタッフの数を増やしたい。
- **(B)** He believes an early start time is best.
  早い開始時間が最善だと信じている。
- **(C)** He wants to have extra seats available.
  予備の座席を利用できるようにしておきたい。
- **(D)** He is worried about some people not coming.
  何人かが来ない事を心配している。

解説 「直前」のヒントを拾え！　Sungさんのメッセージの直前，⑨でNorbergさんは25名の出席通知を受け取ったが，座席は35名分準備すると述べている。Norbergさんのこの提案に対し，Sungさんは I think that's safer. と応答している。よって，これを言い換えた(C)が正解。

163. What does Mr. Greene volunteer to do?

Greene氏は何をすると申し出ていますか？

- **(A)** Translate some documents
  いくつかの文書を翻訳する
- **(B)** Greet visitors in their own language
  訪問客に彼らの言語であいさつする
- **(C)** Call an overseas branch
  海外の支店に電話する
- **(D)** Distribute information packs
  資料のセットを配布する

解説 言い換えに反応しよう！　Greeneさんの申し出の内容が問われている。⑭のスライドとハンドアウトを多言語で作った方がいいと言うSungさんの提案に対し、Greeneさんは、⑮ I have time to do that. と応答している。do that = make the slides and handouts multilingual。これをtranslate some documentsに言い換えた(A)が正解。

164. What will Ms. Wang most likely give Mr. Greene?

Wangさんは何をGreene氏に送ると考えられますか？

(A) A client's telephone number
依頼客の電話番号

(B) A list of attendees
出席者の名簿

(C) Details of a product's weak points
ある製品の弱点についての詳細

(D) Her timesheet
彼女の勤務管理シート

解説 複数の情報を取ろう！　Sungさんのメッセージ③では、商品の弱点が言及されている。そしてWangさんは、それ（商品の弱点）に対処するスライド作りに取りかかっている。まず、この流れをつかんでおくことが大事。チャットの最後⑱で、Sungさんは、各自作成したものをRonald(Greeneさん)にEメールで送るように述べている。つまり、Wangさんは、商品の弱点に関するスライドを送るので、正解は(C)。文脈を見るリーディング力が問われている。

Questions 165-167 refer to the following instructions.

①Forkway Bikes
Electric Bicycle Instructions

② **General Safety Notes**

③ • Use only the battery supplied with your bicycle. ④ For replacement batteries, please order from the official Forkway Bikes Web site at www.forkwaybikes.com.

⑤ • Never leave the battery recharging in an unattended room. ⑥ Overheating may occur.

⑦ • Before beginning a ride, ensure the saddle is at a comfortable height, and your feet can touch the ground while seated.

⑧ • When riding, always wear head protection. ⑨ Wearing brightly-colored clothing which can be easily seen is advisable.

⑩ • Do not look at the bicycle control panel for an extended period while riding. ⑪ Keep your eye on the road ahead.

⑫ • Your electric bicycle still requires the rider to pedal. ⑬ Do not ride if you are ill or injured. ⑭ It is best to seek professional medical advice before starting any intense exercise.

⑮ • If you notice damage to your new bicycle, or if the electric system is malfunctioning, please call customer service at 631-555-8989. ⑯ For any damage caused by riding, please visit an approved Forkway Bikes dealer. ⑰ Repairs are not covered in the one-year warranty.

165. In the instructions, what is NOT given as advice?

説明書で，助言として与えられていないことは何ですか？

(A) Using official products

公式の製品を使うこと

(B) Consulting a doctor

医師の診察を受けること

(C) Wearing gloves

手袋を着用すること

(D) Monitoring the battery

バッテリーから目を離さないこと

解説 選択肢の名詞句をサーチ！ NOT問題では，本文と選択肢の比較検討が必須。選択肢の名詞句(official products, doctorなど)を本文中でサーチして，情報を上手くつかもう。③に対して(A)，⑤は(D)，⑭は(B)に対応する。消去法で正解は(C)。(C) glovesは，サーチしても見つからない。

---

166. What should people do before riding?

乗る前に何をしなければなりませんか？

(A) Check the seating position

座る位置を確認する

(B) Adjust their clothing

身だしなみを整える

(C) Look at the control panel

コントロールパネルを見る

(D) Visit the Forkway Bikes' Web site

Forkway自転車のウェブサイトを見る

解説 **before/afterに反応しよう！** 乗る前にすべきことが問われている。ポイントはbefore riding。本文中でサーチすると，⑦に書かれている。サドルを確認しなさい，とのこと。saddle→seating positionに言い換えた(A)が正解。

167. In what situation should people call the listed number?

掲載された番号に電話するべきなのはどんな状況のときですか？

(A) If they have an accident

　　もし事故にあったなら

(B) If they want to renew the warranty

　　もし保証期間を更新したいなら

(C) If their product arrives in bad condition

　　もし製品が問題のある状態で届いたなら

(D) If there are no dealers in their local area

　　もし地元に販売店がないなら

解説 **スキーマを意識して！** 説明書では，連絡先や注意点は最後に記載される。電話番号をサーチすると，文末の⑮で発見。自転車に損傷，電気システムのエラーがある場合は，電話をくださいと書かれている。よって，これを言い換えた(C)が正解。

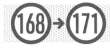

Questions 168-171 refer to the following e-mail.

①**To:** All on Staff List

From: Sanjay Chopra <chopras@alonashotel.com>

Subject: Feedback from guests

Date: 14 August

Dear everyone,

② I wanted to let you know about some of the feedback we have been getting from guests who have stayed at the hotel this summer, both in online reviews and in person. ③ The majority of comments, in fact over 90%, have been positive, especially concerning the service. ④ For that, I would like to say how much I appreciate all your hard work. ⑤ Furthermore, since I moved from assistant manager to manager after Ms. Walker retired last month, everyone has been so supportive. ⑥ I'm very grateful for all your help.

⑦ Although the reviews have been great, we can still improve in some areas. ⑧ Therefore, I'd like to have a team training session after breakfast service tomorrow. ⑨ I think it will be useful for the newer staff to hear from the more experienced employees.

⑩ To make sure we focus on specific weak areas, I hope you can find time today to visit some of the main review Web sites. ⑪ Make a note of any negative comments you see, and we can discuss how to deal with them at the meeting.

Sincerely,

Sanjay

---

168. What is the purpose of the e-mail?

Eメールの目的は何ですか？

(A) To announce a work schedule

仕事の予定を知らせるため

(B) To check some information

情報をいくつか確認するため

(C) To thank staff

スタッフに感謝するため

(D) To give customer service advice

カスタマーサービスに助言するため

解説 **メールの主題は冒頭！** メールの主題は冒頭をチェックする。①「お客様からの意見」を「名簿に載っているスタッフ全員」に知らせるメールですから，②I wanted to let you know ~ や④I would like to say ~ が「お知らせ」の目印。④では，仕事ぶりに感謝していると書かれているので，正解は選択肢(C)。

---

169. What is suggested about Mr. Chopra?

Chopraさんについて何が示唆されていますか？

(A) He is preparing to retire.

引退の準備をしている。

(B) He operates a popular Web site.

人気のあるウェブサイトを運営している。

(C) He made a mistake on the schedule.

予定を組むときにミスをした。

(D) He was recently promoted.

最近昇進した。

解説 **「お知らせ」をサーチ！** Chopraさんに関する問い。suggest問題では，本文と選択肢の比較検討が必要。まず第1段落を読んでいくと，④に従業員にお礼を述べている文があり，⑤でChopraさんが先月managerに昇進したとわかる。これに対応する選択肢(D)が正解。

170. What is indicated about the meeting?

会議について何が示されていますか？

(A) It will be held in the morning.

午前中に開かれる。

(B) Only new staff will attend.

新しいスタッフだけが出席する。

(C) Food will be provided.

食事が支給される。

(D) Employees need to confirm their attendance.

従業員は出席を確認する必要がある。

解説 **indicate問題→本文と選択肢を対応させる！** 会議についての問い。indicate問題も，本文と選択肢の比較が必須。これから議論すべきことは，第2 & 3段落に書かれている。選択肢と対応させるリーディングをしよう。⑧ではチーム・トレーニングに言及されるが，これは「朝食後」。つまり，会議は午前中に開催なので，正解は(A)。

171. Why is the staff encouraged to visit a Web site?

なぜスタッフはウェブサイトを見ることを勧められていますか？

(A) To answer customer complaints

顧客の苦情に回答するため

(B) To prepare for the meeting

会議の準備のため

(C) To upload their photographs

自身の写真をアップロードするため

(D) To promote the hotel

ホテルの売上促進のため

解説 **設問キーワードをチェック！** 設問キーワードWeb siteをサーチ。メールの終盤⑩に見つかる。大事なのはその直後，⑪では，顧客の否定的意見について，会議で話し合おうと書かれている。つまり，ウェブサイトを見るのは，会議での議論を準備するためなので，正解は(B)。

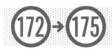

Questions 172-175 refer to the following advertisement.

Favorstar Management, Inc.
53 West Nile Ave.
San Diego, CA 91940
(858) 555-9041

① Allow Favorstar Management to take the trouble out of leasing your property with our complete service package. —[1]—. ② Leave the stress of day-to-day property management and tenant dealings to us, giving you the time to focus on developing your portfolio.

—[2]—. ③ Services we provide to our customers include rent collection and negotiation, carrying out basic repairs, tenant complaint resolution, and finding the right renters for your vacant properties—fast. ④ Our team of property managers consists of experienced, mature professionals who are always just one phone call or e-mail away. ⑤ Moreover, you will have access to a full back-office service. ⑥ We can assist with tax returns, draw up tenant contracts, and ensure you comply with all local rental laws.

⑦ We have been in business in the San Diego area for over thirty years, and in that time we've built up a network of trusted contractors and lawyers. —[3]—. ⑧ As a client of Favorstar, you can hire their services from our network at favorable rates much lower than contacting them directly. ⑨ This can add up to thousands of dollars saved in the long term.

⑩ For further information on the benefits of teaming up with Favorstar, visit www.favorstar-man.com. ⑪ You can also call to book an appointment. ⑫ —[4]—.

172. Who is the advertisement most likely targeting?

広告はどんな人をターゲットにしていると考えられますか？

(A) House builders　住宅の建設業者

(B) Apartment tenants　アパートの賃借人

(C) Property investors　**不動産投資家**

(D) Store owners　店のオーナー

解説 **広告対象は冒頭にヒント！**　広告のターゲットが問われている。広告のスキーマでは、広告の目的や対象は冒頭に書かれる。①を見ると、Allow Favorstar Management to ~（Favorstar社に~をお任せください）という定型文。顧客の不動産賃貸の手間を省きます、とあるので、広告のターゲットは不動産所有者や投資家。よって、正解は(C)。

173. What service does Favorstar Management, Inc. NOT provide?

Favorstar管理会社が提供していないサービスは何ですか？

(A) Dealing with complaints　苦情に対処する

(B) Locating vacant land　空いた土地を探す

(C) Fixing minor damage　小さな損傷を修繕する

(D) Collecting money　集金を行なう

解説 **NOT問題→「並列」を探せ！**　難所のNOT問題。Favorstar社のサービスは、第2段落③に横並びで書かれている。選択肢(A)はtenant complaint resolution、(C)はbasic repairs、(D)はrent collectionに対応。消去法で(B)が正解。NOT問題では、本文中のA, B, C, D, and Eのような「並列」箇所がヒントになる。

174. According to the advertisement, how can customers save money?

広告によると，どのようにして客はお金を節約できますか？

(A) **By having access to special prices**
    特別価格を利用することで

(B) **By getting free parking facilities**
    無料の駐車場を手に入れることで

(C) **By using Favorstar's office equipment**
    Favorstar社の事務用品を使用することで

(D) **By receiving tax advice**
    税務上の助言を受けることで

解説 **rates→pricesの言い換えに注意！** 広告のスキーマでは，料金や注意点などの追加情報は終盤に書かれる。save moneyを意識してリーディングすると，⑧では安い料金，⑨では何千ドルも節約できると書かれている。⑧rates much lower than ~ が，選択肢のspecial pricesに対応していると分かれば簡単。正解は(A)。

---

175. In which of the following positions marked [1], [2], [3], and [4] does the following sentence best belong?

[1], [2], [3], [4]と記された中で，次の文はどこに最もよくあてはまりますか？

"Either drop by our office, or we'll come to one of your units and give a free estimate of the rent you can expect to achieve!"

「当社事務所にお越しいただくか，または当社からお客様の物件にうかがって，お客様が実現したい賃貸に必要な金額の見積りを無料

でいたします！」

(A) [1]

(B) [2]

(C) [3]

(D) [4]

解説 **広告終盤は「追加情報」！** 文挿入問題では，挿入文の中からヒントを探そう。「事務所にお立ち寄りください」「見積りをいたします」などは，広告の最後に書かれる定型文。スキーマから考えると，これは追加情報にあたる。本文第4段落には，連絡手段についての情報が書かれているので，この後がピタリ。正解は(D)。

Questions 176-180 refer to the following notice and form.

① Allentown Fishing Resources Commission Fishing Licenses

② To fish at any public lake or river within Allentown requires a license issued by the Allentown Fishing Resources Commission (AFRC). ③ To qualify for a license, the applicant must:

- ✔ ④ **176 (A)** Be a resident of Allentown (proof required)
- ✔ ⑤ Be over the age of 12 at the time of applying
- ✔ ⑥ Have read and **176 (B)** signed the AFRC's regulations (R-84)
- ✔ ⑦ Submit all documents and **176 (D)** pay the correct fee in person at the AFRC office

⑧ Two different classes of license are available. ⑨ Class A licenses are valid for one year and allow fishing at both lakes and rivers. ⑩ **179-1** Class B licenses are for a six-month period and only allow holders to fish at lakes. ⑪ Prices are as follows:

Class A: $55
Class B: $30

⑫ **177** Proceeds from fishing license fees help to **meet** the costs of maintaining local wildlife habitats and creating better public fishing facilities. ⑬ For more details on how funds are spent, visit our Web site: www.allentownfrc.com

① FISHING LICENSE
Issued by the AFRC

Holder's name	Gina Hu
Valid until	13 August
179-2 License class	B

② You must keep this license with you at all times when fishing and present it to an AFRC employee if asked. ③ Please note 180 this license does not permit you to leave your vehicle at AFRC facilities. ④ For this, a separate daily charge must be paid. ⑤ Please see the signs at the fishing facility for more information.

176. What is NOT necessary to obtain a license?

許可証を得るために必要ないものはどれですか？

(A) Living in Allentown　　　Allentownに住んでいること

(B) A signed document　　　サインした書類

(C) A social security number　社会保障番号

(D) Visiting the commission's office

委員会の事務所を訪問すること

【解説】**NOT問題は「並列」をチェック！**　License取得についてなので、【notice】を見よう。前半，③ To qualify for a license, the applicant must:の後がポイント。4つの項目が並んでいる。これらと選択肢を比較検討すればOK。④は(A), ⑥は(B), ⑦は(D)と対応。よって，非対応の(C)が正解。

177. According to the notice, what can be found on the AFRC's Web site?

お知らせによると，AFRCのウェブサイトに何がありますか？

(A) Maps of fishing areas 釣りができる範囲の地図

(B) Information on conservation projects
保護計画についての情報

(C) A list of regulations 規則のリスト

(D) Photographs from fishing contests
釣りコンテストの写真

解説 **Web site→wwwが目印！** 設問キーワードのAFRC's Web siteがヒント。【notice】の⑬www.allentownfrc.comが目印になる。直前の⑫では，許可証の収益が，野生動物保護や漁業公共施設に使われると書かれている。そして，この情報が知りたい場合はウェブサイトをご覧くださいとあるので，正解は(B)。

178. In the notice, the word "meet" in paragraph 3, line 1, is closest in meaning to

告知の第3段落1行目の語，"meet"に最も意味の近い語は？

(A) gather ～を集める

(B) react 反応する

(C) match ～と調和する

(D) fund ～に資金を提供する

解説 **語彙問題は文脈を見る！** 語彙問題は文脈を意識しましょう。⑫では，「許可証の収益が，～に役立つ」という意味です。meet the costsは，「費用を支払う」の意味。これに一番近いのは，(D)fund(～に資金を出す) ですね。

179. What is suggested about Ms. Hu?

Huさんについて何が示唆されていますか？

(A) She is an employee of the AFRC.

彼女はAFRCの職員だ。

(B) She will fish at lakes only.

彼女は湖でのみ釣りをするだろう。

(C) She paid for a yearly permit.

彼女は1年の許可証のために支払った。

(D) She owns a fishing vessel.

彼女は釣り船を所有している。

解説 クロス問題は「数」「記号」に注目！ Huさんについての問いなので，【form】を見よう。許可証の期限は13 August, クラスはB。Bの内容は，【notice】の⑩に書かれている。⑩ではonly allow holders to fish at lakesとあるので，対応するのは選択肢の(B)。クロス問題では，数や記号がヒントになる。

180. What is stated on the license?

許可証には何が示されていますか？

(A) Parking fees are extra.

駐車料金は別だ。

(B) AFRC members receive a special discount.

AFRC の会員は特別な値引きを受ける。

(C) Licenses should be attached to clothing.

許可証は衣服につけられなければいけない。

(D) It can only be used at one fishing facility.

一か所の漁業施設でしか使えない。

「規則」に関する表現をヒントに！ Licenseに関する問いなので，【form】を見よう。許可証では，②You must ~, ③Please note ~ のような「規則」に関する表現が使われる。それらを目印に，選択肢と比較検討すると，④a separate daily charge must be paidが選択肢(A)に当てはまる。

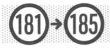
Questions 181-185 refer to the following Web page and e-mail.

Web page

https://www.jurymarkc.org

① Jurymark Consulting

Providing business advice and solutions for over 15 years

② 181 Let Jurymark Consulting help your small business reach its full potential. ③ Our team of experts, each with their own specialty, can give you advice and services that are normally only available to large companies. ④ Jurymark can create a customized training package and deliver it either at your premises or at our own fully equipped office in the heart of downtown Boston.

⑤ Our consultants

- ⑥ Kang Ling is our expert on customer service. ⑦ Kang shows your staff how to make the customer feel special and keep them coming back.
- ⑧ 183-3 Honne Lehtinen specializes in cyber security, an increasingly serious problem. ⑨ Firms which lack the funds for a dedicated IT team can secure their data with Honne's guidance.
- ⑩ 182 Keylon Jones is a former federal tax

inspector. ⑪ He will use his inside knowledge to make sure your business is not only complying with tax codes, but also using the rules to your advantage.

- ⑫ Yasmin Yassine provides unique methods to motivate your employees. ⑬ Her workshops have proven track records in boosting job satisfaction and increasing productivity.

⑭ Fees vary depending on location and attendee numbers. ⑮ Please look at our pricing details below.

	184-3 At client's office	At our Boston office
Up to 10 attendees	$350	$500
11 to 20 attendees	$550	$850

⑯ For sessions involving over 20 attendees, please contact us.

e-mail ···

①**To:**	Bryan Aspel, Office Manager, Redcorn Fashion
From:	Fatima Pamba, CEO, Redcorn Fashion
Date:	June 21
Subject:	Training session

Dear Bryan,

② Following the severe disruption caused by 183-1 the computer virus last week, I feel we need some expert advice about protecting ourselves online. ③ The last thing we want is for sensitive client data to be stolen.

④ Therefore, 183-2 I have arranged for a consultant from a Boston firm 184-1 to come here on June 25th to give a training seminar. ⑤ I think it will be most effective if we keep the group small, so 184-2 I'll be asking only the seven members of the back-office team to attend. ⑥ 185 The consultant has sent some pre-seminar information packs. ⑦ Could you pick them up from my office and hand them out to the team today?

Many thanks,

Fatima

181. What is indicated in the Web site about Jurymark Consulting?

Jurymarkコンサルティングについてウェブサイトは何を示していますか？

(A) It does not run seminars for groups of more than 20 people.

20人を超えるグループのためのセミナーは行なわない。

(B) Its consultants work together in teams.

コンサルタントはチームで協同して働く。

(C) It is located in a city's financial district.

都市の金融街にある。

(D) It specializes in serving the small business community.

小規模な企業へのサービスの提供を専門にしている。

解説 会社の概要は冒頭！ Jurymarkコンサルティングについて問われているので，【Web page】を見よう。会社の概要（アピール）は，冒頭に書かれる。②Let Jurymark Consulting help your small business reach ~ の箇所がヒント。これに対応する(D)が正解。

182. What was Keylon Jones's previous occupation?

Keylon Jonesの以前の職業は何ですか？

(A) A government employee　国家公務員

(B) A financial planner　　　ファイナンシャル・プランナー

(C) A business owner　　　　事業主

(D) A university professor　　大学教授

解説 設問キーワードをサーチ！ Keylon Jonesの前職が問われている。設問の名詞Keylon Jonesはキーワードなので，本文中でサーチすると，【Web page】の中盤，⑩Keylon Jones is a former federal tax inspector. とある。「国税検査官」なので，これを言い換えた(A)が正解。

183. Who most likely will conduct Redcorn Fashion's training seminar?

Redcornファッションの研修会は誰が行なうと考えられますか？

(A) Kang Ling

(B) Honne Lehtinen

(C) Keylon Jones

(D) Yasmin Yassine

解説 人物の問い→クロス問題！ 設問のRedcorn Fashionを見て，【e-mail】のToとFromにある会社名に反応しよう。メールの件名

はTraining session。メールの冒頭②と③には「用件」,つまりオンライン
のセキュリティ上の問題について専門家のアドバイスが必要だと書かれて
いる。【Web page】の⑧に,サイバーセキュリティ担当はHonne
Lehtinenとあるので,正解は(B)。「人物」の問いは,クロス問題の可能性
大！

184. How much will Jurymark Consulting charge Redcorn Fashion?

JurymarkコンサルティングはRedcornファッションにいくら費用
を請求しますか？

(A) $350
(B) $500
(C) $550
(D) $850

解説 図表のクロス問題を攻略！　セミナー代についての問い。【Web
page】の下に図表があるが,ポイントはその場所と参加人数。
Redcorn Fashionについては【e-mail】に書かれているので,場所と人
数を意識しながら本文を見よう。④に,セミナーの場所はRedcorn
Fashion,⑤に7人参加とあるので,再び【Web page】の図表を確認する。
人数は10人以下で,場所はクライアントのオフィスなので,$350がピタ
リ。正解は(A)。

185. What does Ms. Pamba ask Mr. Aspel to do?

Pambaさんは Aspel さんに何をするように頼んでいますか?

(A) Contact Jurymark Consulting

Jurymark コンサルティングに連絡する

(B) Join the training seminar

研修会に参加する

(C) Write some instructions

説明書を書く

(D) Distribute some material

いくつか資料を配布する

解説 **ask を見たら,「お願い」表現を探す!** Pamba さんが Aspel さんに何を頼んでいるかが問われている。ask の「お願い」問題なので,【e-mail】を見て,Please ~ や Could you ~ などのお願い表現を見つけよう。文末,⑦Could you pick them up from my office and hand them out ~ とあるので,資料配付のお願いだ。正解は(D)。

Questions 186-190 refer to the following article, timetable, and e-mail.

article ···

①High-Speed Train Link Planned

② December 2—Plans for a new high-speed train line named Sonix 3, linking the capital cities of Estonia, Latvia, and Lithuania, were jointly announced yesterday by the presidents of the three countries. ③ The trains will travel at a top speed of 350km/h, and 186 promise to cut journey times in half. ④ The project will be rolled out in four stages, with the first stage scheduled for completion in two years. ⑤ In that initial stage, two trains per day will run between Tallinn, Estonia and Riga, the capital of Latvia, stopping at one other city en route. ⑥ 188-1 In stage two, the number of trains will increase to five per day as more trains are built. ⑦ 188-2 The link will extend to Vilnius in Lithuania in stage three, and in the final stage, there will be a total of ten trains per day operating over the complete line.

187-1 ⑧ German engineering firm Nuering won the contract to build the new trains and line, with work beginning in March next year. ⑨ 187-2 CEO of Nuering, Matheus Weber, said at the launch, "Sonix 3 will bring great economic benefits to the region. ⑩ Furthermore, Nuering plans to hire the majority of workers from the three countries for the construction, so that the region experiences those benefits from the start." ⑪ Images of the proposed route and trains can be viewed online at www.sonix3plans. com.

SONIX 3 TIMETABLE MAY – SEPTEMBER			
188-3 **Tallinn** Depart	**Pärnu** Arrive	Depart	**188-4** **Riga (Final Stop)** Arrive
7:00 A.M.	8:20 A.M.	8:30 A.M.	10:20 A.M.
7:55 A.M.	9:15 A.M.	9:25 A.M.	**190-1** 11:15 A.M.
9:40 A.M.	11:00 A.M.	11:10 A.M.	1:00 P.M.
1:15 P.M.	2:35 P.M.	2:45 P.M.	4:35 P.M.
3:20 P.M.	4:40 P.M.	4:50 P.M.	6:40 P.M.

e-mail

① To	Ralph Bayer, Regional Manager, Magrita Copiers, Inc.
From	Maddi Toome, Area Head Manager, Magrita Copiers, Inc.
Subject	Our Tuesday meeting
Date	July 13

Dear Ralph:

② **190-1** Prior to our meeting at your office in Riga next week, I would like to ask you to do me a favor. ③ As we will be deciding future production targets for our range of office copiers, **189** I would appreciate it if you could e-mail me the last six months of sales figures. ④ This will help to avoid the problem of unrealistic targets.

⑤ **190-2** I will be taking the morning Sonix 3 train from Tallinn, leaving just before eight o'clock, so we will have plenty of time for our discussions. ⑥ If you would like me to prepare anything for the meeting, please feel free to ask.

Best regards,

Maddi

186. What is stated about the new train line?

新しい列車の路線について何が述べられていますか？

(A) It will involve building many tunnels.

たくさんのトンネルの建設が必要になる。

(B) It will reduce travel times by 50%.

所要時間を50%削減できる。

(C) It will be completed next year.

来年完成する。

(D) It will be built by a national rail company.

国営の鉄道会社により建設される。

解説 キーワードをサーチしよう！　new train lineについての問い。キーワードnew train lineを含むnew high-speed train lineは,【article】の冒頭②で見つかる。その列車の特徴は, その後に続く。選択肢と比較検討をすると, 所要時間が半分になると述べた③と選択肢(B)がピタリ。cut→reduceの言い換えがポイント。

187. Who is Matheus Weber?

Matheus Weberとはどんな人ですか？

(A) The president of a country　　国の大統領

(B) An economics professor　　経済学の教授

(C) A tourism consultant　　観光業のコンサルタント

(D) The head of a company　　会社のトップ

解説 Who問題は「職業／職種」！　設問キーワードのMatheus Weberをサーチ。【article】の第2段落⑨で, CEOと書かれている。CEOは会社の最高経営責任者ですから, これを言い換えた(D)が正解。

188. According to the timetable, what is the latest project stage to have been completed?

時刻表によると，直近に完了したのは計画のどの段階ですか？

(A) Stage 1 　　　　　　第1段階
(B) **Stage 2** 　　　　　　**第2段階**
(C) Stage 3 　　　　　　第3段階
(D) Stage 4 　　　　　　第4段階

解説 時刻表の「数」を見抜く！　現時点での計画段階が問われている。【timetable】には，列車の出発本数が5本あり，stageの言及はナシ。この「5」がポイント。stageに関しては，【article】の第1段落に書かれている。⑤にある第1段階では列車の本数は1日2本，第2段階⑥では1日5本とある。⑦には第3段階について述べているが，Vilniusまで伸びるとあり【timetable】にはVilniusはないため正解は(B)。

189. What is the purpose of the e-mail?

このEメールの目的は何ですか？

(A) To confirm a date 　　　日付を確認すること
(B) To thank a colleague 　　同僚に感謝すること
(C) **To request some data** 　いくつかのデータを求めること
(D) To report a problem 　　問題を報告すること

解説 メールの主題は「冒頭」！　メールの主題は，【e-mail】の冒頭をチェック。②I would like to ask you to do me a favor. と「お願い」表現があり，その直後③で，過去6カ月の売上高をメールしてほしいと述べている。これを言い換えた(C)が正解。

190. What time will Ms. Toome's train arrive in Riga?

Toomeさんの列車は何時にRigaに到着しますか？

(A) 8:20 A.M. 午前8時20分

(B) 10:20 A.M. 午前10時20分

(C) 11:15 A.M. **午前11時15分**

(D) 2:35 P.M. 午後2時35分

解説 「数字」のクロス問題！ Toomeさんはメールの差出人。【e-mail】を見ると、会議に関しては①にPrior to our meeting at your office in Rigaとあり、列車に関する言及は⑤にjust before eight o'clockと書かれている。次に【timetable】を見ると、「8時直前」の列車は「7:55 A.M.」発で、リガ到着は「11:15 A.M.」。よって、正解は(C)。典型的な「数字」のクロス問題だ。

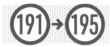 講義 4 **◐ P.424** 和訳と語句は ◐ P.443

Questions 191-195 refer to the following memo, survey, and e-mail.

memo ···

① To: All stylists of Central Cuts Salon
From: Cassandra Parker, Owner
Subject: May schedule
Date: April 25

Dear everyone,

② Thank you for your hard work this month. ③ As you know, the salon has been getting busier, so I have decided to hire an additional hair stylist. ④ **191(B)** His name is Pierre Garner, and **195-1** he will be starting on May 1. ⑤ Please check your working times for May on the schedule below. ⑥ **191(C)** There will be a welcome party for Pierre at Bistro Marche on May 3 in the evening, and I hope everybody can come.

⑦ Please note that from May, **191(D)** customers will be able to make appointments through the salon's Web site. ⑧ This should reduce the number of calls we receive and help us to focus on the clients more.

Monday	**195-1** Tuesday	Wednesday	Thursday	Friday	Saturday	Sunday
Pierre Anna	Pierre Cassandra	CLOSED	Anna Mark	Anna Eva	Pierre Anna Eva	Eva

Cassandra

① Central Cuts Salon

Tel: 0437-555-4930

Customer Questionnaire

② We appreciate you completing this brief survey. ③ Your answers will help us to improve your next appointment.

④ Customer name: 192-2 Natalie Kueller

Stylist name: Cassandra

Date of visit: May 2

⑤ What service did you receive today?

Cut & Style ☐   Perm ☐

Coloring ☐   Nails ☑

⑥ Please rate the following:

(1 = Poor; 5 = Excellent)

Stylist's skill	1	2	3	4	⑤
Staff friendliness	1	2	3	4	⑤
Salon facilities	1	2	3	④	5
193-1 Price	1	②	3	4	5

⑦ Comments

I've been here a few times now, and I always enjoy the experience. ⑧ The staff is so friendly and the quality I received today was very good. ⑨ 193-2 I just wish the prices were a little lower. ⑩ Despite this, I'll be coming back later this month for a cut and style.

①**To:** Natalie Kueller
From: Cassandra Parker, Central Cuts Salon
Subject: Re: Your appointment
Date: May 13

Dear Ms. Kueller,

② Thank you for making an online appointment for a cut and style on May 16 at 3:30 P.M. ③ Unfortunately, I have suddenly become unavailable at that time. ④ **195-2** However, I have arranged for another stylist to take your appointment instead. ⑤ If this change is not acceptable, please call or e-mail by tomorrow.

⑥ I apologize for the inconvenience, and our staff look forward to seeing you on the 16th.

Warmest regards,

Cassandra Parker
Central Cuts Salon

191. What information is NOT given in the memo?

連絡メモにないのはどの情報ですか？

(A) A store's opening hours
店の営業時間

(B) Details of a new employee
新人の詳しい情報

(C) The date of an event
ある行事の日付

(D) An appointment method
予約方法

【解説】**選択肢の名詞を目印に！** 難所のNOT問題。【memo】には，並んでいる項目がないので，選択肢の名詞のカタマリ(opening hours, new employeeなど)をチェック。それらを【memo】でサーチして，比較検討しよう。本文にないものは(A)。④は(B)，⑥は(C)，⑦は(D)に対応している。

192. When did Ms. Kueller visit Central Cuts Salon?

いつ，KuellerさんはCentral美容院を訪問しましたか？

(A) On Monday 月曜日に

(B) On Tuesday 火曜日に

(C) On Thursday 木曜日に

(D) On Friday 金曜日に

【解説】**3箇所クロスを攻略！** Kuellerをサーチすると，【survey】と【e-mail】にヒット。【survey】から，Kuellerさんが5月2日に来店したとわかる。担当はCassandra。Cassandraの名前は，【memo】【survey】【e-mail】すべてで見つかるが，ポイントは【memo】にある(曜

193. According to the survey, what is indicated about Ms. Kueller?

アンケートによると，Kuellerさんについて何が示されていますか？

(A) She is a new customer.

彼女は新しい客だ。

(B) She thinks the salon's prices are expensive.

彼女は美容院の値段は高いと思っている。

(C) She received a free service.

彼女は無料のサービスを受けた。

(D) She was unhappy with the stylist's work.

彼女は美容師の仕事に不満だった。

解説 アンケートでは「意見」を見よ！ 【survey】の本文と選択肢の比較検討が必要。アンケート（調査）で最初に見てほしいのは，Comments（意見）の箇所。⑨で，「料金がもう少し安いといい」と書かれている。これに対応するのは(B)。言い換えに注意しよう。

194. In the survey, the word "rate" in paragraph 3, line 1, is closest in meaning to

アンケートで，第3段落1行目の語，"rate"に最も意味の近い語は？

(A) charge 　　　　　〜を課金する

(B) mention 　　　　〜について述べる

(C) assess 　　　　　〜を評価する

(D) speed 　　　　　〜を急がせる

解説 **アンケートから意味を推測！** 多義語のrateが問われている。アンケート項目は, skill(技術), friendliness(好感度), facilities(設備), price(価格)で, その評価が数字で書かれている。よって, このrateは「〜を評価する」の意味。正解は(C)assess。

195. Who will be Ms. Kueller's stylist at her next appointment?

Kuellerさんの次の予約の担当美容師は誰になりますか？

(A) Cassandra

(B) Anna

(C) Mark

(D) Pierre

解説 **「人物」と「曜日」のクロス問題！** Kuellerさんの次回の予約についてなので, 【e-mail】を見よう。③でCassandraが都合がつかず, 代わりに④で別のスタイリストを手配したと書かれている。スタイリストの出勤曜日に関しては, 【memo】にリストがある。Cassandraが担当するのは火曜日。同日の別のスタイリストはPierreなので, 正解は(D)。

Questions 196-200 refer to the following notice and e-mails.

··

① Newark Central Hall is proud to present…

a series of talks by

Chester LeVelle

November 3, 5 & 6

② Chester LeVelle is one of the foremost mountain climbers and conservationists of our time. ③ He has climbed Mount Everest in a record 25 hours and scaled the highest mountains in each of the seven continents. ④ **197** Last year he risked his life staying at the freezing summit of Mount Denali for five days to collect vital climate data for his lab studies, leading to his ground-breaking publication on weather patterns.

⑤ **196** Chester will share how he finds the strength of body and mind to complete his challenges. ⑥ He will also talk about the environmental work he does to protect some of the world's most fragile landscapes.

⑦ Tickets cost $25 and can be purchased by calling (043) 555-0439 by November 1. ⑧ The talks begin at 6 P.M. and last approximately 90 minutes. ⑨ **198-2** Mr. LeVelle will also hold a question and answer session after the November 6 talk.

① From	Marcus Powell <mpowell@striver-unlimited.com>
To	Chester LeVelle <chester@levelleresearch.com>
Date	November 11
Subject	Branding proposition

Dear Mr. LeVelle,

② My name is Marcus Powell, and I work for Striver Unlimited, a brand of outdoor goods. ③ **198-1** I was honored to meet you last week after your talk at Newark Central Hall. ④ I appreciate you taking the time to chat with me, especially after the long question and answer session.

⑤ As we discussed, Striver would love to explore the possibility of signing a sponsorship deal with you. ⑥ In return for your endorsement, **199** we would be willing to fund your next expedition to Africa.

⑦ I have attached information on our four main product lines. ⑧ I believe the camping goods and the sports equipment we sell don't link strongly to your work, but **200-1** our range of XTF cereal bars or our PRO-5 hiking boots would be a perfect fit. ⑨ Kindly let me know how you wish to proceed.

Sincerely,

Marcus Powell

① From	Chester LeVelle <chester@levelleresearch.com>
To	Marcus Powell <mpowell@striver-unlimited.com>
Date	November 13
Subject	Re: Branding proposition

Dear Mr. Powell,

② I have looked over the product material you sent me. ③ I tend to agree with you regarding the unsuitability of some of your lines. ④ Both your suggestions are good; however, I have a pre-existing arrangement with another brand of footwear. ⑤ 200-2 Therefore, I see a tie-up with your XTF range as the best way forward.

⑥ Please tell me a convenient time when I can come to your office to discuss the details of this deal.

Best regards,

Chester LeVelle

196. What does the notice suggest about the talks?

お知らせは講演について何を示唆していますか？

(A) Multiple topics will be discussed.

たくさんのテーマが論じられる。

(B) They will include visual aids.

視覚的な資料を利用する。

(C) They will take place over five days.

5日間行われる。

(D) Ticket fees should be paid upon entering.

チケットの料金は入場時に支払わなければいけない。

解説 選択肢の名詞のカタマリをサーチ！ 「講演」についての問い。suggest問題では，本文【notice】と選択肢の比較検討が必要。選択肢の名詞のカタマリ(multiple topics, visual aidsなど)を本文でサーチしよう。選択肢(A)は本文の⑤と⑥の内容をまとめている。(B)は該当ナシで，(C)は見出しの日付と不一致。(D)は，支払いの期日が明記されていないので不正解。よって，正解は(A)。

---

197. What is implied about Mr. LeVelle?

LeVelleさんについて何が示唆されていますか？

(A) He lives in Newark.

Newark在住だ。

(B) He only climbs mountains in cold climates.

寒い季節にだけ山に登る。

(C) His trips are funded by donations from supporters.

彼の旅は支援者たちの献金による資金援助を受けている。

(D) He is a trained scientist.

彼は熟練した科学者である。

解説 **人物紹介は冒頭！** LeVelleさんがどんな人物かが問われている。【notice】の見出し（→LeVelleの講演），冒頭（→LeVelleの人物紹介）というスキーマがわかれば，この箇所と選択肢の比較で解ける。LeVelleさんは，④で気候データを集めているので登山家兼科学者。正解は(D)。人物紹介が最初にくる，というスキーマで解ける問題だ。

198. When did Mr. Powell meet Mr. LeVelle?

いつ，PowellさんはLeVelleさんに会いましたか？

(A) On November 1 11月1日に
(B) On November 3 11月3日に
(C) On November 6 11月6日に
(D) On November 11 11月11日に

解説 **「日付」を見たら，クロス問題を疑え！** 【e-mail 1】を見ると，Powellはメールの送信者です。From（Powell）とTo（LeVelle）の関係性をつかもう。選択肢が日付なので，日付を意識して本文を見ると，③〜④で「先週，Newark中央ホールの講演後」の質疑応答の後に話したと書かれている。講演に関しては【notice】，文末⑨で11月6日の講演後に質疑応答があるとわかるので，正解は(C)。

199. What does Mr. Powell offer to do?

Powellさんは何をすると申し出ていますか？

(A) Arrange a trip
旅行の手配をする
(B) Finance a project
計画の資金を出す

(C) Send some product samples

製品の見本をいくつか送る

(D) Visit Mr. LeVelle's office

LeVelleさんの事務所を訪問する

解説 「申し出」の内容をサーチ！　Powellさんの「申し出」なので，彼が差出人のメール【e-mail 1】を見よう。「申し出」の内容を探すと，第2段落の⑤と⑥がピタリ。商品の推薦のお礼として，遠征費用を提供すると書かれている。fund→financeと言い換えた(B)が正解。

200. What type of product is Mr. LeVelle happy to endorse?

LeVelleさんはどの種類の製品を喜んで推薦しますか？

(A) Camping goods　　　　キャンプ用品

(B) Sports equipment　　スポーツ用品

(C) Cereal bars　　　　　シリアルバー

(D) Hiking boots　　　　　登山靴

解説 キーワードをクロスせよ！　LeVelleさんが「推奨」する製品が問われているので，彼が返信した【e-mail 2】をチェック。⑤でXTFとタイアップできると書かれている。XTFについては，【e-mail 1】をサーチすれば，XTF cereal barsが⑧に見つかる。正解は(C)。キーワードをサーチすれば簡単だ。

フレーズチェックリスト

講義2〜4で出てきた語彙を確認しましょう。わからなかったところは，「参照」欄の該当するセクションに戻って復習しましょう。丸数字①〜③はそれぞれ，文書1〜3を表しています。

語（句）	意味	フレーズ・例文	参照
講義2			
☐ equipment	名 設備	car navigation equipment カーナビ設備	例文1
☐ no later than …	（時間）までに	no later than 9:30 A.M. 午前9時30分までには	例文9
☐ drastic	形 徹底的な，思い切った	take drastic action 思い切った行動を起こす	例文11
☐ exceptionally	副 例外的に	exceptionally good sales figures きわめて好調な売上額	例文12
☐ maintenance	名 メンテナンス	closed for maintenance メンテナンスのために閉鎖される	例文14
☐ contact details	連絡先	client contact details 顧客の連絡先	例文17
☐ in storage	倉庫に	unsold products in storage 倉庫にある売れ残りの製品	例文19
☐ productivity	名 生産性	increase productivity 生産性を上げる	例文20
☐ expand	動 …を拡大する	expand its network ネットワークを拡大する	例文21
☐ under consideration	検討中，考え中	The contract is under consideration. その契約は検討中だ。	例文22
☐ due to …	…の（理由の）ため	due to the risk of fire 火災の恐れがあるため	例文23
☐ extend	動 …を延長する	extend its opening hours 営業時間を延長する	例文24
☐ refund	名 返金	request refunds 払い戻しを請求する	例文25
☐ employment	名 雇用	find employment 仕事を見つける	例文26

☐ overtake	動 …を追い越す・上回る	overtake traditional brokerages 伝統的な証券会社を上回る	例文27
☐ gradually	副 徐々に	gradually increase the number 徐々に数を増やす	例文29

講義3

☐ install	動 …を設置する	install kitchen cabinets 台所用キャビネットを設置する	文書1
☐ skilled	形 技術力のある	skilled technicians 熟練した技術者	文書1
☐ estimate	名 見積り	provide free estimates 無料で見積りをする	文書1
☐ competitive	形 競争力のある	our competitive prices よそに負けない当社の価格	文書1
☐ contact	動 …に連絡する	Please contact me using this e-mail address. このメールアドレスにご連絡ください。	文書2
☐ improve	動 …を改善する	impove safety 安全性を改善する	文書3
☐ construction	名 建設工事	Construction will be completed by September 21. 建設工事は9月21日までに完了します。	文書3
☐ a range of …	一連の…	a range of single-family homes 一世帯向け住宅	文書4
☐ in person	直接, 自身で	see the three models in person 3つのモデルを直接見る	文書4

講義4

☐ reduction	名 割引	big reduction 大幅な値引き	シングル2
☐ procedure	名 手順	safety procedure 安全な手順	シングル4
☐ enclose	動 …を同封する	enclose a book 冊子を同封する	シングル5
☐ process	名 工程, プロセス	ordering process 注文のプロセス	シングル5
☐ feel free to *do*	お気軽に…してください	Please feel free to contact me. 遠慮なくご連絡ください。	シングル5

☐ manufacture	動 …を製造する	Reese Copiers manufactures photocopiers and projectors. Reese Copiers社はコピー機とプロジェクターを製造している。	シングル6
☐ approve	動 …を承認する	approve the plan 計画を承認する	シングル6
☐ demonstration	名 （商品の）実演	product demonstration 商品の実演	シングル7
☐ exclusively	副 もっぱら，…だけ	This event will be exclusively for our staff. このイベントは当社スタッフだけに向けたものだ。	シングル7
☐ facilities	名 （複数形で）施設・設備	prepare seating and facilities 座席と設備を準備する	シングル7
☐ multi-lingual	形 多言語の	make the slides and handouts multi-lingual スライドと配布資料を多言語にする	シングル7
☐ head protection	頭を守るもの	wear head protection ヘルメットをかぶる	シングル8
☐ intense	形 激しい	intense exercise 激しい運動	シングル8
☐ concerning	前 …に関して	concerning the service サービスに関して	シングル9
☐ grateful	形 ありがたいと思っている	I'm grateful for all your help. 皆さんの助力に感謝します。	シングル9
☐ experienced	形 経験のある	experienced employees 経験のある従業員	シングル9
☐ property	名 資産	property management 資産管理	シングル10
☐ tenant	名 賃借人	tenant contracts 賃貸契約書	シングル10
☐ appointment	名 面談の約束，予約	book an appointment 予約をとる	シングル10
☐ issue	動 …を交付する	a license issued by the comission 委員会から交付された許可証	ダブル1①
☐ submit	動 …を提出する	submit all documents すべての書類を提出する	ダブル1①
☐ valid	形 有効な	valid for one year 一年間有効な	ダブル1①

☐ maintain	動 …を維持する	maintain local wildlife habitats 野生動物の生息環境を維持する	ダブル1①
☐ heart	名 中心	in the heart of downtown Boston ボストンの中心部で	ダブル2①
☐ specialize in …	…を専門に扱う	specialize in cyber security サイバーセキュリティを専門に扱う	ダブル2①
☐ sensitive	形 （問題などが）取り扱いに注意を要する，機密の	sensitive client data 顧客の機密データ	ダブル2②
☐ roll out	（市場に製品等）を展開する	The project will be rolled out in four stages. このプロジェクトは4段階に分けて実施される予定だ。	トリプル1①
☐ benefit	名 利益	bring great economic benefits 多大な経済効果をもたらす	トリプル1①
☐ prior to …	…より先に	prior to our meeting next month 来月のミーティングにさきがけて	トリプル1③
☐ production	名 生産	production targets 生産目標	トリプル1③
☐ complete	動 …を完成させる	complete a survey アンケートを完成させる	トリプル2②
☐ apologize	動 謝罪する	I apologize for the inconvenience. ご不便をおかけして申し訳ございません。	トリプル2③
☐ publication	名 出版，公表，発表	ground-breaking publication on weather patterns 気候パターンについての画期的な発表	トリプル3①
☐ approximately	副 およそ，約	The talks last approximately 90 minnutes. 公演は，およそ90分あります。	トリプル3①
☐ sponsorship	名 スポンサーであること	sign a sponsorship deal スポンサー契約を結ぶ	トリプル3②
☐ endorsement	名 推薦，承認	in return for your endorsement あなたのご推薦のお礼に	トリプル3②

解答用マークシート

/100

No.	ANSWER	No.	ANSWER	No.	ANSWER	No.	ANSWER	No.	ANSWER	No.	ANSWER	No.	ANSWER	No.	ANSWER
	A B C D		A B C D		A B C D		A B C D		A B C D		A B C D		A B C D		A B C D
101	Ⓐ Ⓑ Ⓒ Ⓓ	114	Ⓐ Ⓑ Ⓒ Ⓓ	127	Ⓐ Ⓑ Ⓒ Ⓓ	140	Ⓐ Ⓑ Ⓒ Ⓓ	153	Ⓐ Ⓑ Ⓒ Ⓓ	166	Ⓐ Ⓑ Ⓒ Ⓓ	179	Ⓐ Ⓑ Ⓒ Ⓓ	192	Ⓐ Ⓑ Ⓒ Ⓓ
102	Ⓐ Ⓑ Ⓒ Ⓓ	115	Ⓐ Ⓑ Ⓒ Ⓓ	128	Ⓐ Ⓑ Ⓒ Ⓓ	141	Ⓐ Ⓑ Ⓒ Ⓓ	154	Ⓐ Ⓑ Ⓒ Ⓓ	167	Ⓐ Ⓑ Ⓒ Ⓓ	180	Ⓐ Ⓑ Ⓒ Ⓓ	193	Ⓐ Ⓑ Ⓒ Ⓓ
103	Ⓐ Ⓑ Ⓒ Ⓓ	116	Ⓐ Ⓑ Ⓒ Ⓓ	129	Ⓐ Ⓑ Ⓒ Ⓓ	142	Ⓐ Ⓑ Ⓒ Ⓓ	155	Ⓐ Ⓑ Ⓒ Ⓓ	168	Ⓐ Ⓑ Ⓒ Ⓓ	181	Ⓐ Ⓑ Ⓒ Ⓓ	194	Ⓐ Ⓑ Ⓒ Ⓓ
104	Ⓐ Ⓑ Ⓒ Ⓓ	117	Ⓐ Ⓑ Ⓒ Ⓓ	130	Ⓐ Ⓑ Ⓒ Ⓓ	143	Ⓐ Ⓑ Ⓒ Ⓓ	156	Ⓐ Ⓑ Ⓒ Ⓓ	169	Ⓐ Ⓑ Ⓒ Ⓓ	182	Ⓐ Ⓑ Ⓒ Ⓓ	195	Ⓐ Ⓑ Ⓒ Ⓓ
105	Ⓐ Ⓑ Ⓒ Ⓓ	118	Ⓐ Ⓑ Ⓒ Ⓓ	131	Ⓐ Ⓑ Ⓒ Ⓓ	144	Ⓐ Ⓑ Ⓒ Ⓓ	157	Ⓐ Ⓑ Ⓒ Ⓓ	170	Ⓐ Ⓑ Ⓒ Ⓓ	183	Ⓐ Ⓑ Ⓒ Ⓓ	196	Ⓐ Ⓑ Ⓒ Ⓓ
106	Ⓐ Ⓑ Ⓒ Ⓓ	119	Ⓐ Ⓑ Ⓒ Ⓓ	132	Ⓐ Ⓑ Ⓒ Ⓓ	145	Ⓐ Ⓑ Ⓒ Ⓓ	158	Ⓐ Ⓑ Ⓒ Ⓓ	171	Ⓐ Ⓑ Ⓒ Ⓓ	184	Ⓐ Ⓑ Ⓒ Ⓓ	197	Ⓐ Ⓑ Ⓒ Ⓓ
107	Ⓐ Ⓑ Ⓒ Ⓓ	120	Ⓐ Ⓑ Ⓒ Ⓓ	133	Ⓐ Ⓑ Ⓒ Ⓓ	146	Ⓐ Ⓑ Ⓒ Ⓓ	159	Ⓐ Ⓑ Ⓒ Ⓓ	172	Ⓐ Ⓑ Ⓒ Ⓓ	185	Ⓐ Ⓑ Ⓒ Ⓓ	198	Ⓐ Ⓑ Ⓒ Ⓓ
108	Ⓐ Ⓑ Ⓒ Ⓓ	121	Ⓐ Ⓑ Ⓒ Ⓓ	134	Ⓐ Ⓑ Ⓒ Ⓓ	147	Ⓐ Ⓑ Ⓒ Ⓓ	160	Ⓐ Ⓑ Ⓒ Ⓓ	173	Ⓐ Ⓑ Ⓒ Ⓓ	186	Ⓐ Ⓑ Ⓒ Ⓓ	199	Ⓐ Ⓑ Ⓒ Ⓓ
109	Ⓐ Ⓑ Ⓒ Ⓓ	122	Ⓐ Ⓑ Ⓒ Ⓓ	135	Ⓐ Ⓑ Ⓒ Ⓓ	148	Ⓐ Ⓑ Ⓒ Ⓓ	161	Ⓐ Ⓑ Ⓒ Ⓓ	174	Ⓐ Ⓑ Ⓒ Ⓓ	187	Ⓐ Ⓑ Ⓒ Ⓓ	200	Ⓐ Ⓑ Ⓒ Ⓓ
110	Ⓐ Ⓑ Ⓒ Ⓓ	123	Ⓐ Ⓑ Ⓒ Ⓓ	136	Ⓐ Ⓑ Ⓒ Ⓓ	149	Ⓐ Ⓑ Ⓒ Ⓓ	162	Ⓐ Ⓑ Ⓒ Ⓓ	175	Ⓐ Ⓑ Ⓒ Ⓓ	188	Ⓐ Ⓑ Ⓒ Ⓓ		
111	Ⓐ Ⓑ Ⓒ Ⓓ	124	Ⓐ Ⓑ Ⓒ Ⓓ	137	Ⓐ Ⓑ Ⓒ Ⓓ	150	Ⓐ Ⓑ Ⓒ Ⓓ	163	Ⓐ Ⓑ Ⓒ Ⓓ	176	Ⓐ Ⓑ Ⓒ Ⓓ	189	Ⓐ Ⓑ Ⓒ Ⓓ		
112	Ⓐ Ⓑ Ⓒ Ⓓ	125	Ⓐ Ⓑ Ⓒ Ⓓ	138	Ⓐ Ⓑ Ⓒ Ⓓ	151	Ⓐ Ⓑ Ⓒ Ⓓ	164	Ⓐ Ⓑ Ⓒ Ⓓ	177	Ⓐ Ⓑ Ⓒ Ⓓ	190	Ⓐ Ⓑ Ⓒ Ⓓ		
113	Ⓐ Ⓑ Ⓒ Ⓓ	126	Ⓐ Ⓑ Ⓒ Ⓓ	139	Ⓐ Ⓑ Ⓒ Ⓓ	152	Ⓐ Ⓑ Ⓒ Ⓓ	165	Ⓐ Ⓑ Ⓒ Ⓓ	178	Ⓐ Ⓑ Ⓒ Ⓓ	191	Ⓐ Ⓑ Ⓒ Ⓓ		

〈MEMO〉

著者　**高橋基治**（たかはし　もとはる）

東洋英和女学院大学教授。専門分野は英語教育。大学では，入門的な英文法のクラスをはじめ，ビジネス英語や TOEIC 対策の講義も行なう。特に，ネイティブの視点から見た文法や効率の良い英文の読み方についての指導に力を入れている。その他，留学のための英文ライティング等も指導している。主な著書に『2 行でこころが伝わる英会話』（デルタプラス），共著に『TOEIC テスト出まくりキーフレーズ』（コスモピア），『マンガでおさらい中学英語』（KADOKAWA）他多数。

塚田幸光（つかだ　ゆきひろ）

関西学院大学教授。ハーバード大学ライシャワー研究所客員研究員（2015-16）。TOEIC テストやビジネス英語，教養英語に関して，独自の視点から指導を行なう。TOEIC テストでは，基礎力を最大化する方法に関心がある。主な著書に『はじめての TOEIC L&R テスト全パート総合対策』（アスク出版），『TOEIC テスト 全パート単語対策』（アスク出版），共著に『TOEIC L&R テスト 超即効スコア UP テクニック 114』（マガジンハウス）他多数。

英文作成：CPI Japan
翻訳協力：大塚伸彦
模試協力：増澤奈巳

装丁・本文デザイン：小川光一郎（Boogie Design）
本文組版：有限会社ギルド
イラスト：矢戸優人

TOEIC® L&R テスト 英文読解力のスタートライン

2021 年 11 月 16 日　初版第 1 刷発行

著者　　　高橋基治　塚田幸光
発行者　　藤嵜政子
発行所　　株式会社　スリーエーネットワーク
　　　　　〒 102-0083　東京都千代田区麹町 3 丁目 4 番　トラスティ麹町ビル 2F
　　　　　電話：03-5275-2722［営業］　03-5275-2726［編集］
　　　　　https://www.3anet.co.jp/
印刷・製本　日経印刷株式会社

落丁・乱丁のある場合は弊社営業へご連絡ください。お取替えいたします。
本書の一部あるいは全部を無断で複写複製することは，法律で認められた場合を除き，著作権の侵害となります。

©2021 Motoharu Takahashi, Yukihiro Tsukada
Printed in Japan
ISBN 978-4-88319-879-5　C0082